经济学名著译丛

Zur Geschichte der Handelsgesellschaften
im Mittelalter

中世纪
商业合伙史

［德］马克斯·韦伯 著

陶永新 译

中国出版集团

东方出版中心

图书在版编目（CIP）数据

中世纪商业合伙史 / (德) 马克斯·韦伯著；

陶永新译. — 2版. — 上海：东方出版中心, 2019.8

ISBN 978-7-5473-1491-3

Ⅰ.①中… Ⅱ.①马… ②陶… Ⅲ.①商法－法制史

－研究－欧洲－中世纪 Ⅳ.①D950.399

中国版本图书馆CIP数据核字(2019)第109431号

中世纪商业合伙史

出版发行：东方出版中心

地　　址：上海市仙霞路 345 号

电　　话：021-62417400

邮政编码：200336

印　　刷：上海盛通时代印刷有限公司

开　　本：890 mm×1240 mm　1/32

字　　数：240 千

印　　张：9.625

版　　次：2019 年 8 月第 2 版第 1 次印刷

I S B N：978-7-5473-1491-3

定　　价：49.00 元

————

出版说明

本书德文原名 *Zur Geshichte der Handelsgesellschaften im Mittelalter: Nach Südeuropäischen Quellen*，为马克斯·韦伯博士论文的扩充修改版。国内学界提及本书时多称其为《中世纪贸易公司史》，但本书英译者 Lutz Kaelber 根据书中论述的主要内容，主张将 *Handelsgesellschaften* 译为"商业合伙"而不是"贸易公司"，中译本采纳英译者的意见，因此将书名译为《中世纪商业合伙史》。

韦伯在撰写本书时，对正文和注释中大量非英文外文没有进行翻译，考虑到读者理解方便，中译本收录了英译本对这些文字的翻译（一般都统一放在了注释中，以方括号"[　]"括起放置在原文后）。另外，本书注释较多，且注释之间存在互相参照关系，为了方便系统查找，中译本将德文和英文注释（加方括号"[　]"以示区分）一律移到正文后统一放置，按章节编号。

英译者为英译本撰写的导言详细介绍了韦伯的早期生活，对其早期生活的研究状况，他博士论文的写作过程和背景，以及论文与韦伯后期作品之间的联系。对读者理解本书内容大有帮助，因此中译本将其一并收录，供读者参考。

　　本书原于 2010 年出版，受到学界和读者的欢迎，现按原版重新校订出版，以满足今日读者之需。

东方出版中心编辑部

2019 年 6 月 1 日

目　录

解读马克斯·韦伯的博士学位论文

——以其早期事业和生活为背景

卢茨·克尔贝尔

三十年来，我一直在努力，生命不息，奋斗不止。

——韦伯于 1920 年春

(Marianne Weber 1988：687)[1]

我绝不是……一名真正的学者。

——致埃米·鲍姆加滕的信，1892 年 2 月 18 日

(Max Weber 1936：339)[2]

"失落的十年"

在马克斯·韦伯撰写的所有其他著作中，或许没有一部像他的第一部著作——以他的博士论文为基础扩展而成——那样几乎无人问津、鲜有关注的了。韦伯出版这部《中世纪商业合伙史》的时间是 1889 年，它是促成马克斯·韦伯事业腾飞的诸多颇有创新的研究中的第一项。在严重的情绪性疾病迫使他脱离正常的生活和工作之前（这一时期从 1897 年开始，一直持续到大约 1902 年才结束），这些研究已使他成为德国学术界最有前途的学者之一。此后，他从 1903 年重新开始了自己的学术生涯，首先是发表一系列方法论论文，紧接着在 1904—1905 年，他出版了《新教伦理与资本主义精神》（Weber，1903 [英文本 Weber，1975]，1904，1905 [英文本 Weber，2001C]）一书。如果学术界对韦伯的早期事业与生活表现出的漠不关心就可以证明它们无足轻重的话，那么，我们就可以认为这篇博士学位论文及当时韦伯的个人生活状况和相应的历史背景都是无关紧要的、似乎只能称为韦伯后来学术论述的准备阶段。由于学术成就的间断，在韦伯的生活中，1889 年后的十年因此又被称为"失落的十年"（Sica，2000：xiii）。

　　然而，如果说韦伯的早期事业完全没有受到任何关注，这也是不对的，至少在近期的学术圈中并非如此。当莱因哈特·本迪克斯（Reinhard Bendix，1962）在他撰写的一本名叫《马克斯·韦伯思想肖像》（*Max Weber: An Intellectual Portrait*）① 的书中向英美社会学界介绍马克斯·韦伯时，他在开篇的一章"事业和个人简介"（1962：1-2）中用简明扼要的语言、以短短两页篇幅描绘了马克斯·韦伯的生活。本迪克斯在随后的章节："韦伯早期的研究及对其学术观点的解说"中并没有提及韦伯关于中世纪各类合伙形式的研究。在随后的几十年间，随着一些更新的研究成果出版，忽略韦伯早期研究成果的做法在某种程度上得到纠正。用劳伦斯·斯卡夫（Lawrence Scaff，1984b）更为贴切的措词来说就是，这些研究进一步促进了对"韦伯社会学出现之前的韦伯"的研究。这一系列研究中的一项早期贡献来自弗农·迪布尔（Vernon Dibble，1968），他的学术论文初步总结了"青年时期的马克斯·韦伯在社会科学和政治方面的努力"。说来也奇怪，迪布尔对韦伯的研究开始于 1892 年韦伯发表关于东部埃尔宾地区农业工人状况的文章（1984），但没有提到韦伯的博士学位论文，以及 1891 年韦伯关于罗马农业史的研究，也未曾谈及在那段时期之前韦伯追求政治理想时的个人境遇。在一段时间内，迪布尔对韦伯的论述方式是此类研究的常态。直到 20 世纪 80 年代中期，斯卡夫（Scaff，1984a：83）依旧能够评论说："除了屈指可数的几部著作中有所提及外，韦伯 1898 年以前的作品要么被学术界完全忽略，被当作不成熟的作品排除，要么被归为韦伯科学文集的深奥难懂的旁注。"

　　斯卡夫的评论宣告了学术界对患病之前韦伯研究的一个新时代

---

① 中译本参见《马克斯·韦伯思想肖像》，上海人民出版社，2007（2002）。——中译者注

的来临。其中一些最突出的贡献包括：斯卡夫自己关于韦伯对德国政治经济和农业现状研究的考察（Scaff，1984a，1984b，1989：34-72），沃尔夫冈·施路赫特（Wolfgang Schluchter，1980）关于韦伯与帝国时代的德国资本主义的研究，约翰·洛夫（John Love，1991）论韦伯对罗马古代遗产与资本主义的研究，以及马丁·里泽布罗特（Martin Riesebrodt，1985）与凯特·特赖布（Keith Tribe，1983）论韦伯对政治和普鲁士农业研究的一些论文[3]。这些研究大大有助于对韦伯学术成就的研究，且——与这一时期出版的《马克斯·韦伯全集》（*Max Weber Gesamtausgabe*）中有关韦伯这段时期的几卷（Weber，1984，1986，1993，1999）——对于补全有关早期韦伯的研究信息很有帮助。然而，它们还具有另外一个共同特征：除了偶尔提供了少量信息之外，它们都忽略了韦伯最早的研究成果和早期生涯。

　　这种对韦伯早期生涯的选择性处理，以及一直以来的对其博士学位论文及其创作背景的忽略，就标示了迄今为止我们所能看到的韦伯学研究成就。最近一段时期，在理查德·斯韦德伯格（Richard Swedberg）关于韦伯经济社会学（1998：181；也可参见 Richard Swedberg，1999：5）的研究中，韦伯的博士学位论文及其写作背景同样遭受了草率的处理；《剑桥韦伯指南》（*the Cambridge Companion to Weber*，Turner，2000）、斯蒂芬·卡尔贝格（Stephen Kalberg，1994）对韦伯的比较历史社会学的探查，以及杰克·巴尔巴勒特（Jack Barbalet，2001）对韦伯1895年的就职演说乃至早期作品的研究也对此语焉不详。即使那些将韦伯作为法律学者进行专门研究的著作，例如在斯蒂芬·特纳（Stephen Turner）和里基斯·法克特（Regis Factor）（1994）以及德国法学家的颇有影响的研究（Breuer and Treiber，1984；Rehbinder and Tieck，1987）中[4]，也没有

3

提到韦伯最早的作品。诚如艾伦·希卡（Alan Sica，2000：xiii）所言，"他关于中世纪晚期地中海沿岸贸易公司的博士学位论文表面上很多人都知道，但是，在实质上，它仍未渗透到以英语为母语的学术世界中，因为大多数（研究韦伯作品的）学者只是通过简介和概要了解这一重要著作。"普遍存在的是（也许有一两个例外），对韦伯学位论文的概述（Roth 1978：xl‑xlii；Sica 1988：101‑4；Zingerle 1981：76‑77；但可参见 Marra，1992）[5]，以及同样简短的关于韦伯私生活和职业生涯的研究，依据的主要材料均为韦伯青年时期的往来信件和玛丽安娜·韦伯为他撰写的传记[6]。

这篇导言试图弥补上述诸多缺陷。首先，它将讨论韦伯是如何为他的博士论文选题并开展研究的，为此本文描绘并分析了导致他做此选择的学术环境。此项研究还包括，韦伯的博士学位论文是如何影响他的早期事业的。其次，它新披露了这段时期韦伯的私生活的一些方面。其中，特别引人注目的是韦伯与他的表妹埃米·鲍姆加滕（Emmy Baumgarten）的罗曼史，以及他作为一名尚未成家的单身汉与他的父母一起生活并受到老马克斯·韦伯约束的情形。这两部分既展示了韦伯在研究中所遇到的超乎寻常的困难，也再现了他所取得的非凡的理论成就。再次，这篇导言描绘了韦伯博士学位论文的主要成果。这篇博士学位论文是一项技术性研究，其主要理论思路不时地被掩盖在对大量历史和法律细节的考量中。这篇导言发挥着勾勒出这些理论思路的作用。最后，这篇导言分析了韦伯是如何在他后来的某些研究——特别是《新教伦理与资本主义精神》（2001b）以及《经济与社会》（1978）——中再次引入其在博士学位论文中已经探究过的某些论题，另外还论及它们是怎样在《经济通史》（*General Economic History*，1981）一书中再次浮现的。它将表明，尽管韦伯的博士学位论文研究的主题并非他后来努力探索的核心问题，然而韦伯后来仍频繁提及它们，并且他还认为，无须对他当时的主要论点进行修正。

潮起潮落：韦伯早期事业的
历史和个人生活背景

奔涌而起：韦伯的求学历程与早期事业

1882 年春天，韦伯在参加完中学结业考试（*Abitur*）之后离开了柏林，离开了他父母的家宅[7]，来到海德堡（Heidelberg）大学，注册成为该校 1881—1882 学年春夏学期的学员[8]。韦伯攻读的主要学科是法学，但是，他也学习历史学、经济学和哲学，还研读某些神学著作（Marianne Weber, 1988: 64 - 69）[9]。韦伯在海德堡大学学习了大约三个学期。随后，他前往斯特拉斯堡（Strasbourg）短期服兵役一年（从 1883 年 10 月到 1884 年 9 月）。在斯特拉斯堡，他参加了由他的姨父——历史学家赫尔曼·鲍姆加滕（Hermann Baumgarten）和其他学者共同组织举办的各类演讲和研讨会[10]。1884—1885 学年秋冬学期，他返回柏林，学习了两个学期，师从法学领域中有影响的一些学者，继续研究罗马法和德意志法，包括民法、普鲁士行政和国家法、国际法以及罗马和德国法制史[11]。1885 年 3 月到 4 月间，他作为一名预备役军官第一次参加了在斯特拉斯堡举行的军事训练，这样，他在柏林的生活就暂时中断了。

1886 学年秋冬学期，即他学习的第六个学期，在哥廷根（Göttingen）大学，韦伯开始为参加"*erste Staatsexamen*"（即"第一次国家考试"）作准备，这类国家考试是由一整套相当于综合大学水平的结业考试组成的①。在哥廷根，韦伯的授业恩师之一是备受仰慕的公法和行政法教授费迪南德·弗伦斯多夫（Ferdinand Frensdorff, 1833—1931）。弗伦斯多夫也是韦伯家的老朋友，他欣然将年轻的韦伯收拢在自己门下[12]，并对他的这位学生偏爱有加，建议韦伯在他的指导下撰写学位论文以便申请博士学位。在已出版的文献中，这是首次提及将来的那篇博士学位论文。它原本也许是一篇研究德国法的论文，有可能是研究《普鲁士民法典》（*Allgemeines Preussisches Landrecht*）的[13]。但在 1887 年 1 月 22 日，韦伯最终还是婉言谢绝了弗伦斯多夫的美意（Weber，1936：216）。[14]

　　其间，在 1886 年 5 月 15 日通过国家考试之后，韦伯再次返回柏林他父母的家里。在柏林，他担任了一名没有报酬的法庭书记员。1886—1887 学年秋冬学期，为了给他的博士论文准备一个主题并寻到一位指导教师，韦伯选修了至少两门课程，一门是阿尔弗雷德·珀尼斯（Alfred Pernice）教授讲授的，一门是特奥多尔·蒙森（Theodor Mommsen）教授讲授的。珀尼斯是一名罗马法学教授；而蒙森则是德国罗马史和法学界的老前辈，在此后不久的 1902 年，蒙森还赢得了诺贝尔文学奖桂冠。此外，韦伯很有可能已经开始选修勒文·戈尔德施密特（Levin Goldschmidt，1829—1897）教授讲授的课程，因为韦伯在一封信中曾经提到过，在该学期与他有学术上的联系[15]。到该学期期末，韦伯返回斯特拉斯堡第二次参加为期两个月的

----

① 在德国高校传统的学制中，高等教育全部课程分为基础阶段（Grundstndium，通常为 6 个学期，主要学习基础课程）和专业阶段（Hauptstudium，根据专业不同，一般 4 至 8 个学期或更长，主要学习专业课程）两个阶段。基础阶段课程完成后，必须通过中期考试（Zwischenpriifung）才能进入专业阶段。修完专业课程，通过毕业考试，完成论文，即可获得学位或各种考试证书。毕业考试根据学科不同分为学位考试和国家考试。综合大学或同等级学校的教师、法律等专业需参加国家考试。国家考试分两次，第一次通过后，需实际工作一段时间，然后参加第二次国家考试。第二次考试通过后，才可独立工作或开业。——中译者注

军事化训练（从 1887 年 2 月到 3 月）。

　　在柏林，在所有聚拢于韦伯周围的知识渊博的学人中，包括了政治经济学家阿道夫·瓦格纳（Adolf Wagner）以及农业经济学与统计学家奥古斯特·迈岑（August Meitzen）[16]，其中，可能是戈尔德施密特享有仅次于蒙森的最高学术声誉。戈尔德施密特是一个犹太富商的儿子，他克服了犹太背景给他带来的刻薄的、毫不掩饰的社会歧视，步入欧洲商法领域一流专家的行列[17]。在这一新生的学术领域中，与他的同行海因里希·特尔（Heinrich Thöl）为代表的其他一些学者[18]相比，戈尔德施密特占据着另一个不同的研究领域。特尔等人倾向于关注结构性的、标准化的商法基础。戈尔德施密特开拓了比这些学者更为广阔的领域，他描绘并分析了法的历史根源。对他来说，这种根源不但可以在罗马法和日耳曼法中找到，有些也可以在中世纪城市（最重要的是意大利的那些城市）的贸易法规和实践中独立地发现。作为一名多产的学者和该领域著名的杂志——《普通商法杂志》（*Zeitschrift für das Gesamte Handelsrecht*）的奠基人，戈尔德施密特出版或发表了许多值得称道的专著和论文，但他最著名的著作是《商法通史》（*Universalgeschichte des Handelsrechts*）[19]。在这部著作中，他细致地描绘了与贸易和商业有关的法律条款、法律诉讼的历史类型，其研究跨越了广阔的地域和不同的历史时期。戈尔德施密特重视比较研究法（comparative approach），他将这套方法应用于法学研究，当然，他也并未忽视系统化的概括（比如参见 Levin Goldschmidt，1892）。戈尔德施密特坚信，对法律进行比较研究要考虑到其他相关的学术领域。因此，近来的传记作者在描述他的生活和著作时总是将他的大部头作品描绘为"不仅是法律史，而且也是文化和经济史"著作（Grossfeld and M. Pappagiannis，1995：548；另见 Pappenheim，1898：18‑19，22‑23，25；Schmidt，1993：221）[20]。

　　戈尔德施密特对其研究主题所掌握的知识异常广博，但是，在他的祖国德国，他也是人们所称谓的那种相当"*pingelig*"的人，即"过于注重追求材料细节的精度以致让人觉得迂腐的人"。这一特性不仅令他使用无数的脚注（在脚注中列举其他学术著作中出现的已被公认的缺点）严格处理他的著作，而且也解释了为什么他从未接近完成他最重要的著作。他的《商法通史》虽然十分详尽，但还仅写到初步调研阶段。（Schmidt，1993：221-22；Weyhe，1996：128，181-82，497）

　　因此，当韦伯选择戈尔德施密特指导他撰写博士学位论文时，他一定非常清楚戈尔德施密特代表法学研究路径的谱系中的哪一端——历史的或者比较的那一端。的确，就在韦伯着手他的博士论文研究的两年之前，戈尔德施密特的另一个硕士研究生威利·西尔伯施密特（Willy Silberschmidt，1884），已经就某一个历史主题出版了专著。韦伯沿着戈尔德施密特的足迹，在法学研究中站在了德国的"罗马法"阵营而非"日耳曼法"阵营里，但是，就像有人补充的那样，他更强调中世纪法律时代意大利法律文献的贡献[21]。在学术上，戈尔德施密特以极度苛刻的要求而闻名，既针对他本人也针对其他人，这可能也是玛丽安娜·韦伯（Marianne Weber，1988：146）特意提到"柏林大学那时（对欲获取博士学位的人）要求非常高"的原因。

　　在1887—1888学年冬季学期，勒文·戈尔德施密特出任韦伯的"*Doktorvater*"，即博士学位论文导师；像弗伦斯多夫那样，他也跟韦伯家保持着密切的关系，当小韦伯还是一懵懂顽童时，他就对其非常熟悉（Guenther Roth 1993c：96 and n. 29）[22]。在韦伯写给他姨丈赫尔曼·鲍姆加滕的信中（日期是1887年10月21日），其论文的论述主题第一次浮现出来。在对秋冬学期开端的总结中，韦伯写道："目前，我正在戈尔德施密特教授的研究讨论班上努力地研究法制史方面的一些课题。我正在研究各种文献——意大利成文法，特别是涉及商法的内容，这是我在将来必要时有可能用到的。"在同一天，韦伯在给他表妹埃米·鲍姆加滕（Emmy Baumgarten）的信中写道，在过去的几个星期里，"我整天都泡在图书馆里"，"为了给我在戈尔德施密特教授的研究讨论班上撰写的一篇论文搜集各种资料，我不得不细查数百部意大利文和西班牙文的法律汇编。为此，我必须首先学会这两种语言，还要足够精通以便能够很好地理解用这些语言所编写的书籍。学习西班牙语相当耗费时间。而且，大部分资料都是以令人望而生畏的古老方言写成的，真奇怪人们竟然能读懂如此莫名其妙的语言。"韦伯又补充说："如果最终的结果是无功而返、得不偿失，那么也并不完全都是我自己的过错，至少那些意大利和西班牙的地方官员们也应承担部分责任，因为，他们并没有把我要找的东西在成文法中清晰地表达出来。"（273 - 74；些许不同的翻译，可以参见 Marianne Weber，1988：113）。韦伯在研究讨论班上所写论文的题目为"商业合伙——依据中世纪意大利和西班牙文献"（Jürgen Deininger，1986：10），它成为韦伯博士学位论文的基础[23]。

在学习复杂的外国语言方面，韦伯在极短的时间内就取得了成功，这预示着他在后来的事业中会取得类似的功绩[24]。在不到两年的时间内，他已经能够分析和评价某些成文法的内容以及其他使用这些语言书写的文献，并将其全部用于可以出版的论文中。考虑到戈尔德施密特的学术兴趣和研究风格，韦伯积累的广博学识必定对完成这一任务有所裨益。尽管白天他仍然要以一名初级律师（junior barrister）的身份进行工作，尽管 1887 年 2 月到 3 月间举行的第二次和 1888 年 7 月中旬至 9 月中旬举行的第三次军训打断了他的学习，但是，韦伯还是能够相当快速地推进他的研究和论文写作。1889 年 5 月 28 日，韦伯参加了博士生口试，结果他以"优等学业成绩"（*magna cum* laude）获得通过[25]。不过，韦伯获得的只是位居第二的优等成绩，因此，两天以后在写给赫尔曼·鲍姆加滕的信中，他评论说，他已经"受到一些轻微的惩罚"（Weber，1936：312，Deininger，1986：55，n. 2）[26]。

韦伯博士学位论文的口头答辩（*viva voce*）在 1889 年 8 月 1 日如期举行，这是他获取博士头衔的最后一道关隘。韦伯把他的论文做成了一本小册子，题名为《连带责任原则与源自于意大利城市家户共同体和商业合伙的普通合伙的独立基金的发展》（*Development of the Principle of Joint Liability and a Separate Fund of the General Partnership out of the Household Communities and Commercial Associations in Italian Cities*）[27]。韦伯还将他的个人简历、五大论题以及他邀请来做口头答辩反方的三个人的名字一起放入这本小册子中。这三位对手分别是：奥托·鲍姆加滕（Otto Baumgarten），他的姨表兄，也就是赫尔曼·鲍姆加滕的儿子，他对韦伯学生时代的政治观点颇有影响；卡尔·蒙森（Karl Mommsen），特奥多尔·蒙森的儿子；以及瓦尔特·洛茨（Walter Lotz）。他们几位都是马克斯·韦伯学生时代的好朋友（Weber，1889a：1，57-61；也可参见 Winckelmann，1964）。考试基本上是一帆风顺的，只有一个重要的场合除外。在韦伯对他的三位对手围绕五大论题提出的质询进行辩护后（这一场面称作"*Rigorosum*①"），公共辩论的帷幕即刻拉开了。在这一阶段，特奥多尔·蒙森，著名的罗马史学家，起身向韦伯关于罗马法的一个论题——该论题独立于韦伯当前的学位论文之外——提出挑战，然后他宣布：

---

① "*Rigorosum*"是应试者取得博士学位前公开口试的名称，即应试者围绕论文内容接受提问，或是作课题报告，然后出席者与应试者就某个观点或方法展开讨论。——中译者注

尽管他仍然未能确信韦伯论题的正确性，但是他不想阻止该博士候选人的进步，因此要退出与他的对抗。于是他说，更加年轻的一代常常具有较老的一代人不能立即接受的观点，今天这种情况大概就是如此。"但是，当我有一天必须走进墓穴时，可能除了极为可敬的马克斯·韦伯以外，我不会对任何人这样说：'孩子，这是我的长矛；它太沉了，我已经拿不动它了。'"（Weber，1988：114）[28]

就像韦伯在《连带责任原则与源自于意大利城市家户共同体和商业合伙的普通合伙的独立基金的发展》一文的前言中指出的那样，这本小册子所包含的这篇博士学位论文是一项与此同时出版的更大的研究成果的组成部分（Weber，1889a：3）。更大的研究指的是他在1889年10月出版的书。小册子中的博士学位论文整个成了全书六个章节中的第三章。这本书的标题为"中世纪商业合伙史——以南欧文献为基础"[29]，这就是后来被人们并不完全准确地视为韦伯"博士学位论文"的那部作品[30]。韦伯将此书题献给了勒文·戈尔德施密特（Weber，1970：iii）。

1889年夏天，在出版了他的小册子、完成书稿以后，韦伯在谋求发展上有了数项选择。如果通过第二次（实用的）国家考试（*Assessorexamen*），他就具备律师从业资格，就可以成为一名执业律师。玛丽安娜·韦伯（1988：162）谈到，事实上，马克斯很愿意成为一名柏林的律师[31]。一年以后，即1890年10月，韦伯参加并通过了第二次国家考试，他还曾申请填补因为维尔纳·松巴特（Werner Sombart）离职而腾出的不来梅商会（the chamber of commerce in Bremen）法律顾问的职位空缺，但是没有成功（Tennstedt and Leibfried，1987）[32]。

10

　　另一种选择是继续他的学术生涯。倘要顺利走上这条道路，至少在某种程度上需要仰仗多位学术界泰斗的支持，他们在推荐后进学者方面发挥着至关重要的作用，一旦候选人得到他们的推荐并满足了必备的条件，就可以获得众人垂涎的大学教授职位。据称，恰恰在此情形下，韦伯的博士论文指导教授戈尔德施密特对韦伯的论文反应冷淡，韦伯自己也是如此（参见 Swedberg, 1998：245，n. 4；Roth, 1978：xli，他的评价比较谨慎）。当然，尚有蒙森在韦伯进行口头答辩时所表白的令人难以忘怀的赞誉之词可以凭借，但是它只针对韦伯的罗马法知识，而非商法。不过，我们也有足够的证据对上述评价提出质疑。的确，韦伯关于其论文质量的议论是小心谨慎、有所保留的，最初可见于韦伯 1887 年向埃米·鲍姆加藤所作的成果"相当薄弱"的评论（参见本导言原书第 8 页）。此后不久，他向弗伦斯多夫简短地评论说，"新的成果仅在有限的范围内具有影响力"，并且他还于 1889 年向赫尔曼·鲍姆加藤谈论说，也许他感到自豪的应是其"研究成果"的数量，而不是它的质量（Weber, 1936：322）。此外，韦伯在他为该书所作的绪论中写道，"也许我努力争取的结果只是对已经确立的观点给予更为准确、客观的描述，而不是发现一种新观点"（参见第 52 页）。然而，韦伯在 1887—1888 年的评论针对的是他对学位论文的初步构想——也就是说，他为戈尔德施密特教授的研究讨论班撰写的论文——并非他的这本小册子或者书。此外，韦伯在整个学术生涯中都很擅长先发制人并限定自己著作的特点和研究范围，让别人很难批评。例如，为了回应他人对《新教伦理与资本主义精神》的批评，韦伯再三声明他的作品只就一个狭小的视角展开研究而远非他们认为的那样（虽然他们通常说对了），并在此后迅速修正最初的评论而不是收回原来的观点（参见 Weber, 2001c 和 2001b，特别是他对卢约·布伦塔诺［Lujo Brentano］和维尔纳·松巴特的回

11

应）。无论如何，真实的情况很有可能就是，韦伯认为，对于一个年轻学者而言，在开创事业之初，他向其他专业人员和朋友们提供有关他的能力和成就的自谦评价是责无旁贷的。如果真是那样的话，也许我们不应太拿韦伯的评论当真。

　　在谨慎分析韦伯自己的评价的同时，我们可以积极探讨他人的评论来加以补充。1890 年，后来成为《普通商法杂志》共编者之一的马克斯·帕彭海姆（Max Pappenheim）在该杂志上发表了总体上赞同的评论。无独有偶，在同一年，古斯塔夫·施莫勒（Gustav Schmoller）也在《立法、管理和国民经济年鉴》（*Jahrbuch für Gesetzgebung，Verwaltung und Volkswirtschaft*）上发表了类似的观点（另外，更多的描述性评论可以参见 Schäfer，1890；Eduard Heyck，1890 以及 Menzinger，1892）。在所有这些人当中，韦伯的博士论文导师戈尔德施密特在他的《商法通史》第三版中亲自领导了对韦伯的责难。在这部书中，戈尔德施密特对韦伯的著述进行了反复批评：韦伯的观点在某些言词上"太狭隘了"；他有关合伙企业的历史根源的观点是"无法自圆其说的"；他有关某一合伙人在一定条件下可以与第三方合作的论点是"无法得到证实的"；他对某处文献的解释也是"不尽合理的"（Goldschmidt，1891：259，n. 86；273，n. 136；281，n. 154；284，n. 158）[33]。但换句话说，戈尔德施密特正处于学术盛期，他不可避免地要对自己以及周围的世界吹毛求疵（甚至对他自己早期的作品也是如此），并不是有意要贬低其他学者的成就、吝于对他们的成果进行褒扬。只不过是因为一贯正确的戈尔德施密特只习惯于如此行事而已。在同一本书中，戈尔德施密特对他的另一个学生威利·西尔伯施密特挑刺挑得更厉害。威利·西尔伯施密特的论著与韦伯的主题极其相似，出版时间则略早于韦伯。戈尔德施密特批评了西尔伯施密特的书，他还亲自为该书撰写了一篇措辞严厉的序言。既然西尔

12

伯施密特不能免受攻击，韦伯当然也是"在劫难逃"。

　　然而，此间需要注意的是，戈尔德施密特对韦伯著述所作的正面的或肯定的评论远多于否定的或者批判的评论，比例大概是 3∶1。戈尔德施密特一再引用韦伯的著作来支持他自己的论点，前后不下30 余处，以致韦伯的著作变成了戈尔德施密特自己的商法研究的基础之一（如果需要，可提供一份详细的引文目录）。此外，戈尔德施密特不仅接受了韦伯观点的细节，他也像古斯塔夫·施莫勒一样明确地接受、采纳并支持韦伯的主要命题，即海上合伙（*societas maris*）发展成为有限合伙、地方家族共同体与手工业共同体则发展成为普通合伙[34]。总而言之，人们只要仔细阅读一下戈尔德施密特的作品就会明白，他实际上很欣赏韦伯的作品，而且高度重视他的著作，尽管有时也许是不可避免地提出一些批评。

　　在戈尔德施密特作品出版后发生的一些事情也让这一评价的准确度显露出来。1892 年春天，戈尔德施密特中风了，当时，他邀请韦伯替他讲授几个学期的课（Marianne Weber, 1988：164）。然而，这位传奇性的学者再也没有恢复健康，不过，直到 1893 年底，在他恳请普鲁士文化部主管大学事务的弗里德里希·阿尔特霍夫任命韦伯作为他的接班人并取得法律系的正式批准之前，他没有离开工作岗位[35]。1894 年，戈尔德施密特有可能还曾鼓励韦伯研究股票和商品交易，这些研究也诚如戈尔德施密特曾经期望的那样，使韦伯在学术界享有了一流政治经济学家的声誉（参见 Borchardt, 1999：91 - 98）。韦伯则以其他作品的学术质量来回报戈尔德施密特对他的期待。玛丽安娜·韦伯（Marianne Weber, 1988：164）提到戈尔德施密特时皆称之为韦伯"可敬的老师"；而在韦伯的信件中，有时不太尊敬人的韦伯一直对他的"教授先生"（*Herr Professor*）充满敬意（参见 Weber, 1936：333, 342, 355, 357 和 363）。

韦伯是否曾经有意于响应戈尔德施密特，或者有意于扩展他的博士论文和著作，使之成为一项就同一主题开展的更为宏大的研究呢？实际上，韦伯数次表现出这种迹象。他在 1889 年 5 月 30 日给鲍姆加腾的信中曾经提到（未来有）两种选择：要么扩展他学位论文的主题，要么另创"*Habilitation*"①（Weber，1936：313）。现在仍不清楚，在戈尔德施密特的帮助下，是否韦伯本可将二者兼而得之，因为，直到现在，德国大学的章程依旧要求谋求教职者必须提交与其第一学位论文迥乎不同的第二篇学位论文[36]。如果他发现这是一个可行的策略，他就有可能将他的论文从中世纪盛期的意大利城市扩展到中世纪晚期和现代早期的德国商业城镇——一种韦伯在开始他的博士研究时提到的可能性，也是一种本将使他的立场更接近于德国法律学界的"日耳曼派"阵营的可能性[37]。然而，尽管韦伯一再表示他打算进一步从事这些研究（这与他在十多年以后向出版商表示他打算扩展他的《新教伦理与资本主义精神》一文的情形非常相似，参见 Kaelber，1998：30，n. 76），但他最终并没有如此行事。也许，他同样也不想在他的著作问题上与批判性评论的领导者戈尔德施密特发生论战[38]。

韦伯向鲍姆加腾谈起的另一种选择是另创一篇"*Habilitation*"。一篇出色的"*Habilitation*"，即第二学位论文，是德国大学聘请符合条件的领薪教授所必须具备的先决条件。在同一封信中，韦伯提出一项创作"*Habilitation*"的明确计划，题目是"论罗马农业状况"。这也是在作博士学位论文口头答辩时他所提交的论题之一（Weber，1936：313；Deininger，1986：78）。这篇论文是在奥古斯特·迈岑（August Meitzen）的指导下完成的，迈岑是一位对古代所有权形式和农业结构有着极其广泛的比较研究成果的学者，就像韦伯后来指出

14

————————

① 德语，意为"教授资格论文"。——中译者注

的那样，他正是"师从他"来进行农业研究的（1889 年 12 月 31 日致
赫尔曼·鲍姆加滕的信；Weber，1936：323）。这就是韦伯即将踏上
的道路。韦伯对这一项目进行研究后得出结论，并于 1891 年 10 月将
其成果出版，书名为《罗马农业史及其对公法和民法的重要性》
（*Roman Agrarian History and Its Importance to Public and Civil
Law*）。他将此文题献给迈岑（Max Weber，1986；这篇论文尚未被
译成英文）。这篇论文连同他以前的著作使他在 1892 年 2 月获得了
教授商法、罗马公法和罗马民法的执教资格，但不包括德意志法
（Deininger，1986：65，n. 5 矫正了 Weber，1988：115 的说法）。[39] 韦伯
讲授罗马物权法和法制史、商法和海商法、票据法和保险法，在戈尔
德施密特病倒以后，韦伯又接管了他的全部课程（Mommsen，1993：
39）。那时，韦伯继续致力于社会改良主义政治。他参加福音派社会
大会（Evangelical Social Congress），并为《基督教世界》（*Die
Christliche Welt*）杂志撰稿，该杂志推进了德国"文化新教主义"
（German Cultural Protestantism）的计划；他也参与了社会改良主义
者组织"社会政策协会"（Verein fur Sozialpolitik）的活动，1888 年
他正式加入该协会成为一名会员（参见 Krüger，1987；Aldenhoff，
1987；Liebersohn，1988：86 - 95）[40]。这两个协会都委托他去调查东
部埃尔宾地区（East Elbian）农业工人的状况，其中的第一个问题，
也是最主要的问题的研究结果，韦伯已在 1892 年出版，但还有一系
列的、小的研究直到 1899 年才告结束（Weber，1984，1993；也可参
见 Käsler，1988：51 - 73，卡斯勒对此作出了极好的概述）。他另外一
系列涉及股票交易的研究成果出版于 1894 年，接踵而来的后续研究
成果出版于 1896 年（Weber，1999；英文节译可参见 Weber，2000a，
2000b）。韦伯经受住了这种职业挑战并最终获得成功，因此声望大
振，受到公众的普遍赞誉——这就是当近 30 年后，韦伯回忆往事

时，他所称的"奔涌"期[41]。1893 年 11 月，他被柏林大学任命为德意志法和商法编外教授（不享受任何待遇，也不领薪水）。1894 年 4 月，他又被弗赖堡（Freiburg）大学任命为秋冬学期的政治经济学和财政学全职教授（full professor，享有特定待遇和薪水的教授）（Mommsen，1993：39 - 40；Borchardt，1999：91 - 92）。此时，韦伯个人共出版了四本主要的学术专著，分属四个不同的领域。当其逐渐成长为德国学术界一颗前程锦绣的明星时，这也意味着，无论韦伯最初坚持研究中世纪商业合伙的意图是什么，他已经从这一主题中退了出来，同时也从研究法学逐渐转为研究经济学[42]。

骤然失落：韦伯的私生活

韦伯撰写他的博士学位论文并作为一代学术明星逐渐脱颖而出，这种奔涌而起的辉煌与他和最重要的亲属关系的窘迫形成鲜明的对比。在他的个人生活中，有几个很难处理的问题始终困扰着他。其中最重要的是他对埃米·鲍姆加滕（1865—1946）的恋慕以及他与父亲之间充满紧张的父子关系。

在韦伯开始着手撰写博士学位论文前不久，他开始恋慕他的表妹埃米·鲍姆加滕。鲍姆加滕一家定居在斯特拉斯堡，与韦伯家有亲戚关系——埃米的妈妈艾达（Ida）是马克斯的妈妈海琳（Helene）的姐姐。艾达的丈夫赫尔曼·鲍姆加滕是一位历史学家，从马克斯的学生时代开始，他就对马克斯产生了很大影响，至少在政治方面应是如此。其间，赫尔曼·鲍姆加滕曾带着韦伯出席各种场合的政治讨论（特别是要参见 Mommsen，1984：4 - 11；Roth，1993c：88 - 91）[43]。赫尔曼与艾达的一个儿子奥托（后来成为一名神学教授）在韦伯的学生时代早期就与韦伯结下亲密的友谊。后来，奥托不仅是韦伯邀请来参加其博士学位论文答辩的三个答辩对手之一，而且此后他也继续与

16

韦伯保持密切的联系（Deininger，1986：57，n. 12；Marianne Weber，1988：114）[44]。埃米是奥托的小妹妹。1883—1884 年，马克斯·韦伯前往斯特拉斯堡短期服役一年，在此期间他与埃米相识并对她颇有好感。1886 年以后，随着他们频繁的书信往来，两人之间的关系也逐渐升华。1887 年初，韦伯作为预备役军官参加了第二次军事训练，在此期间，他前去看望了埃米（另见 Deininger，1986）。此后，他们终于恋爱了（但并没有发生性关系）。采用一贯有些忧伤的笔调，玛丽安娜·韦伯对这一事件给予如下描述：

> 作为母亲，艾达怀着矛盾的情感关注着即将发生的一切。她喜爱这位与众不同的外甥，就像喜欢她自己的儿子一样，她丈夫也是如此，但是，她担心在这样近的亲戚之间产生的爱恋之情会不会是一场灾难。此外，她的女儿弱不禁风，这位年轻的巨人会不会将她作为掌中玩偶任意摧残，尽管他们可能也会柔情似水？他会不会在精神上压制她呢？而且，他少年得志，前程锦绣，此时谈婚论嫁为时尚早。因此，为了防患于未然，艾达将埃米送到瓦尔德基尔希（Waldkirch，附近的一个小镇），与他哥哥奥托住在一起。但是，韦伯尾随其后也到了那里，这对年轻人亲密无间，在诗情画意的春天里欢度了一段美好的时光。他们感受到他们彼此间相爱了，然而相视无语，他们始终保持着纯洁的距离。仅仅在离别时，这位年轻的男儿顷刻间热泪盈眶、浸湿双目。此外，家中的其他人都对此事隐而不宣；即使双方均颇为知情的母亲也一直保持缄默。（Marianne Weber，1988：93）

韦伯此前也曾恋爱过，但是，在他的学生时代，直到他深深地迷恋上埃米，他与异性之间的关系只能用笨拙来描绘[45]。从 1887 年开始，直到 1892 年，这两人再也没有见过面（Weber，1936：338，348）。事实上，埃米和韦伯的恋爱关系最终无果而终，它从来也没有发展到订立婚约[46] 的阶段，然而这并不意味着它没有经历任何磨难和考验就成为泡影。当两人于 1887 年在瓦尔德基尔希（Waldkirch）相处之时，马克斯·韦伯基本上还只是一位快满 23 岁仍与父母亲住在一起的单身汉，距他自己能够建立极为需要的、独立自主的家庭尚有相当一段距离。另一方面，埃米当时已经受到一种早已影响法伦斯坦家系（the Fallenstein line）中其他一些人的精神疾病的折磨[47]。更为糟糕的是，在随后的几年中，她深深地陷入这种紊乱之中不能自拔，以至于终于有一天，她（与妹妹安娜一起）被送进了斯图亚特疗养院，在医生的监护下生活[48]。埃米和韦伯之间的爱恋在逐渐消失，留下的只有对各自未来的焦虑。终结这种关系进一步发展的钟声可能是在韦伯探视疗养院中的埃米之后敲响的。在写给他母亲的一封信中，韦伯向母亲表达了他对埃米的印象，他认为埃米需要一位她能够依靠并值得她关爱的人（Weber，1936：349）。当时，韦伯可能已经认识到他不想成为那个人。此外，在他看来，埃米完全康复也许还需要数年时间，而且她似乎已不能恢复如初[49]。在探访之后还不满 6 个月，即在 1893 年 3 月间，他便与玛丽安娜·施尼特格（Marianne Schnitger）订婚，并在当年秋天与她喜结连理[50]。

总之，正如出版的他的《青年书简》（*Jugendbriefe*）显示的，韦伯同他"亲爱的小埃米"和"心爱的人"——当时他是以如此温柔体贴的口吻称呼她的（Weber，1936：236，266，375）——之间的书信往来大约持续了 8 年。在这段时间里，对他们之间的关系和彼此的情感，他们一直迟疑不决、满怀焦虑（参见 Weber，1936；以及玛丽安娜所著《马克斯·韦伯传》中的描绘）。从信的语气上看，韦伯的语气越来越像一位大哥哥而不是恋人。但是，它表明，直到 19 世纪

90 年代早期，马克斯·韦伯在情感上仍然牵挂着一个人，一个被认为早已"许配"——这是一个对双方而言意味着伦理义务的术语——给他的那个人（Roth，1993c；120，n. 90），然而，她正遭受精神紊乱（也可能是剧烈的抑郁）的折磨[51]。他似乎已经逐渐地意识到，无论作为家长制流行的德意志帝国[52]人们所期望的合格的丈夫这种意义上，还是从作为一名伙伴、伴侣或者知己的角度上，也许他都无法承担作为她的配偶应该担负的责任。他曾多次亲眼目睹父母之间的紧张关系，也许他多少不想让自己陷入那种境地[53]。无论如何，他真心实意关爱埃米，这在他寄给她的所有信件中都有所体现。在那些岁月里，他的确很为她焦虑，为他们的关系深感不安。这样，实际上在他致力于博士学位研究写作的整段时期乃至更长一段时期内，他的感情生活实际上处于茫茫阴霾之中。

　　而此时，韦伯的家庭也未能摆脱紧张气氛，这无异于雪上加霜。其中，多数家庭纠纷是由于马克斯·韦伯的父亲老马克斯·韦伯和他的妻子海琳（娘家姓法伦斯坦，née Fallenstein）之间的分歧造成的。在韦伯的家庭中，马克斯·韦伯的父亲是一家之长。老马克斯是威斯特伐利亚一位亚麻制品商的后裔，并在爱尔福特城①（小马克斯正是出生在这里）以领有薪水的城市议员身份起家。后来，他成为柏林市政府的一员，并在普鲁士和帝国议会中担任民族自由党的代表。身为城市资产阶级的老马克斯·韦伯在政治中找到了自己应为之奋斗的"圣职"。与此同时，他知道如何享受生活中的快乐；但他对宗教和慈善事业漠不关心（Guenther Roth，1995）。

　　老马克斯·韦伯个性的这些层面与他的妻子海琳的个性形成鲜明

---

① 德国中部图林根州首府是德国保存最完好的中世纪城市之一，该城建于 8 世纪中期，曾经是中世纪贸易商路上最重要的交会点之一。——中译者注

的对比。在 16 岁那年，海琳就与老韦伯订婚，并在以后的 20 年中为他生养了 8 个孩子。我们可以从多个来源，尤其是通过京特·罗特努力搜集的资料中得知，她出身于一个拥有巨额财富的家族——苏谢家族（the Souchays）(Roth, 2001; Marianne Weber, 1988: 21)。尽管有如此堂皇的家庭背景，但她从不卖弄摆阔，相反，她对社会公益事业很感兴趣。她热衷慈善事业至少在某种程度上是受到其基督教信仰的推动（海琳信仰的加尔文教派教义并不像先前人们以为的那样严厉，参见 Roth, 2001: 510）。早在他们结婚以后不久，老马克斯和他的妻子海琳之间的这种不和就已得到孕育发展。海琳认为，老马克斯对她缺少关爱，不能分担她失去安娜——他们的一个孩子，年幼时夭折——的痛苦，这使她大为沮丧。另外，家庭事务（包括家庭预算）的决定权也是问题之一。老马克斯好像从来没有打算将这些决定的控制权交给他的妻子——然而，家庭财富的绝大部分来自她的娘家，并且她来自遗产继承的财富也使老马克斯的薪水收入相形见绌[54]。通观整个过程，小马克斯最初好像更多地站在了他父亲一边，而不是支持他的母亲（例如，可参见 Marianne Weber, 1988: 68）。但是，在后来的数年间情况发生了改变，因为，小马克斯开始越来越多地意识到她母亲内心深处的孤寂（Marianne Weber, 1988: 84）。在 1886 年，当他搬回家中居住时，这种意识更加强烈，他成了海琳的知心朋友（参见 Marianne Weber, 1988: 142）。他日益疏远他的父亲，但却没有对其飞扬跋扈的性格、对其作为一家之主的地位作出反抗，然而，在 1897 年，即老韦伯去世的那一年，他们父子终于正面对决[55]。

　　在马克斯·韦伯的家庭生活中还有另外一些烦心事，只是这些事情从未像他父母间的争吵那样得到人们足够的关注。既在生活上疏远他的父亲，又必须在经济上依赖他的父亲，再加上在他的职业生涯和工作中尚且存在的某些不确定因素，构成了 19 世纪 90 年代以前小马克斯生活的主要特征。在 19 世纪 80 年代早期，马克斯父子之间日益加深的对抗状态并未能阻止儿子想步父亲的后尘——在普鲁士模式[56]的政府中成为一名领有薪水的公务员（*Beamter*）——并沿着他的足迹选择类似的学术事业（法学）前进。1890 年，为了获得不来梅商会法律顾问的职位，这个孩子并没有在其求职申请中淡化他小马克斯·韦伯显赫的家庭背景——也许他是在故意借助父亲显赫的名望来为自己的申请表添光增色（Florian Tennstedt and Stephan Leibfried，1987：14）。

除了他在大学学习的最初三个学期和第六个学期以及他在军队里的时间之外，小韦伯一直住在充满紧张气氛的父母亲家里，其日常生活费用大部分依赖父母亲的经济资助，直到结婚，他才搬出去居住，那时他已年近三十。在玛丽安娜·韦伯为马克斯撰写的传记中，在马克斯自己的信件中，特别是在他写给埃米的信件中，到处都提到马克斯对他自己经济和职业的不稳定所怀有的不安心理。显而易见，他的父母亲特别是他的父亲非常希望他更加强大有力，能独立完成学业、过上自给自足的成年生活。1887 年秋天，就在韦伯为戈尔德施密特的研究讨论班着手撰写论文的初稿时（这将是他博士论文的基础），韦伯写信给埃米，其中谈道，在一次家庭聚会之际，"就好像我的家庭是专程赶到海德堡，用重炮从一个较近的距离轰击我一样。我的父亲通过弗里茨·鲍姆加滕（Fritz Baumgarten，马克斯的姨表兄弟之一）向我施压，我的母亲则通过信件和你的父亲促我奋进。我什么时候才能通过博士考试呢？我心里非常明白，我的父亲相当失望，因为我没有更快地解决这一问题。在这方面，我怎能让人认为我不合格呢？"在同一封信件的后面一部分中，他继续谈论这一问题，他写道，"逐渐长大成人，度过学生阶段，但仍然必须要等好长一段时间才能成为自己的主人，这真是一种奇怪的感觉，至少对于我是如此，并且我几乎每天都要忍受这种思想"（Weber，1936：275，280－81）[57]。就像玛丽安娜评论的那样（Marianne Weber，1988：149），亲情上的疏远和经济上的依赖这双重压力仍在继续着，致使韦伯的生活日益抑郁和紧张。1891年，马克斯给埃米的父亲写信说，"我真的不愿去考虑从一个预备级的、没有薪水的法律雇员和地方官员助理转变为一名预备级的、同样没有薪水的大学讲师"（Weber，1936：326）。第二年年初，他又给埃米写信（Max Weber，1936：338－39），信中回顾了他作为法律雇员的那段时期，他说"只有极端厌恶"，这"充满感伤的四年人生旅程哪怕能缩短一分钟也好"，并且他对此一直耿耿于怀：还要等待好长时间才能最终"在某处稳固地定居下来"。在此期间，他的父亲仍然没有资助韦伯建立一个独立的家庭，并继续抱怨年轻的韦伯花了那么长时间还没完成他的"*Habilitation*"（Roth，2001：541－42）。韦伯后来不无怨言地评论说，由于父亲没有给他经济支持才最终导致这一恶果。他还指出，在他这个年龄——也就是说，当他25岁时（1889年）——他的弟弟亚瑟已经结婚，"我不得不放弃我（对埃米）的爱，因为我的父亲不提供给我经济支持以便筹建我的家庭"（Roth，2001：540）[58]。玛丽安娜告诉我们，在准备与她结婚期间，马克斯趁机向"他父母家里他曾经默默忍受的每一件事物发泄不满"。"多年以来，我一直无法获得一个能赋予我独立收入的职位，这让我苦不堪言……我真正关注的事情就是我自己的生计问题，事实上，它剥夺了我营建家庭的权利，使我遭受痛苦。不过现在，目标就在眼前了"（Marianne Weber，1988：185）[59]。这一目标随着韦伯与玛丽安娜两人的结合而顺利实现。1893年，玛丽安娜为他们的婚姻带来了数量巨大的继承财产（Roth，2001：549－50）；接着，在1894年，他又获得弗赖堡（Freibrug）大学教授职位[60]。然而，这一切并未能终结父亲和儿子之间的紧张关系（Roth，2001：530－31，541－

42）。

在习惯上（至少是有些时候），马克斯花钱过于自由，他的经济
依赖问题与此不无关系。在其事业初期，他的这种生活方式就已经引
起了多方关注。玛丽安娜提到，在他读大学的第二个学期他就如此生
活，当时她作了某些预兆式的评论，"即使在其学生时代后期，他也
不能平衡他的预算"（Marianne Weber，1988：70）[61]。在他父母的要
求下，他回到家中居住，从而节省了他在学校和军事生活中的大量开
支。就像他的妈妈海琳谈到的那样，在海德堡和斯特拉斯堡，马克斯
"已经养成了一种豪阔的生活风格……他浪费了过量的金钱"
（Marianne Weber，1988：94）。在马克斯和玛丽安娜结婚之后不久，
海琳的姐姐艾达曾经相当尖锐地评论道，这对年轻夫妇挥霍无度、花
费太多[62]。到 1898 年，在仅仅 5 年的时间里，这两个人几乎已经耗尽
了玛丽安娜数目巨大的全部嫁妆——尽管马克斯也挣到数目不是太大
但也相当可观的大学教授的薪水（Roth，2001：550 - 51）。就像他弗
赖堡的一位朋友和同事所评论的那样，"韦伯挣了很多钱，而他吃喝
花费的更多"（Roth，2001：531，n. 26）[63]。

《中世纪商业合伙史》一书的主题和论点

在序言中，韦伯将这部书描绘为"商法形成"方面的一项研究，
旨在为"商业合伙史研究作出贡献"[64]。韦伯的论证主要集中在作为
各种商业企业现代形式历史先驱的中世纪企业的法律特征上。但就这
些企业而言，无论是所有权还是公司形式，例如股份公司（the joint-
stock company），都未能引起韦伯的兴趣。韦伯是将其研究的焦点集
中在接受德国商法（已被编入联邦《商法典》［*Handelsgesetzbuch*，

即 Commercial Law Code〕）调整的各种合伙关系上，其时间几乎可以上溯到他的博士论文所研究的那段时间。通常，这些合伙关系包括 "*Offene Handelsgesellschaft*"（简称 "OHG"）和 "*Kommanditgesellschaft*"（简称 "KG"）两种[65]。在美国商法（business law）中，与德国的合伙概念对应的词汇分别是普通合伙（general partnership）和有限合伙（limited partnership）。在德国的普通合伙企业中，每一位合伙人既是业主也是经理。具有双重身份的业主-经理有权分享商业利润，同时也要为商业合伙企业的债务和职责承担连带责任（*Handelsgesetzbuch*，§§ 105 - 60）[66]。在有限合伙企业中，普通合伙人既是投资者又是经理，而有限合伙人则只是一名投资者，并不参与商务的管理，并且依据德国法律，比照其为合伙企业出资的数额，他担负相应的有限责任，同时其出资额反映其在公司中占有的股份份额（*Handelsgesetzbuch*，§§ 161 - 77a）。在这两种情况下，合伙企业都是在下列基础上运行的：（1）独立基金（separate fund）——也就是在法律和经济意义上与合伙人或者资本出资人的个人财产相分离的共有财产；（2）共同名称（joint name，或 joint firm，即合伙企业），各合伙人在此名称下从事商业活动；（3）共同与连带责任（several liability 或 solidary liability）原则，这项原则主要针对普通合伙，用来解决因合伙关系而招致的对债权人承担债款和法律责任的问题，它并不针对有限合伙。韦伯通篇都在强调以下论点：这套三位一体的特征奠定了现代合伙关系的基础。

　　那么，这些特征是如何发展而来的呢？韦伯从反驳古代罗马的 "索塞特"（societas）与现代商业合伙之间存在某种关联这一观念开始他的论证。他反对这种观念的理由是，索塞特既没有组建独立基金，也没有出现连带责任（参见《商业合伙史》第一章）。而（他认为）正是中世纪合伙关系的某些形式最早展现出前述这些特征。

韦伯将这类现代商业合伙的起源追溯到中世纪的合伙关系，他从"康曼达"（commendas）① 入手展开他的研究。鉴于他的论证极其复杂，绝非轻而易举就可以加以描绘的，因而，首先对这种"康曼达"运行的内部机制进行一个总体的考察对我们的理解必然大有帮助。研究中世纪贸易组织②最重要的专家之一——历史学家约翰·普赖尔（John Pryor）为我们提供了简洁的描述：

1. 坐地投资商——通常被称为"委托人"（commendator）——收集资本（货币或者货物）交给外出奔波的生意合伙人——通常被称为"行商"（tractator）——操控。

2. "行商"可以添加、也可以不添加个人资本到委托人的资本中。如果他没有添加资本，这一契约就是现代史学家所称谓的"单边康曼达"（unilateral commenda），因为资本仅仅由一方提供。如果他另外再投入一些资金，出资数额通常是委托人出资的一半，现代历史学家称这种契约为"双边康曼达"（bilateral commenda），因为参与双方都提供了资金。

3. "委托人"可以对"行商"负责经营的企业提供某些导向性的建议。

4. "行商"携带资本出行——通常是漂洋过海——并以某种形式开展资本运作。

5. 在双方达成的协议所指定的期限内或者航程内，"行商"返回故乡港口向"委托人"汇报账目，并与之划分收益（原始资本加上利润或者减去损失）。在某些特定情况下，或者在征得

---

① Commenda，拉丁语，又译作"卡孟达"、"康美达"、"委托契约"等。——中译者注
② trade associations，由同一行业的厂商自愿组合的非盈利性联合会，其目的是保护成员的利益，交流信息，代表成员的利益与政府、工会或其他同业工会进行谈判。——中译者注

"委托人"同意后，"行商"也可以将利润汇出而不必亲自返回故乡港口。

　　6. 在扣除运营成本费用和最初由单方或者双方提供的资金以后，利润和损失按照双方最初签署协议时规定的比例划分。通常，在典型案例中，在"单边康曼达"下，"委托人"获得全部利润的四分之三，并为一切损失承担责任；"行商"可以获得全部利润的四分之一，而且不为任何资本损失承担责任。当然，他损失了他的劳动价值。在"双边康曼达"中，所有利润通常都是对半分配，并且"委托人"承担全部损失的三分之二，而"行商"承担另外的三分之一。（Pryor，1977：6－7）

　　早在韦伯研究该问题的数年之前，戈尔德施密特的另一名学生威利·西尔伯施密特曾经认为（单边）康曼达（*commenda*）是有限合伙的前身，而"海上合伙"（*societas maris*，或称"双边合伙关系"）① 导致了普通合伙的出现[67]。韦伯同样也驳斥了这一观点。从历史上看，（单边）康曼达是更为古老的制度，该制度允许一个人带着另一个人的资本出资去冒险。因为经营商务的合伙人缺少个人资金投入，因而，资本冒险的损失就由出资的合伙人一方承担。就担当风险而言，经营方只是一名冒险参与者，并且他的参与活动只涉及技术层面的事务，因此，只能被视为一种"参与"（participation）。韦伯认为，这种类型的合伙——以参与为基础——与普通合伙和有限合伙都没有什么联系。更确切地说，它与现代代理关系（modern agency）有关。在现代代理关系中，代理商（commission agent）以他自己的名义为了另一个人——委托人（principal）——的利益买卖货物（参

---

① 又译作"海会"、"海帮"。——中译者注

见 pp. 136，179① ）。德国《商法典》单辟了一节讨论上述情形
（*Handelsgesetzbuch*，§§ 383 - 406）。

"海上合伙"——或称"双边康曼达"——由于行商参与资本出
资而表现出不同的性质。然而，资本出资双方是不平等的，在此情况
下，当事各方出资数额的不同必定要求设立某种形式的清算账目以便
管理这些资本。值得注意的是，在热那亚的案例中，韦伯最初发现的
只是独立基金的起始阶段，即这类出资可被合法地视为独立基金，并
在其与第三方（债权人）的关系中代表某种合伙关系（参见 pp. 74 -
78）。这一论断也同样适用于具有与康曼达及海上合伙类似特点的其
他合伙形式。这些合伙形式即所谓的"陆上合伙"（*societas terrae*，
或者 *compagnia di terra*），应用于陆路贸易中。在皮亚琴察的案例
中，韦伯发现了某些个人责任不受限制的合伙人以及其他一些仅在其
资本出资范围内承担责任的合伙人（参见 pp. 80 - 82）。在其著作较后
的一些章节中，韦伯进一步探究了在该著作开始部分就已发现的些许
初步成果，并对比萨（Pisa）——海洋贸易网络中的一个重要结
25   点——进行了详细的个案研究。他非常有把握地指出，该城市的各种
商业条款反映了独立基金的存在，同时也反映了在特定合伙企业的名
义下开展的合伙商务的存在。然而，在所有这些合伙人之间并不存在
连带责任，因为，坐地投资商（*socius stans*）所承担的责任仅限于他
捐献的资本，而行商合伙人的责任却没有这种限制。因此，从法律层
面上看，现代有限合伙的起源可以追溯到比萨地区有关海上合伙的法
律条款中（参见 chap. 4，尤其是 p. 134）[68]。

韦伯由此转向对中世纪合伙关系的其他形式的研究，以便说明普
通合伙以及将其与有限合伙区分开来的连带责任出现的原因。韦伯博

---

① 正文中页码为原书页码，即本书边码。下同。——中译者注

士学位论文的标题——"连带责任原则与源自于意大利城市家户共同体和商业合伙的普通合伙的独立基金的发展"——暗示，他已找到了连带责任起源的地点。

在探究家户的经济和法律地位时，韦伯发现了罗马法与中世纪法律条例和法律规范的基本差别。与前者相比，在中世纪法律中，家户中的所有成员都能对家户资产提出要求。即便是那些依附者（dependents）也可以使用这些资产作为抵押，它是用来支付全家所有成员生活费用的共同基金，同时它也因其成员取得财物而升值。韦伯指出，在此背景下，这类情形受到如下事实的推动：鉴于实施增加住宅数目的举措通常是相当困难的，而且人们在文化上对租赁生活居所尚存有厌恶情绪，因此在中世纪城市中，即便是已婚子嗣也通常继续居留于生养他们的大家族中（参见 p. 85）。这一切都使得详细说明家户财产如何可被抵押或者家户成员的交易如何让它增值很有必要。家户既是一个"生产共同体"，同时也是一个"消费共同体"（参见 p. 88）。

事实证明，前一种特性尤为重要。正如韦伯强调指出的那样，一个家户存在的基础不是亲缘关系，而是共同住所和攫利活动（参见 pp. 88-89）。这样，家户关系就超越了血缘群体，而明文正式规定家户与其中各个亲友的关系的需要远不如涉及非血缘关系时那么迫切。特别是当商业攫利成为家户的本质需要时更是如此，这时，某些收入或者支出是共同的，而其他一些则是私人的。因而，必定要有某种类型的"清算账目"——一股推进其进一步向正式的"社会连带关系"（*Vergesellschaftung*）① 发展的动力。这种正式的"连带关系"的基

---

① 在本书中，英译者使用 sociation 一词对应的两个德文词汇是 vergesellschaftung 与 wergesellschaftungsverhaltnisse，为使得前后一致，这里都译作"社会连带关系"。——中译者注

础是契约式的。全体成员的契约权利和义务反映了日耳曼法而不是罗马法的影响。正像韦伯通篇指出的那样，罗马法学家的法律解释表明，即便为经济发展提供一个切实可行的法律框架并不是不可能的，但也是相当困难的（参见第一章以及 pp. 110 and 169 - 73）。

26

"连带关系"的正式形态（Forms of formal sociations）首先是在内陆城市以及那些为手工业生产而建立的家户中而并不是在海洋贸易或者为了贸易目的而形成的各种"连带关系"中发展起来的。因为，正是在意大利北部城市中，这种"行业社会连带关系"（craft sociations）才得以较早地发展起来并在中世纪广泛采用，[69]继"家族共同体"之后，在"劳动共同体"中出现的城市逐利性手工业生产（*gewerbliche Arbeit des Handwerks*）成为韦伯分析的重点：

> 我们无法表明"家事法"（family law）① 的各项原则在合伙关系的其他形式中遗存了下来。更确切地说，对于物权法而言，同样的基本因素留存下来，这类现象导致了法律的平行发展。同业工人之间的关系基本上类似于家户中家庭成员之间的关系。与此相应，如果家户也有朝向商业企业发展的意图，那么它也会发现，仿照商业公司运作的样式，建立它自己的账簿制度（bookkeeping system），并在与第三方发生关系时作为一个整体出现——简言之，涵盖与物权法相关的所有层面——是很有必要的。这样，在上述两种情形中，法律上相关的各个层面达成一致（p. 93）。

区分共同（商业）资产与个人资产有助于将商业资产视为一项独

---

① "family law" 指与家庭或与家庭成员之权利和义务相关的法律，也称为"omestic relations"、"domestic relations law"。参见宋雷主编：《英汉法律用语大辞典》，法律出版社 2005 年版，第 392 页。——中译者注

立基金。由此产生如下一些问题：究竟在何种程度上由合伙人招致的债务将延及这些合伙资产？全体成员是否均承担连带责任？

对于第一个问题，回答是肯定的。在韦伯看来，毋庸置疑，某一合伙的共有资产（资本）应当对合伙以及全体成员的债务承担责任（参见 pp. 98 - 101，119）。相比而言，第二个问题就更麻烦。问题首先是，连带责任标明了现代合伙关系中普通合伙与有限合伙的差别。就中世纪而言，韦伯在亲属共同承担破产债务的案例中发现了这类责任的开端。亲属间相互扶助的责任被同一个（生产性）家户的全体居留成员共担债务所取代，因为共同承担债务能使家户信用可靠、值得信赖。韦伯对大量文献进行研究后发现，大多数意大利城市公社的成文法均符合成员资产对任何一名成员招致的债务承担连带责任的规定（pp. 107 - 109）。

然而，也存在这样一些情况：一名合作伙伴的责任仅仅随着他所出资金数量的增加而扩大；即使法律法规并不认可连带责任的这一局限性，但随着手工业部门中常设逐利性合伙企业（continuous profit-seeking partnership）取代家族血缘团体成为经商的主体，人们越来越认识到，承担连带责任应仅限于那些为了合伙企业的利益而产生的债务。也就是说，只有那些以合伙的名义或者为了合伙企业的利益而招致的债款和责任，才能由所有的合伙人承担。因此，合伙企业的这一观念以及以其名义所缔之约将由全体成员承担责任的法律后果，对于那些致力于贸易而不是像手工业家户那样一味地集中力量从事生产的商业企业而言变得越来越适用了。

韦伯使用两个详细的个案研究，即比萨与佛罗伦萨，继续对这些探索展开讨论。就像早些时候提到的那样，比萨在法律上凭借其对连带责任的限制发展出了有限合伙的前身。与比萨相比，佛罗伦萨的法律环境则是普通合伙的反映。这主要通过"firm"的概念以及体现某一合伙的共有资产净值的独立基金的概念（*corpo della compagnia*，即"合伙资产"）表达出来。此外，所有合伙人对合伙债务均负有连带责任。这使佛罗伦萨成为现代普通合伙的诞生地。

最后，韦伯将法律的发展与社会分层（social stratification）和社会不平等联系起来。他评论说，"有人可能会说，康曼达及其衍生形式（包括后来的有限合伙），起源于经济和社会地位不平等的人们之间的合伙。而连带责任则是从地位对等者以及那些拥有平等的财产处置权的人们之间的合伙发展而来的"（pp. 146-47）。在韦伯的这项研究中，这也许是他最接近社会学的、独具特色的陈述。

对韦伯后期作品的影响

当玛丽安娜·韦伯以文集汇编的形式出版马克斯·韦伯有关社会与经济史的作品时，她为文集写了一篇前言，在前言中，玛丽安娜指出，在其"主要作品"中——此处她所指的是《经济与社会》（*Economy and Society*）——韦伯使用了他在早期研究中取得的概念性的和历史资料上的洞见。她在《马克斯·韦伯传》中作了类似的评论（Weber, 1924；1988：113）。然而，在他后来的作品中，韦伯自己也很少提及他的第一部作品，这并不是因为他已经否定了他以前得出的结论，而是因为他的研究兴趣和关注的主题已经发生了转移。韦伯有两部主要作品清楚地谈到他在《中世纪商业合伙史》中提出的主题，即《经济与社会》（玛丽安娜已经提到）和《新教伦理与资本主义精神》。此外，他还在1919—1920年冬季学期在慕尼黑（Munich）为他的学生上课的讲稿——"社会和经济通史"中对此有所提及。这里首先要谈的正是该讲稿的笔记，目前，这些笔记已经以《经济通史》(*General Economic History*) 为书名公开出版 (Max Weber, 1958)。[70]

28

《经济通史》

《经济通史》也被人们称为韦伯"最后的资本主义理论"(Randall Collins, 1980)[71]。尽管事实上, 这部书主要基于韦伯的一系列学术演讲稿、基于学生们在韦伯演讲时所作的笔记, 而且韦伯本人也无意于将它们出版成书, 这就使以上论断受到质疑, 但是这本已获出版的演讲稿的确在某一点上优于其他以韦伯的名义出版的著作。在这些演讲稿中, 韦伯意在精确而全面地勾勒出经济史, 以便于他的学生们学习和领会。因此, 在口头授课中, 韦伯的阐述方式非常不同于他以往的典型特征: 这里没有诸多保留意见、没有限定性条件从句和说明句, 也没有众多引用的术语。而这些却是他已得到出版的许多作品, 特别是《经济与社会》中具有的特征。

在《经济通史》中, 韦伯将现代资本主义所具有的一系列"显著特征"(distinguishing characteristics) 作为其存在的"前提"(presupposition)。它们包括"理性持久的企业, 理性会计学、理性工艺学、理性法……理性精神、一般生活行为的合理化以及理性主义经济伦理"(Weber, 1981: 354; 本段前引两词可在第 312 和 276 页找到)。韦伯使用的术语清楚地表明, 他是从西方理性主义的视角来表述他的分析的, 这是他在生命的最后十年间进行学术创作的主旋律(参见 Rogers Brubaker, 1984; Wolfgang Schluchter, 1981, 1989)。那么, 具体地讲, 究竟是哪些因素引发了西方理性主义? 在《经济通史》中, 韦伯在不同的地方谈到各种各样的因素。这些因素主要包括以下几种:

1. 逐利性私营企业；

2. 资本清算账目和簿记；

3. 家户和商事企业分离；

4. 形式上的自由劳动；

5. 在市场上自由贸易；

6. 企业家占有各种生产手段；

7. 经济生活商品化；

8. 生产技术机械化；

9. 可计算的判决和法律执行；

10. 生活行为遵行理性的资本主义伦理（Max Weber，1981：276‐77，312‐14，354）。

在他另外的一些出版物中，特别是在他给"宗教社会学论文集所作的'绪论'"以及《经济与社会》中，也能发现类似但并不完全相同的一系列因素（Max Weber，2001a：154‐59；Max Weber，1978：161‐62；至于总的看法，可以参见 Richard Swedberg，1998：18；Ira J. Cohen，1981：1 iii）。为使之更加清楚明了，沃尔夫冈·施路赫特（Wolfgang Schluchter，1996：200）建议将西方现代资本主义的主要特征或者先决条件划分为三类，具体如下：1. 现代资本主义企业；2. 现代资本主义经济秩序；3. 现代资本主义精神。

第一种类型在第一至第三要素中得到反映。它包括商业企业持续性地对利润、利润率的追求。韦伯将这些因素与家户相对照，家户旨在满足其家庭成员的需求。此外，同家户相比，在商业企业中，居所和工作地之间存在着某种自然的分离，私人财产和公司资产之间存在着合法的分离。其中，后面这类分离必定要求商业资产与合伙人或者业主私人财产的资本清算账目发生分离。这进一步为风险和债务的安排留下余地，其中债务要求在合伙人中共同分担，但要受到合伙企业的资本资产（capital assets）的限制[72]。当韦伯在《经济通史》中谈及各种因素的复杂性以及现代资本主义企业的特性时，他再次结合了他在《中世纪商业合伙史》中阐述的核心主题。

韦伯并不是在有关现代资本主义起源的章节中而是在前资本主义时代的商业和货币兑换的背景下提到康曼达和商务责任（commercial liability）的。关于这种商业和货币兑换的细节问题，韦伯在他生命的晚期撰述的评论与早期取得的观点完全一致：如果不可预测的利润相比较而言处于较低的水平，那么，以某种合伙形式合并资金和专项商贸技术则成为明智之举，这类合伙是由一位投资者投入资金和一位行商提供服务组成的，他们共同分享利润，这种高风险和发展的重大机遇相结合的努力应当是成功的（Max Weber，1981：206）。在此背景下，韦伯评论说，尽管中世纪海上贸易通常比这类古代贸易更缺少资本主义气息，但是，它通过康曼达第一次创设了资本主义清算账目。依据这一事实，人们必然会对冒险结束时的资本与冒险开始前的资本进行比较，以决定利润及其划分。然而，康曼达终究缺少常设资本主义企业所具有的稳定、连续的特征。它是由单独一次的合营项目（joint venture），或者至多是由一系列合营项目组成的（Max Weber，1981：205－207）[73]。

后来显示出对于现代资本主义发展相当重要的中世纪海上贸易的另一层面是：康曼达以及其他类型的合伙关系均超越了家族血统的范围。它体现了某种形式的社会连带关系（Vergesellschaftung），或者非个人的"社会连带关系"（impersonal sociation），而不是世界各地都有的家族和宗族商业合伙中某种形式的共同体关系（Vergemeinschaftung）。鉴于"行商合伙人常常不是家族的一名成员或者不具有家族血统"这一事实，这种社会关系形式就显得非常必要。各类商务结算均采取某种正式的、为了某项持久的事业而建立起来的账目结算形式。这类在非亲属成员之间的结算需要可计算性或者"理性的"清算账目，这是现代资本主义产生的前提之一。它为家户和商业清算账目实现永久的分离、信用制度的确立以及各种形式的连带责任等所有这些韦伯在其博士学位论文中给予详细论述的要素铺平了道路。为或多或少有些关联的生意合伙人在经商过程中招致的债务以及外来的资本出资承担连带责任，进一步促使个人资产与商业资产正式分离、促使独立基金的发展成为当务之急。尽管在这些方面北部城市的环境最初与地中海沿岸城市有所不同（韦伯在其博士论文中已做过调查研究，在北方城市中不存在大型的家族联合体，在责任构成上也存在差异），但是，中世纪合伙终于发展出资本主义国家中现代普通合伙和有限合伙的肇端（Max Weber, 1981：225－29）。

因此，当韦伯在《经济通史》中集中研究现代资本主义商业的先驱时，他认为中世纪合伙关系的各类形式具有某种重要性。它们的重要性在于，在没有亲缘关系的个人之间建立起持久的商业联合，体现了正式的社会连带形式，并将奠基于簿记基础之上的理性清算账目和连带责任合在一起，组成一种典型的前现代资本主义合伙企业[74]。在其去世之前，韦伯关于南方合伙的描述与他在早期著作中提供的解释是一致的，并且他还引用了北方合伙的例子来补充这一描述，这一事实表明，他在晚年转向更为广阔的研究主题之后，并未放弃对该主题的研究兴趣，依然将其视为至关重要的课题。

第二种类型属于经济的组织架构，在第五至第九要素中得到表达。在这里，情形是相当不同的。在中世纪，自由市场和自由劳动力都存在着重大障碍。中世纪行会和"外放分工制"（putting-out system）竞相设立屏障以阻止竞争。行会限制生产技术的革新、约束劳动分工的出现。"外放分工制"或者"家内制"（domestic system）则通过将工人与商业雇主绑在一起并由后者为依附性的家内生产者

"贷发"原料和生产工具这种方式创造了人为垄断。因此，在市场上自由雇用生产要素、自由经营商业尚存在各种传统主义障碍。此外，机械技术和组织技巧还不够先进、尚不能容许理性地在工厂中进行有组织的机械生产。官僚机构也是如此，它还未能奠基于训练有素的官僚主义作风的基础之上，也还没有先进到足以允许法律全面合理化的程度[75]。

《新教伦理与资本主义精神》

第三种类型与现代资本主义的动机基础有关，它在最后的要素中得以清晰表达。换句话说，它与经济制度的观念层面有关。韦伯并不反对这一立场：当及时回首探寻现代资本主义的先驱时，在西方文明世界的边界内，人们只能将他们的视野投向中世纪盛期和晚期的意大利北部城市，以便发现资本主义企业扩张的网络。然而，意大利资本主义的观念基础实则与由禁欲主义新教教义孕育出来的商业伦理大相径庭。在描述理想型时，韦伯选择了意大利商业巨头莱昂·巴蒂斯塔·阿尔贝蒂（Leon Battista Alberti）的作品作为前者的代表，采用本杰明·富兰克林（Benjamin Franklin）的作品作为后者的代表。就像施路赫特（Wolfgang Schluchter，1996：65－69）在一份颇有才气的理论评述中指出的那样，对韦伯来说，富兰克林和阿尔贝蒂各自嘉许的道德规范代表着合理化的不同类型。富兰克林的道德规范代表着价值合理化（*value* rationalization），在于行为是指向规范化的实践考量（*normative* practical consideration）。对富兰克林来说，重要的是一个人应当做什么的问题，因此，行为在令人信服的价值观念上被道德化了。这就产生了现代资本主义精神。而与价值合理化形成对比的是工具合理化（*instrumental* rationalization），其主导思想为技术性实践考量。技术性实践考量立足于手段—目的计算，并以发财价值观

（success values）为基础继续向前推进。在中世纪晚期的意大利工商界，阿尔贝蒂与他同时代的人是工具合理化的代表，他们受到"一个人能够做什么"这一问题的引导。由此产生了一种审慎的伦理观，或者说是由功利主义考量（utilitarian considerations）支配的伦理观。（Wolfgang Schluchter，1996：65－69，231－33）

在《新教伦理与资本主义精神》一书中，韦伯清楚地对两者进行了区分。在 1919 年至 1920 年，当他快要接近生命的尽头时，他对这部著作进行了修改，并利用这一机会答复维尔纳·松巴特（Werner Sombart）和卢约·布伦塔诺（Lujo Brentano）对其论点——现代资本主义攫利性伦理趋向成熟不早于 17 世纪晚期和 18 世纪——提出的质疑（Werner Sombart，1913；Lujo Brentano，1916：132－35）[76]。韦伯在他关于中世纪合伙贸易公司的著作中多次谈到阿尔贝蒂，但都不是在有关动机或者观念问题的背景下提出的，而这些问题正是他后来将要说到的。在《新教伦理与资本主义精神》以外的其他著作中，韦伯都没有再谈到阿尔贝蒂，但是，在这部著作中，他则大量说到阿尔贝蒂。尽管阿尔贝蒂恪守"勤勉"（*industria*），或者一种意在实现其经济目标的功利主义的勤劳，但是

> 那种对我们具有决定性意义的要素在古代世界是完全缺乏的（阿尔贝蒂也没有），而它正是禁欲主义新教教义的特征……通过履行圣职（vocational calling）来证明自身获得救赎的观念——也就是说，提供某人确定无疑的得救感……而阿尔贝蒂的关切……是（对既存世界的）一种妥协，正如人们很容易就能发现的，现世的禁欲主义问题已经陷入（就实际行为而言）从指导性的、内在一致的宗教假定演绎过来的一系列争论中（Max Weber，2001b：177－78）[77]。

因此，中世纪意大利的企业家——韦伯在其博士论文中已就其与法律的相互联系进行研究——缺少一种（现代）资本主义的重要成分。对于这一问题，韦伯再清楚不过了。

《经济与社会》

在《经济与社会》中，韦伯分别在下面两处谈到他的博士学位论文，一处是《经济与社会》的后半部分，标题为"经济行为的社会学范畴"（Sociological Categories of Economic Action）。在这部分里，他将早期研究中取得的成果渗透进来，其论述主要集中于概念的详尽阐释，例如，在前文已经讨论论过的现代资本主义体系的转变中，他区分了合伙企业与预算单位、家户与攫利性企业等等（Max Weber，1978：116‑18，147‑48，161‑62）。在该书的前半部分，韦伯首先详细阐述了企业与家户之间的历史联系，标题是"家户的解体：计算精神与现代资本主义企业的兴起"（The Disintegration of the Household：The Rise of the Calculative Spirit and of the Modern Capitalist Enterprise. Max Weber，1978：375）[78]。韦伯以一种简洁明快的方式将现代资本主义的兴起与其博士论文的核心主题连在一起：

即使在家户单位表面上看来依然完美无缺的地方，在文化发展过程中，由于计算理性（Rechenhaftigkeit）的日渐成长，家户共产制度内在的瓦解过程也在继续推进，无法阻挡……

早在中世纪城市——例如，在佛罗伦萨——庞大的资本主义家户中，每一个人都有他自己的账户。他有可自由支配的零用钱（danari borsinghi）。家庭只对某些特定的支出——例如，个人若邀请客人在家中小住几日——才设有具体的限制。家户成员必须像任何现代贸易公司中的股东所采取的结算方式那样结算自己的

33

账户。他在家庭共同体"之内"拥有资本份额和（独立的"外在"）财富，家庭控制着这些财产，为此家庭要付给他利息，但是这些财富不能被视为严格意义上的运营资本，因此不参加利润分配。于是，一种理性的联合体以其诸多的优势和责任取代了家庭社会活动中"与生俱来的"参与。每个人自出生就进入这类家庭，成为一名家庭成员，可是，即便他还只是一个孩子，他已经成为一名得到合理管理的企业的、潜在的商业股东。显而易见，企业的这种管理活动只有在货币经济架构中才有可能实现，因此，货币经济在家户共同体内在的瓦解过程中发挥着至关重要的作用。货币经济一方面使生产性能（productive performances）和个体消费的客观计算成为可能，另一方面通过以货币为媒介的间接汇兑第一次使他们自由地满足他们自身的需要……

　　与此同时，一项更具深远意义的、西方独有的家内权威和家庭共同体的变革早已在这些佛罗伦萨人的家族中以及其他那些具有商业发展导向的中世纪家族中悄然进行。这类大家庭的全部经济制度都由契约周期性地进行调节。尽管，最初，个人基金和商业组织都受到同一套规则的调节，但是，这种情形在逐渐地改变。持续的资本主义攫利行为变成了人们在日益独立的企业中从事的天职。这样，一种自主的理性联合体从家户的社会活动中脱颖而出，在这种生产方式推动下，以往家户、工场和营业所三位一体的格局土崩瓦解，而这种三位一体的格局在未分化的家户以及古代希腊家族（oikos）① 中还一直被认为是理所当然的……首先，家户共同体不再是理性商业合伙关系存在的必要基础已经消

① Oikos，希腊文，意为"房子，住所"，译为"庄宅"，指希腊荷马时代控制大量土地的贵族和富人家庭。但这种家庭又与现代家庭有很大区别，除了血亲成员之外它还包括奴隶、附庸和财产，是当时社会最为核心的社会组织。——中译者注

失了。自此以后，股东不再必然——或者典型性地——是家中的成员。因此，商业资产必须同合伙人的私人财产相分离。同样，商业雇员和家仆之间的差别也开始形成。最重要的是，商业债务必须与合伙人的私人债务区别开来，对商业债务的连带责任必须加以限制，而这在"合伙企业"这一商业名称下建构出来……

但是，在这一发展中，发挥决定性作用的因素不是空间上的区分，或者家庭与工场和商铺的分离……至关重要的是，家庭和商业在清算账目和法律目的上的分离，以及与之相匹配的法律主体的发展，例如，商业簿记，消除此类联合体与合伙企业对家族的依赖，私营公司或者有限合伙的私有财产，以及适当的破产法。这一具有根本意义的重要发展是西方的典型特征，值得注意的是，我们目前还在使用的商法的法律形式早在中世纪就几乎全部得到发展——然而，它们几乎与古代法毫不相干，尽管后者的资本主义在规模上有时还更庞大。这是更清晰地表现现代资本主义发展在本质上的独特性的诸多现象之一。（Max Weber，1978：376 - 80)

随着韦伯更为广泛地涉猎，他开始将家户共同体与现代资本主义企业联系起来。在这一发展中，中世纪的意大利占据着重要地位，因为在该地，家庭账户的可计算性、作为合伙基础的契约、家庭和店铺的分离以及共同承担商业或者"合伙企业"造成的开支已经显现。韦伯在此概述的这类以家庭和血缘关系为基础的联合向契约联合的转变强化了现代经济与现代法律秩序，同时也像安东尼·克隆曼（Anthony Kronman，1983：96 - 108）已经指出的那样，它也完成了亲缘关系体向市场共同体的根本性转变。

第二处提及是在"法律社会学"（Sociology of Law）这一部分。

在此，韦伯博士学位论文的痕迹是显而易见的。尽管韦伯直接提及其论文的语句只有寥寥几处（例如，参见 Max Weber, 1978：686，700，708‐10，and 726‐27），但他显然沿用了《中世纪商业合伙史》的方法论。在他的博士学位论文中，韦伯将其对法律的研究植根于对历史变迁的考察。他的具体操作是，采用历史比较研究法将法律过程放置在某一历史背景中，并跨越文化和地理学的区域对它们加以比较。韦伯在其博士论文中在地中海国家范围内以比较研究法展开了法学研究，而在《经济与社会》一书的"法律社会学"部分，他则在更大规模上使用了比较研究法[79]。

此外，对韦伯而言，法学并非一个能够独立于其他社会学科领域之外而加以分析研究的制度领域。在他的学位论文中，韦伯指出，法律经常随着经济的变化而变化，有时在二者之间也存在某种分离。就像迪尔克·卡斯勒（Dirk Käsler, 1988：27）曾经指出的那样，"韦伯在考量社会发展的纯粹的法律方法与经济方法之间作了明确的区分，而且他强调法律原则和经济事态之间不和谐发展的可能性；另一方面，依据经济关系能引起法律关系、法律规章能影响经济后果等原则，他试图发现这两个领域之间的辩证关系。"[80] 在这种对法律和经济之间的关系进行的考量中，他还将其他社会领域，例如宗教与国家，囊括入《经济与社会》中。因此，韦伯的博士学位论文是多因与多维研究方法的先驱，研究韦伯的学者在他（大部分）后期作品中都可以看到多因多维研究方法的表现。（参见 e. g., Stephen Kalberg, 1994）

最后，无论是法律还是经济研究都不能也不应只奠基于教条研究。在韦伯的学位论文中，他强烈反对教条研究。他认为，真正有价值的是，法律观念和法律行为是如何在社会团体与其制度背景之间的相互作用中发展出来的。因此，韦伯开始将法律因素与其他社会因素结合在一起考察（参见 p. 7 前半部分；另可见 Dirk Käsler, 1988：27‐28）。

后来，韦伯进一步扩展了这一研究方法的使用领域，用它从形式上描述法律如何在与个体的物质和精神利益及外部或制度环境变迁的互动中产生、创制和蜕变。（重点参见 Max Weber, 1978：754‑55）

总而言之，尽管韦伯后来的著作论述的主题是西方资本主义和理性主义的特殊性，而非像他在其事业开始起步时所做的那样探查中世纪商业企业的法律基础，但是，韦伯在对中世纪合伙关系的重要性的看法是连贯的。施路赫特（Wolfgang Schluchter, 1981：6‑7）不失时机地将这种连贯性表述为：韦伯以为现代商业合伙企业对中世纪私营贸易公司连带责任的"有择亲和性"（elective affinity）[81]。在《经济通史》一书中，这种连贯性得到详细研究。就像他在去世之前撰述的其他著作一样，韦伯在这部书中也探讨了暗藏于中世纪经济组织框架中阻碍现代资本主义产生的诸多障碍，但这已经超出其学位论文的研究范围。远远超出其研究范围的也正是其中最大的障碍，即现代资本主义观念上的问题。而这正是在《新教伦理与资本主义精神》一书中，韦伯探讨的问题。在该书中，他将康曼达放在冒险活动之列，而非现代资本主义（Max Weber, 2001b：21；另见 Max Weber, 2001a：153‑55）[82]。最后，在《经济与社会》一书中，他扩展了他曾经在其博士论文中使用过的、对不同地域的法律进行研究的历史比较研究法，将不同时代、不同地区的法律规则和习俗结合在一起，更为全面地探究了法律与其他社会领域之间的相互依赖关系。

原著的版本和附加文献

有几个版本的原著是可以利用的。1889 年 10 月第一次出版的《中世纪商业合伙史——以南欧文献为基础》应被视为最具权威的一个版本。这一版本是用当时典型的德文尖角体活字（Fraktur）字样排版印刷的，该版有韦伯在页边空白处添加上的副题。这部书的第三章（除了分页不同以外）作为韦伯的博士学位论文，以《连带责任原则与源自于意大利城市家户共同体和商业合伙的普通合伙的独立基金的发展》为题作为一个小册子于 1889 年夏出版。它还包含韦伯关于此书和论文的附加说明，但他并未对书的正文增加任何内容。该版是以发行量非常有限的限定版印刷的，现存本已经极少。

这部书的再版影印本可以找到 1964 年、1970 年两个版本，这两个版本都保留了最初的字体、目录以及印在页边空白处的副题（Max Weber，1964，1970）。当玛丽安娜·韦伯于 1924 年将该书在 J. C. B. 摩尔出版社（Paul Siebeck）作为《社会经济史论文集》（*Gesammelte Aufsätze Zur Sozial-und Wirtschaftsgeschichte*）的一部分再版时，目录以及印在页边空白处的副题都被漏掉了（Max Weber，1924）[83]。尽管现代化的字样和拼写方法令阅读更加方便，但是，这一再版却出现了几处小错误[84]。

近来，随着现代科技的发展和原作版权期满，光盘版的原著已经唾手可得。德国信息软件公司（InfoSoftWare）已经收集到相当全面的韦伯著作和语音资料，其中就包括《中世纪商业合伙史》。其原文的基础是摩尔（Mohr/Siebeck）版本（Worm，1999）。它重现了该版的错误，并产生了几处新的错误[85]；此外，它也遗漏了原版中空白页边处的副标题。然而，该版得到小心地编译，可以进行精细搜索和定位。目前，至少还出版了另一种（包含《中世纪商业合伙史》）的韦伯作品光盘（Müller，2000）[86]。光盘版对于搞清韦伯在其后期著作中何处提到他的早期作品，以及如何在不同背景下使用某些难以理解的术语是非常有用的。不幸的是，至今尚没有英文版可以利用。

最后，对韦伯该书主题感兴趣的读者了解到下述这一信息可能倍感欣慰：与对其发展和内容上缺乏研究相比，经济、法律史学家已就与韦伯该书有关的主题创作了丰富的学术著作。有兴趣的读者可以参考下列论著：G. V. Scammell（1981），论海上帝国的诞生；Robert Lopez（1971）、Carlo Cipolla（1980）、Harold Berman（1983）、N. J. G. Pounds（1974）、David Herlihy（1958）、Raymond de Roover（1963）以及 Edwin Hunt（1994），论中世纪商业和贸易的组织方式，包括合伙关系；Abraham Udovitch（1962）和 John Pryor（1977），论康曼达与相关的商业合伙形式；Armando Sapori（1970：92 - 110），论中世纪贸易法和实践的不同来源；Leon Trakman（1983），论商业习惯法；Robert Lopez and Irving Raymond（1990）对中世纪贸易文献进行的汇编。或许，具有讽刺意味的是，这些关于中世纪贸易的研究没有一篇提及韦伯的这部著作[87]。

38

翻译《商业合伙史》

正如京特·罗特（Guenther Roth, 1978：cvii）曾经尖锐地评述过的那样，尽管韦伯缺少那种像他同时代的文化人那样用晦涩难懂的哲学散文来撰述作品的旨趣[88]，但是，翻译他的作品的确并非一件易事。在某种程度上，这种困难在于：德语是一种高度屈折化的语言，它允许高度复杂的句子结构存在，而这种句子结构在英语中没有直接的对等物。在某种程度上，这种困难也源于韦伯自己。韦伯倾向于使用大量代名词、（语法）从句、插入语以及修饰语，在其早期作品中更是如此。在本书中以及在他生命晚期所撰述的作品中，他更趋向注重专有名词的精确度而不是表达上的便利。有人可能会说，《中世纪商业合伙史》是一部著述技巧的拼合，这正是针对下述两种意义而言的：它有意满足一篇法学博士学位论文的技术需求；同时，它又要讨论正式的、诸如法律一类的、技术含量高的研究主题。正式的法律研究主题与大量第一手的文献紧密配合，这反映在他大量引用以各种不同的他国语言撰写的原始资料，对这些引文，韦伯也没有进行翻译。所有这一切都使《中世纪商业合伙史》成为一部难读的书——实际上，正如上文提到的相关证据业已证明的那样，与韦伯的名著《新教伦理与资本主义精神》相比，它的翻译难度更大。

倘要扩大这部《中世纪商业合伙史》的读者人数，使其超越狭隘的专业人员的范围（该类专业人员都是受过法律和古典主义文化训练的人士），我们必须为此作出几项决定。首先，提供的译文应更能体现原著的字面意义而不是令其更富有诗意。尽管我们本来可以用不那么书面的文字来提高原著的可读性，但是，这种策略将有可能带走韦伯论证时使用的非常特别的专有名词和原句句法的精确度。此外，技术性的研究主题也仅为委婉曲折的陈述留下有限的空间。因此，译文保留了原著非常多的技术语言。

39　其次，英译本尝试翻译原著的所有章节，包括那些韦伯并非用其母语创作的部分。原著正文几乎全部是用德语写成的，德语刚好也是英译者的母语，他领悟韦伯使用文字方式的能力已多次得到确证。除了德语之外，原著还使用拉丁语（古典的和中世纪的）、意大利语、法语、西班牙语和加泰罗尼亚语。既然我们确实可推定：韦伯轻而易举地阅读和理解以各种外国语言和地方方言撰写的正式法律语言的能力是无与伦比的，只有为数不多的在法律方面接受过语言学和语源学训练的专家学者可匹敌，那译者对所有引文均提供翻译对读者来说就是需要的。事实证明，完成这项任务远比预期结果复杂得多。第一，某些习惯用语蕴含着地方或者世俗语言的各种变化，领会起来极其困难。在翻译过程中，我也请教过一些在中世纪经济史研究领域最具权威的专家们，他们也持此种看法。第二，鉴于当时可为既存文献提供恰切翻译的历史学识尚处于初级阶段，韦伯不得不依靠他所能利用的既有出版物以及借助于戈尔德施密特的既存档案获取资料（参见p. 52）。[89] 毋庸置疑，这些原著应当依据现代鉴定过的版本进行某些修改。无论如何，而今要为这些章节提供精确译文实非易事。尽管翻译者联络到的专家们已经尽了最大的努力，但是，某些译文仍然有些含混晦涩[90]。因此，就像韦伯在其书中给出的那样，译者在正文中各处保留了原著的语句，但会在正文或脚注中附上英文翻译。译者为清晰阐述和解释原文临时附加的脚注也作了类似的清晰的指示。

第三，本译本仿照弗兰克（R. I. Frank）对韦伯早期论述古代农业社会学著作流畅的翻译模式，打破过长的段落和句子。之所以这样做也是为了使译文更为清晰明了。但译者未作任何意思上的删减[91]。韦伯经常使用引号标明外来术语；它们大多数被原样保留下来。

第四，本译文使用的著述大纲或者体系结构与 1889 年印刷的原著非常相似，收录了目录和正文包括最初放在页边空白处作为副标题的正文，即后来在《社会经济史论文集》（*the Gesammelte Aufsätze Zur Sozial-und Wirtschaftsgeschichte*）中遗漏掉的正文（参见前文相应部分）。副标题为过于简略的目录内容提供了极为必要的说明。根据题材上的需要，少数几处作了轻微变动。

第五，尽管这可能十分有用，但本译本既未对韦伯使用过的大量专业技术术语提供全面的注解，也未能核验他使用的原始材料。这一部分内容被放置在《马克斯·韦伯全集》第一卷第一部分。全集计划在几年后由哈德·迪尔歇尔（Gerhard Dilcher）编辑出版；然而，全集中的译本未对韦伯引用过的文献进行翻译（译成德文的）。

40

卢茨·克尔贝尔

导读注释

1. 译文作了修改。

2. 在她为马克斯撰写的传记中，玛丽安娜·韦伯（Marianne Weber, 1988：166）更完整地引用了这段话，但没有指明它的出处。

3. 上述论文及其他一些论文（包括斯卡夫的一篇）与韦伯当时若干著作的部分译稿一起被凯特·特赖布（Keith Tribe）编入了一部优秀的集子（1988 年）。

4. 在后一书中，席拉（Pierangelo Schiera）的论文特别是雷亚利诺·马拉（Realino Marra, 1992）的研究则是例外。关于这些研究的进一步评述，参见我稍后在这篇导言中所作的讨论。

5. 因而，关于韦伯最早的研究论文的错误描述大量存在。例如，可以参见约翰·洛夫（John Love, 1991：277, n. 1）奇特的评价，在文中作者写道"韦伯基本上是以一名古代史学家的身份开始他的学术事业的"。

6. 在对韦伯论文的研究方面，除了马拉（1992）之外，卡斯勒（Dirk Käsler, 1988：24 - 28）也提供了一篇最富有见解的描述。倘若需要参考将韦伯著作与其生平结合起来的研究，参见Käsler, 1989。

7. 在本书手稿完成之前不久，京特·罗特（Guenther Roth, 2001）出版了他的韦伯家庭史研究。这部开创性的著作所包含的新信息已经被并入脚注中。也可参见我即将发表的对这部研究所作的评论，见 *International Journal of Politics*，*Culture*，*and Society*。

8. 直到今天，在德国大学中，学年的开始与结束同美国相比都更晚一些。秋冬学期，被称作冬季学期，一般都开始于 10 月中上旬，持续到 2 月中下旬。春夏学期，或称夏季学期，开始于 4 月中下旬，结束于 7 月中旬。

9. 根据韦伯附在博士论文之后的个人简历，他在海德堡时的老师包括法律学者恩斯特·伊曼纽尔·贝克尔（Ernst Immanuel Bekker）、奥托·卡洛娃（Otto Karlowa）、卡尔·弗里德里希·鲁道夫·海因策（Karl Friedrich Rudolf Heinze）以及赫尔曼·约翰·弗里德里希·舒尔茨（Hermann Johann Friedrich Schulz），哲学家库诺·费舍尔（Kuno Fischer），经济学家卡尔·克尼斯（Karl Knies），历史学家伯恩哈德·埃德曼斯道佛尔（Bernhard Erdmannsdörfer）（参见 Max Weber，1889a：59）。关于韦伯的研究，如要获取韦伯老师们的思想、社会背景和身份证明，乃至其他更多的信息，参见马拉（Realino Marra，1992：21 - 23）著作中特别细微的描述，这些信息可以取代卡斯勒（Dirk Käsler，1988：3 - 5）、戴宁格尔（Jürgen Deininger，1986：4 - 13）以及席拉（Pierangelo Schiera，1987）著作中的相关内容。其他对"青年韦伯"的思想影响在罗特（Guenther Roth，1997）的著作中有讨论。

10. 在他 1889 年制作的个人简历中，韦伯（1889a：59）提到鲁道夫·佐姆（Rudolph Sohm），一名教会法和法律史方面的专家；弗朗茨·彼得·布雷默（Franz Peter Bremer），一名罗马法学者（Schiera，1987：160）对后者只字未提。这些学者以及那些将在后面的注释中提到的学者，在马拉的著作（Marra，1992：36 - 52）中都有叙述。

11. 韦伯（1889a：59）列出法律学者格奥尔格·贝泽勒（Georg Beseler）、海因里希·布伦纳（Heinrich Brunner）、鲁道夫·冯·格奈斯特（Rudolf von Gneist）以及路德维希·卡尔·埃吉迪（Ludwig Karl Aegidi）作为他的老师。玛丽安娜·韦伯（Marianne Weber，1988：95 – 96）进一步提出奥托·吉尔克（Otto Gierke）、特奥多尔·蒙森（Theodor Mommen）以及海因里希·冯·特赖奇克（Heinrich von Treitschke）也是他的老师。

12. 参见韦伯 1885 年 12 月 3 日致埃米·鲍姆加滕的书信，在这封信中，韦伯写道，他时常来到弗伦斯多夫的家里，并被他"几乎像外甥一样"看待（1936：188）。韦伯在哥廷根的其他法律教师包括理查德·威廉·多弗（Richard Wilhelm Dove）、卡尔·路德维希·冯·巴尔（Karl Ludwig von Bar）、理查德·施罗德（Richard Schröder）以及费迪南德·雷格尔斯贝格（Ferdinand Regelsberger）（参见 Max Weber，1889a：60；1936：182 – 83；也可参见 Realino Marra，1992：54 – 60；Pierangelo Schiera，1987：162）。

13. 参见 Weber，1936：216（致费迪南德·弗伦斯多夫的信）中的说明。

14. 见前注同一封信。弗伦斯多夫一直很尊重韦伯个人的意见（参见 Max Weber，1990：623，n. 6）。

15. 韦伯没读完要到 1887 年 3 月 15 日才结束的秋冬学期，因为他被作为预备役军官征召去斯特拉斯堡参加为期两个月的第一期（共三期）军事训练（Jürgen Deininger，1986：11）。与戈尔德施密特的联系在韦伯致费迪南德·弗伦斯多夫的信中提到（Max Weber，1936：216）。

16. 在他的个人简历中，韦伯（1889 a：60）在提到瓦格纳和迈岑后紧接着也提到法律学者海因里希·德恩堡（Heinrich Dernburg），在通过他的国家考试以后，他在柏林跟随海因里希·德恩堡学习。进一步的阅读可参见 Realino Marra，1992：68‑74。

17. 与此有关以及其后的一些事情，参见 Pappenheim，1898；Dietz，1964；Schmidt，1993；Grossfeld and M. Pappagiannis，1995；Weyhe，1996。

18. 特尔是哥廷根大学的一名法学教授，也是有影响的《商法》杂志（*Das Handelsrecht*，1897）的一名作者，该杂志曾出版过许多版（Ulrich Falk，1995）。

19. 这是戈尔德施密特的 *Handbuch des Handelsrechts*（Goldschmidt，1891）第三版第一卷（也是仅有的一卷）的标题。在哈罗德·伯尔曼（Harold Berman）对西方法律传统的形成（参见 Berman 1983：619‑21）的权威性研究中，在莱昂·特拉克曼（Leon Trakman，1983）对商人法的研究中，这部书仍被提及并用作参考书。

20. 用京特·罗特（Guenther Roth，1987：80）的话说，戈尔德施密特以他的研究"沟通了法律和历史研究"。

21. 关于这两大阵营，参见 Roth，1978：xl‑xli；Brand，1982。也可参见 Hennis，1988：110，亨尼斯认为韦伯的兴趣集中在实践上而不在制定规范的法律问题上。早在他作为一名学习法律的学生从事法学研究时，韦伯就接触过历史比较和教条主义法学两派的代表人物（Marra，1992：22）。

22. 哈罗德·伯尔曼与查尔斯·赖德（Bermannd，2000：224）——《剑桥韦伯指南》中"作为法律史学家的马克斯·韦伯"一章的两位作者——有如下看法：韦伯的博士论文是"由特奥多尔·蒙森指导的"。

23. 1888 年 1 月 11 日，韦伯（1936：283）在写给弗伦斯多夫的信中谈到，如果进行一次较为彻底的修改，他在研究讨论班上撰写的论文可以发展成为一篇博士论文。在以他的博士学位论文写就的书中，韦伯再次指出，它是"我在柏林时在大师戈尔德施密特先生的研究讨论班上呈交的一篇文稿的修改和扩充"（参见原书页码第 25 页）。

24. 据传，为了研究 1905 年俄国革命，韦伯在短短数月内就学会了俄语（参见 Mommsen，1989：71）。

25. 至于日期，可参见 Weber，1889a：60；Deininger，1986。后一种文献提供了许多有关韦伯早期事业的不可多得的信息；然而，它将韦伯在 1887 年二三月间参加的第一次军训错说成是第二次（p. 10，n. 43）。

26. 韦伯的主考官是戈尔德施密特、德恩堡、格奈斯特、布伦纳以及保罗·欣施尤斯（Paul Hinschius，一名教会法方面的专家）（Weber，1936：312 - 13）。韦伯的书信表明，他并不认为考试是完全公平或者适当的。

27. 德文标题是 "*Entwickelung des Solidarhaftprinzips und des Sondervermögens der offenen Handelsgesellschaft aus den Haushalts und Gewerbegemeinschaften in den italienischen Städten*"（Stuttgart：Kröner，1889）。我要感谢哥伦比亚大学法律图书馆，感谢他们让我复印了这本可为我所用的小册子。

28. 戴宁格尔（Deininger，1986：57 - 58，nn. 14，14a，and 15）提供了一份极好的、可以相互印证的原始资料，所有这一切都已证实此一描述的精确性。

29. *Zur Geschichte der Handelsgesellschaften im Mittelalter: Nach südeuropäischen Quellen*（Weber，1889b）。有关这部著作的不同

版本，参见这篇导言的第 36 页（原书页码，即本书边码——中译者注）"原著的版本和附加文献"。

30. 这一说法已在著作中导致大量令人困惑难解的地方。例如，参见 Reinhard Bendix，1962：1；Guenther Roth，1978：xl；Lewis A. Coser，1977：237；Alan Sica，1988：103。斯韦德伯格（Richard Swedberg，1999：5）将日期搞错了（1891）。在对温克尔曼（Winckelmann）的批评中，阿尔弗雷德·霍伊斯（Alfred Heuss，1965：536，n. 5）认为，从形式上看韦伯出版这本小册子是出于他对按时提交他的论文这种做法感到满意，所以发表了它。这有可能就是事实，但是，霍伊斯在论证韦伯的那本书就是他的博士论文这一问题上又犯了错误。在这本已经出版的小册子中，韦伯把这本小册子称为他的"就职论文"（1889a：1），并将它视作他的"学位论文"（1889a：3）。滕斯泰特（Tennstedt）与莱布弗里德（Stephan Leibfried，1987，appendix，n. 11）驳斥了霍伊斯的观点，但只针对其错误原因。他们指出，韦伯在他 1889 年 5 月 30 日致赫尔曼·鲍姆加滕的信（Max Weber，1936：313）中提到，"我这本书的继续，作为我的博士论文"，他们以此作为《商业合伙史》的出处说明——然而，两者却又同时都被出版了。

31. 《剑桥韦伯指南》（*Cambridge Companion to Weber*，Turner，2000：xv）中的年表错误地指出，韦伯在通过了第一次国家考试之后，于 1886 年参加了律师资格考试。

32. 后来，玛丽安娜·韦伯（1988：164 - 65）讲道，在 1892 年，韦伯仍在考虑或者"作为一名律师开业，或者与一些杰出的人物组成合伙开业"，并且，他还在柏林上诉法院担任代理。

33. 我只提到戈尔德施密特的一些批评。据我所知，大约有一打这样的负面评论。

34. 更为清晰的陈述参见 Goldschmidt，1891：254；Schmoller，1890：389。马拉（Marra，1992）的描述有一个缺点，即他几乎没有提及韦伯与戈尔德施密特的关系。

35. 戈尔德施密特致阿尔特霍夫的信被刊印（Goldschmidt，1898：466）。他写道，如果一名"非常有才能的、较为年轻的法律学者"（也就是韦伯）能为柏林大学留下，他将"很愉悦"。有关戈尔德施密特、阿尔特霍夫还有韦伯之间的相互关系的阐述，参见Weber，1998：307‑9。反对韦伯以及他将商业法和罗马法糅合研究的意见似乎主要来自奥托·基尔克，对于此人，保罗·霍尼希斯海姆（Paul Honigsheim，2000：177）写道："在法律史学家之中，就韦伯能凭借对学科的糅合而取得讲师资格感到尤为不适的，基尔克是其中最为突出的一个；这位纯正的日耳曼派法学家不能容忍韦伯具备教授罗马法和商法两门课程的资格这一事实。"

36. 戴宁格尔（Deininger，1986：55‑56）并未完全澄清这一情况。

37. "Ich hoffe noch dazu zu kommen, auch die deutschen städtischen Statuten daraufhin durchzugehen und so doch mit dem deutschen Recht in Berührung zu bleiben"（"致费迪南德·弗伦斯多夫的信"，日期是 1888 年 1 月 11 日；Max Weber，1936：284）。

38. 参见韦伯（Weber，1936：333，363）在给他妈妈（1891 年 6 月 17 日）和卢约·布伦塔诺（1893 年 2 月 20 日）的信中关于戈尔德施密特的批评的评论。韦伯最后几次提到可能的续篇，似乎是在一封致古斯塔夫·施莫勒（1893 年 10 月 24 日）的信中，在这封信中他宣布打算"在我关于（中世纪）商业合伙的一部续篇中……研究现代代理贸易（commission agency）在中世纪的前身"（引自 Borchardt，1999：92，n.5），而在一封致弗里茨·鲍姆加滕（Fritz Baumgarten）的信中（1895 年 9 月 12 日），他又谈

到他期待去旅行以便从疾病中重新恢复过来，除了提到其他一些
目的地外，他还提到想去查"佛罗伦萨的档案"（Guenther Roth
2001：557）。

39. 根格尔与绍姆堡对事件的阐释很耐人寻味：鉴于学术法规的要
求，韦伯呈送了两篇研究成果作为他的 *Habilitation*。一篇是
"*Zur Geschichte der Handelsgesellschaften*"（《商业合伙史》），
另一篇是他最近有关罗马农业史研究的新成果。前者正是由戈尔
德施密特亲自评价。戈尔德施密特指出，*Zur Geschichte*，"这篇
习作（*Probeschrift*），毋庸置疑，作为商法领域的教授资格论文
肯定是'**完全足够**'了"（Gängel and Schaumburg，1989：333；
加粗处为原文即有）——这一评价也许最能证实韦伯为什么不愿
公开发表他对戈尔德施密特较早时的批评性评论的反应。第二评
价人，罗马法律学者恩斯特·埃克（Ernst Eck），则更加严厉，
也没有明显的褒贬倾向。依据他的评判，韦伯关于罗马农业史的
研究"尽管有着重大的缺陷，但证实他非常勤奋，知识丰富，异
常敏锐。（然而）所取得的成果又让人对后一些优点产生怀疑"
（1989：333）。在此，我想借机纠正一下京特·罗特（Guenther
Roth，2002：511）的叙述中一处小错误。他根据韦伯的一封信写
道"在完成论文和取得大学执教资格后，他徒劳地希望'花费数
年时间去了解一些贸易进出口的习惯做法'"。然而，在此引述
的韦伯所写的这封信是于 1891 年 1 月 3 日寄给赫尔曼·鲍姆加滕
的（Weber，1936：324；所引用的片段出现在第 326 页上），大
约在结束他的大学执教资格申请之前一年多一点的时间。这封信
说得很清楚：韦伯提到的并非未来的设想（也就是在 1891 年）
而是早在数月之前在不来梅（Bremen）错过的机遇。

40. 有关韦伯在那时参与政治活动的资料，参见 Mommsen，1984：

15 - 34。关于文化新教主义，参见 Schick，1970；Hübinger，1994。

41. 当代对韦伯经受住技能考验和挑战赢得个人肯定的经历的结论研究，可参见 Mihaly Csikszentmihalyi，1991。奇凯岑特米哈伊提出的"奔涌而起"似乎非常切合韦伯这段时期的经历。

42. 有关韦伯转向经济学的论述，参见 Hennis，1987；Scaff，1989：25 - 33；Mommsen，1993：39 - 46；Tribe，1995：66 - 94；Swedberg，1998：180 - 83；Borchardt，2000：34 - 37。

43. 1883—1884 年，在斯特拉斯堡，韦伯喜欢上鲍姆加滕一家人，但是韦伯家与鲍姆加滕家以前就有亲密的关系。例如，马克斯的父母第一次相遇就是 1861 年在柏林鲍姆加滕家里（Roth，1993c：119；鲍姆加滕一家 1872 年迁至斯特拉斯堡）。

44. 他们参加了福音派社会大会——奥托作为神学家和伦理学家，马克斯作为经济和法律专家——通力合作后，奥托和韦伯长期保持他们亲密的友谊（参见 Roth，1993a：152）。奥托还主持了马克斯与玛丽安娜 1893 年举行的结婚典礼。

45. 用玛丽安娜的话说，"到家庭圈子之外去寻找他对感情需要的满足并不是他的风格，例如，在与妇女的交往中"，并且他是"不会接受……调情的"（1988：92，107）。她还谈到，他初次恋爱是在高级中学（Gymnasium）的最后一年时，对象是另一位表妹（1988：92）。

46. 刘易斯·科泽尔（Cf. Lewis Coser，1977：237）在一本罕见的关注到早年韦伯的美国理论教科书中错误地宣称，他"与她（埃米）的婚约持续了六年之久"。关于马克斯与埃米关系的最为详尽的叙述是密兹曼（Arthur Mitzman，1970：51 - 64）提供的，但他对事件的解释有时是猜测性的。英格丽德·吉尔彻-赫尔苔（Ingrid Gilcher-Holtey，1988）有关韦伯与女性的关系的论文没有提到埃米·鲍姆加滕，而迈克·甘恩（Mike Gane，1993）著作中有关韦伯、玛丽安娜与其他人的章节，也仅仅有少数几句提到埃米。克里斯塔·克吕格尔（Christa Krüger，2001）著作中关于马克斯与玛丽安娜的研究同样是真实的也是如此。

47. 正像玛丽安娜·韦伯（Marianne Weber，1988：93）评论的那样，埃米"也继承了她母亲和外祖母的精神病，在很早的时候，疲惫和精神抑郁就已笼罩了她幼小的心灵"。

48. 埃米并非太柔弱而不能参加长途旅行是罗特指出的（Roth，1993：120，n. 90），他提到她和她的妈妈在 1888 年夏天一起旅行去英格兰访问过他们的亲属。

49. "就好像有人遇到了来自不同世界的某个人一样……全面的恢复有可能需要许多年时间"（同一封信，日期是 1892 年 9 月 14 日；Max Weber，1936：350）。在致他的妹妹克拉拉的信中："我可怜的心上人埃米一直像有一半在另一个世界一样"（日期是 1892 年 9 月 21 日；Weber，1936：351）。致玛丽安娜（在一封 1893 年 1 月 23 日她收到的信中）："去年秋天，我去了斯图加特。我看到她，面容苍老、声音低沉，好像某种看不见的手正在她的心中压制她的形象，因为，接近我的身影与我心中的不同，它仿佛是从另一个世界来的。"（Marianne Weber，1988：178）再次致玛丽安娜（在这种时刻他没有参加埃米的父亲的葬礼是因为埃米）："从身体上看，她虚弱得接近再次精疲力竭。"（日期是 1893 年 6 月 20 日；Roth 2001：546，n. 9）就埃米而言，在韦伯去世之后的那些年里，她将对马克斯的感激之情以及她对他的喜爱写成一部回忆录（参见 Marianne Weber，1988：184‑85）。

50. 一位匿名的评论者曾向我提出：马克斯可能把自己与埃米的关系与表兄奥托·鲍姆加滕和艾米丽·法伦斯坦（Emily Fallenstein）

的关系作了些类比，从而认识到这种关系很难长久，结局也未必美好。1883 年，奥托娶了在精神和肉体上都很脆弱的艾米丽，但是，在第二年艾米丽死于难产，他就变成了鳏夫。奥托此后一直受到这一悲剧的影响。

51. 正像我们从尝试推想马克斯自己后来出现的神经失序时体会到的那样，事后看来要获得这类"神经失序"的精确性较高、较为清晰的概念是困难的（参见，举例来说，Frommer and Frommer，1993）。在此，这种尝试将因这一事实进一步复杂，正如我们从夏洛特·珀金斯·斯特森·吉尔曼（Charlotte Perkins Stetson Gilman）这一著名的例子中所知的那样，这种失常的具体特征受到性别的影响。

52. 在与玛丽安娜订婚以后，马克斯向埃米表明，他现在"对她（玛丽安娜）一生的幸福负有责任"（Weber，1936：367）。当然，正是玛丽安娜在后来德国的女权扩张论者控告父权制的诉讼中发挥了作用。参见 Roth，1988；2001：559-628。

53. 关于老马克斯和海琳，参见在这篇导言后面的讨论。韦伯对玛丽安娜事业的支持并不能阻止他选择婚约的类型，这类婚约可以授予他最大限度地控制他的妻子和她的财产的权利（参见 Guenther Roth，2001：550）。

54. 尤其是要参见 1919 年在海琳去世之际小马克斯写给他的兄弟姐妹的信（Baumgarten，1964：629-30）。

55. 众所周知，在他们爆发冲突之后不久，老马克斯还没有来得及与海琳和小马克斯和解就去世了（参见 Guenther Roth，2001：527-36）。父亲的去世加剧了小马克斯无力地"沉入地狱"（Marianne Weber，1988：237）。具有讽刺意味的是，她丈夫的死最终使海琳控制了家庭财政收支。

56. 这在亲戚之间的一封信中得到陈述。参见 Guenther Roth，1995：295；299，n. 45。

57. 在 1883—1884 年早些时候，正当韦伯在阿尔萨斯军队中服役时，老马克斯·韦伯曾申斥他的儿子由此而招致的过多花费（参见 Roth，2001：329）。

58. 这封信是寄给他的妹妹克拉拉（Klara）的，写信日期是 1913 年 9 月 10 日。

59. 韦伯在 1894 年，甚至 1893 年之前，就很有希望在弗赖堡谋求一个职位，但是还是落空了。也可参见马克斯的陈述"我的愿望一直是谋求一个在经济上独立、切实可行的生计"（Marianne Weber 1988：187）。

60. 也可参见 Roth，2001：550，（在这部书中）京特·罗特尖锐地评论了老马克斯的态度，"随着小马克斯的结婚，他摆脱了他的四个儿子中的第一个"。很明显，在同意他儿子的选择之前，老马克斯也调查过玛丽安娜的经济状况（Krüger，2001：42）。

61. 遗憾的是，克里斯塔·克吕格尔（Christa Krüger，2001）关于马克斯与玛丽安娜关系的最新研究成果也未提供与他们的物质生活背景有关的任何说明。

62. 京特·罗特（Guenther Roth，1993a：156，n. 18）陈述了艾达·鲍姆加滕"对他（韦伯）和玛丽安娜高消费生活的精明眼光"，她在一封信中提到这两个"富足的年轻人"，他们"花钱如流水"，有一处"豪华的公寓住宅以及……各种家具"。这些评论是她在 1895 年作出的。

63. 这位朋友就是格哈特·冯·舒尔策·格弗尼茨（Gerhart von Schulze-Gävernitz）。

64. 参见第 51 至 52 页（原书页码，即本书边码——中译者注）。

65. 因此，在译文标题中使用"商业合伙"这一术语，该术语紧扣韦伯研究的主题，比"贸易公司"更能突出主旨，英美国家的一些著述在谈及韦伯的学位论文时通常使用后一术语。

66. 至于美国法对同类问题的讨论，参见 Barnes，Dworkin，and Richards，2000，Chapters 24 and 25。

67. 关于西尔伯施密特，参见原书第 6 页和第 9 页。

68. 在该章中，韦伯也论述了其他一些合伙类型，例如没有独立基金的合伙（*dare ad portandum in compagniam*）和固定股利的合伙（*dare ad proficuum maris*），但他认为它们在法律和经济意义上是微不足道的。

69. 关于此类论述，也可参见 Realino Marra，1992：104 - 107。在文中，马拉将这一思想与韦伯后来关于自治城市出现的论点连在一起。

70. 英文译本（Weber，1981）出版于 1927 年，这是在韦伯的名义下出版的第一部英文著作。然而，该译文是不完整的，它缺少"概念导论"（Conceptual Prologemena）这一部分。

71. 最近，斯韦德伯格对《经济通史》进行了详细的分析。参见 Richard Swedberg，1998：8 - 21。

72. 参见沃尔夫冈·施路赫特富有启发性的讨论（Wolfgang Schluchter，1996：200 - 202）。

73. 至于韦伯关于古代资本主义的主张，参见 John R. Love，1991：246 - 276。

74. 关于这一点，值得注意的是，韦伯也许低估了中世纪晚期意大利复式簿记的适用范围和理性可计算性（the extent and rational calculability of double-entry bookkeeping）。参见 Bruce Carruthers and Wendy Nelson Espeland，1991：31 - 69。

75. 关于中世纪行会的理性主义，也可参见韦伯在他的论文"新教诸教派"中的评论（Weber 2001d：146）。也可参见 Richard Swedberg，1998：12 - 14。

76. 关于他们的观点，也可参见 Hartmut Lehmann，1993：195 - 208；Guenther Roth，1993b：16 - 18。

77. 括号中的注释是由翻译者斯蒂芬·卡尔伯格（Stephen Kalberg）为了清晰说明问题而添加的。

78. 这一部分的标题是由德国编辑挑选的并为英文译本借鉴。

79. 关于该部分以及其后的相关论述，可以参见卡斯勒颇有见地的评论（Dirk Käsler，1988：27 - 28）。马拉倾向于在韦伯根本不存在什么不同的第一部著作与他的法律社会学之间寻找区别——例如，当时他错误地解释韦伯在《经济与社会》中提出的某些观点，并将韦伯所论述的现代企业形式（例如 Gesellschaft mit beschränkter Haftung，或称为有限责任公司）与现代合伙形式（例如 Kommanditgesellschaft，或称为有限合伙）混为一谈。参见 Realino Marra，1992：127。

80. 马拉声称，韦伯不愿意接受经济影响法律的形成。参见 Realino Marra，1992：123，126。

81. 这种连续性在其他有关韦伯的著述中并没有被认识到。

82. 正当有关中世纪意大利商业伦理的合理性持续争论之时（比如 Luciano Pellicani，1988：57 - 85；63 - 76。Guy Oakes，1988 - 1989：81 - 94；1989：77 - 86），一部关于前现代合伙企业的合理性的最引人注目的著作由热雷·科恩出版了（Jere Cohen，1980：1340 - 1355. 也可参见 R. J. Holton，1983：166 - 180）。据说，科恩批评韦伯没有理性地对意大利商业技术和意大利合伙企业的合理性提出质问，不过，科恩所作的小心翼翼的描述却在多数情况下支持了这类技术的存在，事实上是支持了韦伯的论点。

83. 这部书的图像制品（Photomechanical reproduction）是 1988 年出版的。德国信息软件公司（CD）版也未将它们收录在内。

84. 例如，韦伯 1924 年著作的第 315 页，一个逗号取代了一个句点；在第 355 页，"Eigenen" 使用大写字母书写；在第 378 页，脚注的引文出处是不准确的；在第 383 页，引文出处导致了错误的脚注；在第 391 页，"Sozietätsgesuch" 取代了 "Sozietätsgut"；在第 408 页，"matiscalcie" 代替了 "maliscalcie"；在第 413 页，"desla" 取代了 "de la"；在第 437 页，"die" 代替了 "sie"。参见 Max Weber，1924：1. 36；1. 12；n. 1；n. 2；1. 37；1. 35；n. 1；1. 17。

85. 例如，沃尔姆 1999 年著作的第 369 页，"merceantur" 代替了 "mercantur"；第 425 页，"11295" 代替了 "10295"。此处标记的页码遵循韦伯 1924 年著作的样式。参见 Karsten Worm，1999：1. 11；1. 6。

86. 对于译者而言，这是不允许的。另一张 CD，标题是 "*Max Weber: Gesammelte Werke*"，已经由（柏林）Directmedia 公司预告。

87. 至于该原则的例外情形，参见 Albrecht Cordes，1998：15 - 20。然而，他的研究焦点集中在中世纪晚期的北德贸易协会。

88. 也可参见罗特的论文 "解释和翻译马克斯·韦伯"（Guenther Roth，1992：449 - 459. 该文对韦伯主义翻译史进行了最全面的描绘。）以及吉塞拉·欣克尔的文章（Gisela Hinkle，1986：87 - 104）。

89. 一个恰当的例子就是：对于《习惯法》而言，韦伯不得不依赖弗朗西斯科·博纳伊内（Francesco Bonaini）的版本，众所周知，该版本是不太精确的（参见 Thomas E. Marston，1967：109 - 112）。

90. 当然，所有错误、忽略以及疏漏依然只是翻译者的责任。

91. 参见弗兰克和罗特所作的评论（R. I. Frank，1976：28 - 29；Guenther Roth，1978：cviii）。

参考文献

Aldenhoff, Rita. 1987. "Max Weber and the Evangelical-Social Congress. " In *Max Weber and His Contemporaries*, ed. Wolfgang J. Mommsen and Jürgen Osterhammel, 192 - 202. London: Allen & Unwin.

Barbalet, Jack M. 2001. "Weber's Inaugural Lecture and Its Place in His Sociology. "*Journal of Classical Sociology* 1: 147 - 70.

Barnes, A. James, Terry Morehead Dworkin, and Eric L. Richards. 2000. *Law for Business*. 7th ed. New York: McGraw-Hill.

Baumgarten, Eduard. 1964. *Max Weber: Werk und Person*. Tübingen: Mohr.

Bendix, Reinhard. 1962. *Max Weber: An Intellectual Portrait*. New York: Anchor.

Berman, Harold J. 1983. *Law and Revolution: The Formation of the Western Legai Tradition*. Cambridge, Mass. : Harvard University Press.

Berman, Harold J. , and Charles J. Reid Jr. 2000. "Max Weber as legal Historian. " In *the Cambridge Companion to Weber*, ed. Stephen Turner, 223 - 39. Cambridge: Cambridge University Press.

Borchardt, Knut. 1999. "Einleitung. " In Max Weber, *Börsenwesen: Schriften und Reden*, 1893 - 1898, ed. Knut Borchardt in collaboration with Cornelia Meyer-Stoll （MWGI/5）, 1 - 111. Tübingen: Mohr.

—. 2000. *Max Webers Börsenschriften: Rätsel um ein übersehenes Werk*. Munich: Verlag der Bayerischen Akademie der Wissenschaften.

Brand, Arie. 1982. "Against Romanticism: Max Weber and the Historical School of Law." *Australian Journal of Law and Society* 1: 87 - 100.

Berntano, Lujo. 1916. *Die Anfänge des modernen Kapitalismus*. Munich: Verlag der Akademie der Wissenschaften.

Breuer, Stefan, and Hubert Treiber, eds. 1984. *Zur Rechtssoziologie Max Webers*. Opladen: Westdeutscher Verlag.

Brubaker, Rogers. 1984. *The Limits of Rationality: An Essay on the Social and Moral Thought of Max Weber*. London: Allen & Unwin.

Carruthers, Bruce, and Wendy Nelson Espeland. 1991. "Accounting for Rationality: Double-Entry Bookkeeping and the Rhetoric of Economic Rationality." *American Journal of Sociology* 97: 31 - 69.

Cipolla, Carlo M. 1980. *Before the Industrial Revolution: European Society and Economy*, 1000 - 1700. 2d ed. New York: Norton.

Cohen, Ira J. 1981. "Introduction." In Max Weber, *Genaral Economic History*, xv - lxxxiii. New Brunswick, N. J. : Transaction.

Cohen, Jere. 1980. "Rational Capitalism in Renaissance Italy." *American Journal of Sociology* 85: 1340 - 55.

Collins, Randall. 1980. "Weber's Last Theory of Capitalism: A

Systematization. " *American Journal of Sociology* 45: 925 - 42.

Cordes, Albrecht. 1998. *Spätmittelalterlicher Gesellschaftshandel im Hanseraum*. Cologne: Böhlau.

Coser, Lewis A. 1977. *Masters of Sociological Though: Ideas in Historical and Social Context*. 2d ed. New York: Harcourt Brace Jovanovich.

Csikszentmihalyi, Mihaly. 1991. *Flow: The Psychology of Optimal Experience*. New York: Harper & Row.

De Roover, Raymond. 1963. "The Organization of Trade. " In *the Cambridge Economic History of Europe*, Vol. 2, ed. M. M. Postan, E. E. Rich, and Edward Miller, 42 - 118. Cambridge: Cambridge University Press.

Deininger, Jürgen. 1986. "'Einleitung' and 'Editorischer'. " In *Max Weber*, *Die römische Agrargeschichte in ihrer Bedeutung für das Staats- und Privatrecht*, ed. Jürgen Deininger (MWG I/2), 1 - 89. Tübingen: Mohr.

Dibble, Vernon K. 1968. "Social Science and Political Commitments in the Young Max Weber. " *European Journal of Sociology* 9: 92 - 110.

Dietz, Rolf. 1964. " Goldschmidt, Levin. " In *Neue Deutsche Biographie*, ed. Historische Kommission bei der Bayerischen Akademie der Wissenschaften, Vol. 6: 617 - 18. Berlin: Duncker & Humblot.

Falk, Ulrich. 1995. "Heinrich Thöl. " In *Juristen: Ein biographisches Lexikon*, ed. Michael Stolleis, 612. Munich: Beck.

Frank, R. I. 1976. "Translator's Introduction. " In *Max Weber*, *The*

Agrarian Sociology of Ancient Civilizations, trans. R. I. Frank, 7 – 33. London: New Left Books.

Frommer, Jörg, and Sabine Frommer. 1993. "Max Webers Krankheit: Soziologische Aspekte der depressiven Struktur. " *Fortschritte der Neurologie/Psychiatrie* 61, No. 5: 161 – 71.

Gane, Mike. 1993. *Harmless Lovers？ Gender, Theory and Personal Relationships*. London: Routledge.

Gängel, Andreas, and Michael Schaumburg. 1989. "Sollten noch weitere Vorschläge erforderlich sein . . . : Max Webers Habilitation an der Juristischen Fakultät der Berliner Universität. " *Staat und Recht* 38: 332 – 34.

Gilcher-Holtey, Ingrid. 1988. "Max Weber und die Frauen. " In *Max Weber: Ein Symposium*, ed. Christian Gneuss and Jürgen Kocka, 142 – 54. Munich: dtv.

Goldschmidt, Levin. 1891. *Handbuch des Handelsrechts*. 3d ed. Vol. 1: *Universalgechichte des Handelsrechts*. Stuttgart: Enke.

—, 1892. *System des Handelsrechts*. 4th ed. Stuttgart: Enke.

—. 1898. *Levin Goldschmidt: Ein Lebensbild in Briefen*. Edited by Adele Goldschmidt. Berlin: Goldschmidt.

Grossfeld, Bernhard, and Ioannis M. Pappagiannis. 1995. "Levin Goldschmidt. " *Zeitschrift für das gesamte Handelsrecht und Wirtschaftsrecht* 159: 529 – 49.

Handelsgesetzbuch: Textausgabe. 2001. 37th ed. Edited by Wolfgang Hefermehl, Munich: Beck.

Hennis, Wilhelm. 1987. "A Science of Man: Max Weber and the Political Economy of the German Historical School. " In *Max*

Weber and His Contemporaries, ed. Wolfgang J. Mommsen and Jürgen Osterhammel, 25 – 58. London: Allen & Unwin.

——. 1988. *Max Weber: Essays in Reconstruction*. Translated by Keith Tribe. London: Allen & Unwin.

Herlihy, David. 1958. *Pisa in the Early Renaissance: A Study of Urban Growth*. New Haven, Conn. : Yale University Press.

Heuss, Alfred. 1965. "Max Webers Bedeutung für die Geschichte des griechisch-römischen Altertums. " *Historische Zeitschrift* 201: 529 – 56.

Heyck, Eduard. 1890. "Rrview of *Zur Geschichte der Handelsgesellschaften im Mittelalter*, by Max Weber. " *Historische Zeitschrift* 65: 299 – 301.

Hinkle, Gisela. 1986. "The Americanization of Max Weber. " *Current Perspectives in Social Theory* 7: 87 – 104.

Holton, R. J. 1983. " Max Weber, ' Rational Capitalism,' and Renaissance Italy: A Critique of Cohen. " *American Journal of Sociology* 89: 166 – 80.

Honigsheim, Paul. 2000. *The Unknown Max Weber*. Edited by Alan Sica. New Brunswick, N. J. : Transaction.

Hübinger, Gangolf. 1994. *Kulturprotestantismus und Politik: Zum Verhältnis von Liberalismus und Protestantismus im wilhelminischen Deutschland*. Tübingen: Mohr.

Hunt, Edwin S. 1994. *The Medieval Super-Companies: A Study of the Peruzzi Company of Florence*. Cambridge: Cambridge University Press.

Kaelber, Lutz. 1998. *Schools of Asceticism: Ideology and*

Organization in Medieval Religious Organizations. University Park: Pennsylvania State University Press.

Kalberg, Stephen. 1994. *Max Weber's Comparative-Historical Sociology.* Chicago: University of Chicago Press.

Käsler, Dirk. 1988. *Max Weber: An Introduction to His Life and Work.* Translated by P. Hurd. Cambridge: Polity.

—. 1989. " Der retuschierte Klassiker: Zum gegenwärtigen Forschungsstand der Biographie Max Webers. " In *Max Weber heute: Erträge und Probleme der Forschung*, ed. Johannes Weiß, 29 - 54. Frankfurt am Main: Suhrkamp.

Kronman, Anthony T. 1983. *Max Weber.* Stanford, Calif. : Stanford University Press.

Krüger, Christa. 2001. *Max und Marianne Weber: Tag-und Nachtansichten einer Ehe.* Zurich: Pendlo.

Krüger, Dieter. 1987. "Max Weber and the 'Younger' Generation in the Verein für Sozialpolitik. " In *Max Weber and His Contemporaries*, ed. Wolfang J. Mommsen and Jürgen Osterhammel, 192 - 202. London: Allen & Unwin.

Lehmann, Hartmut. 1993. "The Rise of Capitalism: Weber versus Sombart. " In *Weber's "Protestant Ethic": Origins, Evidence, Contexts*, ed. Hartmut Lehmann and Guenther Roth, 195 - 208. Cambridge: Cambridge University Press.

Liebersohn, Hartmut. 1988. *Fate and Utopia in German Sociology, 1870 - 1923.* Cambridge, Mass. : MIT Press.

Lopez, Robert S. 1971. *The Commercial Revolution of the Middle Ages, 950 - 1300.* Englewood Cliffs, N. J. : Prentice Hall.

Lopez, Robert S. , and Irving W. Raymond. 1990. *Medieval Trade in the Mediterranean World*. New York: Columbia University Press.

Love, John R. 1991. *Antiquity and Capitalism: Max Weber and the Sociological Foundations of Roman Civilization*. London: Routledge.

Marston, Thomas E. 1967. "The Earliest Known Laws of an Italian City State. " In *Homage to a Bookman: Essays on Manuscripts, Books and Printing Written for Hans P. Kraus on His Sixtieth Birthday*, 109 – 12. Berlin: Mann.

Marra, Realino. 1992. *Dalla comunità al diritto moderno: La formazione giuridica di Max Weber*, 1882 – 1889. Turin: Giappichelli.

Menzinger, Leopold. 1892. " Review of *Zur Geschichte der Handelsgesellschaften im Mittelalter*, by Max Weber. " *Kritische Vierteljahresschrift für Gesetzgebung und Rechtswissenschaft* 34: 28 – 29.

Mitzman, Arthur. 1970. *The Iron Cage: A Historical Interpretation of Max Weber.* New York: Grossett & Dunlap.

Mommsen, Wolfgang J. 1984. *Max Weber and German Politics*, 1890 – 1920. 2d ed. Trans. Michael S. Steinberg. Chicago: University of Chicago Press.

—. 1989. "Editorischer Bericht. " In Max Weber, *Zur Russischen Revolution von 1905: Schriften und Reden*, 1905 – 1912, ed. Wolfgang J. Mommsen in collaboration with Dietmar Dahlmann (MWGI/10), 71 – 80. Tübingen: Mohr.

—. 1993. "Einleitung." In Max Weber, *Landarbeiterfrae*, *Nationalstaat und Volkswirtschaftspolitik: Schriften und Reden*, *1892 - 1899*, ed. Wolfgang J. Mommsen in collaboration with Rita Aldenhoff (MWGI/4), 1 - 68. Tübingen: Mohr.

Müller, Thomas. 2000. *Max Weber: Das Werk* [CD - ROM]. Berlin: heptagon.

Oakes, Guy. 1988 - 89. "Farewell to The Protestant Ethic?" *Telos* 78: 81 - 94.

—. 1989. "Four Questions Concerning *The Protestant Ethic*." *Telos* 81: 77 - 86.

Pappenheim, Max. 1890. "Review of *Zur Geschichte der Handelsgesellschaften im Mittelalter*, by Max Weber." *Zeitschrift für das Gesamte Handelsrecht* 37: 255 - 59.

—. 1898. "Levin Goldschmidt." *Zeitschrift für das Gesamte Handelsrecht* 47: 1 - 182.

Pellicani, Luciano. 1988. "Weber and the Myth of Calvinism." *Telos* 75: 57 - 85.

—. 1989. "Reply to Guy Oakes." *Telos* 81: 63 - 76.

Pounds, N. J. G. 1974. *An Economic History of Medieval Europe*. New York: Longman.

Pryor, John H. 1977. "The Origins of the Commenda Contract." *Speculum* 52: 5 - 37.

Rehbinder, Manfred, and Klaus-Peter Tieck, eds. 1987. *Max Weber als Rechtssoziologe*. Berlin: Duncker & Humblot.

Riesebrodt, Martin. 1985. "Vom Patriarchalismus zum Kapitalismus." *Kölner Zeitschrift für Soziologie und Sozialpsychologie* 37:

546 – 67.

Roth, Guenther. 1978. "Introduction. " In Max Weber, *Economy and Society*, ed. Guenther Roth and Claus Wittich, xxxiii – cx. Berkeley: University of California Press.

—. 1987. "Rationalization in Max Weber's Developmental History. " In *Max Weber, Rationality and Modernity*, ed. Scott Lash and Sam Whimster, 75 – 91. London: Allen & Unwin.

—. 1988. "Marianne Weber and Her Circle. " In Marianne Weber, *Max Weber: A Biography*, xv – lxi. Trans. Harry Zohn. New Brunswick, N. J. : Transaction.

—. 1992. "Interpreting and Translating Max Weber. " *International Sociology* 7: 449 – 59.

—. 1993a. " Between Cosmopolitanism and Ethnocentrism: Max Weber in the Nineties. " *Telos* 96: 148 – 62.

—. 1993b. "Introduction. " In *Weber's "Protestant Ethic": Origins, Evidence, Contexts*, ed. Hartmut Lehmann and Guenther Roth, 1 – 24. Cambridge: Cambridge University Press.

—. 1993c. "Weber the Would-be Englishman: Anglophilia and Family History. " In *Weber's "Protestant Ethic": Origins, Evidence, Contexts*, ed. Hartmut Lehmann and Guenther Roth, 83 – 121. Cambridge: Cambridge University Press.

—. 1995. "Max Weber in Erfurt, Vater und Sohn. " *Berliner Journal für Soziologie* 3: 287 – 99.

—. 1997. " The Young Max Weber: Anglo-American Religious Influences and Protestant Social Reform in Germany. " *International Journal of Politics, Culture, and Society* 10:

659 – 71.

—. 2001. *Max Webers deutsch-englische Familiengeschichte, 1800 – 1950: Mit Briefen und Dokumenten.* Tübingen: Mohr.

—. 2002. "Max Weber: Family History, Economic Policy, Exchange Reform. " *International Journal of Politics, Culture, and Society* 15: 509 – 20.

Sapori, Armando. 1970. *The Italian Merchant in the Middle Ages.* Translated by Patricia Ann Kennen. New York: Norton.

Scaff, Lawrence A. 1984a. "From Political Economy to Political Sociology: Max Weber's Early Writings. " In *Max Weber's Political Sociology: A Pessimistic Version of a Rationalized World*, ed. Ronald M. Glassman and Vatro Murvar, 83 – 107. Westport, Conn: Greenwood.

—. 1984b. "Weber before Weberian Sociology. " *British Journal of Sociology* 35: 190 – 215.

—. 1989. *Fleeing the Iron Cage: Culture, Politics, and Modernity in the Thought of Max Weber.* Berkeley: University of California Press.

Scammell, Geoffrey V. 1981. *The World Encompassed: The First European Maritime Empires, c. 800 – 1650.* Berkeley: University of California Press.

Schäfer, Karl. 1890. " Review of *Zur Geschichte der Handelsgesellschaften im Mittelalter*, by Max Weber. " *Literarisches Centralblatt für Deutschland* 4 (18 January): 111.

Schick, Manfred. 1970. *Kulturprotestantismus und aoziale Frage: Versuche zur Begründung der Sozialethik, vornehmlich in der*

Zeit von der Gründung des Evangelisch-sozialen Kongresses bis zum Ausbruch des 1. Weltkrieges, 1890 - 1914. Tübingen: Mohr.

Schiera, Pierangelo. 1987. " Max Weber und die deutsche Rechtswissenschaft des 19. Jahrhunderts. " In *Max Weber als Rechtssoziologe*, ed. Manfred Rehbinder and Klaus-Peter Tieck. Berlin: Duncker & Humblot.

Schluchter, Wolfgang. 1980. "Der autoritär verfasste Kapitalismus: Max Webers Kritik am Kaiserreich. " In *Rationalismus der Weltbeherrschung*, 134 - 69. Frankfurt: Suhrkamp.

—. 1981. *The Rise of Western Rationalism: Max Weber's Developmental History.* Translated by Guenther Roth. Berkeley: University of California Press.

—. 1989. *Rationalism, Religion, and Domination: A Weberian Perspective.* Translated by Neil Solomon. Berkeley: University of California Press.

—. 1996. *Paradoxes of Modernity: Culture and Conduct in the Theory of Max Weber.* Translated by Neil Solomon. Stanford, Calif. : Stanford University Press.

Schmidt, Karsten. 1993. " Levin Goldschmidt, 1829 - 1897. " In *Deutsche Juristen jüdischer Herkunft*, ed. Helmut Heinrichs, Harald Franzki, Klaus Schmalz, and Michael Stolleis, 215 - 30. Munich: Beck.

Schmoller, Gustav. 1890. " Review of *Zur Geschichte der Handelsgesellschaften im Mittelalter*, by Max Weber. " *Jahrbuch für Gesetzgebung, Verwaltung und Volkswirtschaft im Deutschen Reich* 14: 389 - 90.

Sica, Alan. 1988. *Weber, Irrationality, and Social Order*. Berkeley: University of California Press.

—. 2000. "Introduction: Paul Honigsheim and Max Weber's Lost Decade." In Paul Honigsheim, *The Unknown Max Weber*, ed. Alan Sica, ix – xxi. New Brunswich, N. J. : Transaction.

Silberschmidt, Willy. 1884. *Die commenda in ihrer frühesten Entwicklung bis zum 13. Jahrhundert.* Würzburg: Stuber's Verlagshandlung.

Sombart, Werner. 1913. *Der Bourgeois: Zur Geistesgeschichte des modernen Wirtschaftsmenschen.* Munich: Duncker &. Humblot.

Swedberg, Richard. 1998. *Max Weber and the Idea of Economic Sociology*. Princeton, N. J. : Princeton University Press.

—. 1999. "Introduction." In *Max Weber: Essays in Economic Sociology*, ed. Richard Swedberg, 3 – 39. Princeton, N. J. : Princeton University Press.

Tennstedt, Florian, and Stephan Leibfried. 1987. "Max Weber und Bremen: Die Bewerbung eines Gründers der Sozialwissenschaften als Syndikus der Handelskammer 1890. " *Wirtschaft in Bremen* 2 (February): 13 – 16.

Thöl, Heinrich. 1879. *Das Handelsrecht*. 6th ed. Leipzig: Fres.

Trakman, Leon E. 1983. *The Law Merchant: The Evolution of Commercial Law*. Littleton, Colo. : Rothman.

Tribe, Keith. 1983. "Prussian Agriculture – German Politics: Max Weber 1892 – 97. " *Economy and Society* 12: 181 – 226.

—. ed. 1989. *Reading Weber*. London: Routledge.

—. 1995. *Strategies of Economic Order: German Economic*

Discourse, *1750 - 1950*. Cambridge: Cambridge University Press.

Turner, Stephen P. , ed. 2000. *The Cambridge Companion to Weber*. Cambridge: Cambridge University Press.

Turner, Stephen P. , and Regis A. Factor. 1994. *The Lawyer as a Social Thinker*. London: Routledge.

Udovitch, Abraham L. 1962. " At the Origins of the Western Commenda: Islam, Israel, Byzantium?" *Speculum* 37: 198 - 207.

Weber, Marianne. 1988. *Max Weber: A Biography*. Translated by *Harry Zohn*. New Brunswick, N. J. : Transaction.

Weber, Max. 1889a. *Entwickelung des Solidarhaftprinzips und des Sondervermögens der offenen Handelsgesellschaft aus den Haushalts- und Gewerbegemeinschaften in den italienischen Städten*. Stuttgart: Kröner.

——. 1889b. *Zur Geschichte der Handelsgesellschaften im Mittelalter: Nach südeuropäischen Quellen*. Stuttgart: Enke.

——. 1903. " Roscher und Knies und die logischen Probleme der historischen Nationalökonomie. " *Jahrbuch für Gesetzgebung, Verwaltung und Volkswirtschaft im Diutschen Reich* 27: 1 - 41.

——. 1904. " Die protestantische Ethik und der ' Geist ' des Kapitalismus, I Das Problem. " *Archiv für Sozialwissenschaft und Sozialpolitik* 20: 1 - 54.

——. 1905. " Die protestantische Ethik und der ' Geist ' des Kapitalismus, II: Die Berufsidee des asketischen Protestantismus. " *Archiv für Sozialwissenschaft und Sozialpolitik* 21: 1 - 110.

——. 1924. *Gesammelte Aufsätze zur Sozial-und Wirtschaftsgeschichte*.

Tübingen: Mohr.

——. 1936. *Jugendbriefe*. Tübingen: Mohr.

——. 1958. *Wirtschaftsgeschichte: Abriss der Universalen Sozial-und Wirtschaftsgeschichte*. 3d ed. Edited by Johannes Winckelmann. Berlin: Duncker & Humblot.

——. 1964. *Zur Geschichte der Handelsgesellschaften im Mittelalter: Nach südeuropäischen Quellen*. Amsterdam: Schippers.

——. 1970. *Zur Geschichte der Handelsgesellschaften im Mittelalter: Nach südeuropäischen Quellen*. Amsterdam: Bonset.

——. 1975. *Roscher and Knies: The Logical Problems of Historical Economics*. Translated by Guy Oakes. New York: Free Press.

——. 1978. *Economy and Society*. Edited by Guenther Roth and Claus Wittich. Berkeley: University of California Press.

——. 1981. *General Economic History*. Translated by Frank Knight. New Brunswick, N. J. : Transaction.

——. 1984. *Die Lage der Landarbeiter im ostelbischen Deutschland*. Edited by Martin Riesebrodt (MWGI/3). Tübingen: Mohr.

——. 1986. *Die römische Agrargeschichte in ihrer Bedeutung für das Staats- und Privatrecht*. Edited by Jürgen Deininger (MWGI/2). Tübingen: Mohr.

——. 1990. *Briefe 1906 – 1908*. Edited by M. Rainer Lepsius and Wolfgang J. Mommsen in collaboration with Birgit Rudhard and Manfred Schön. Tübingen: Mohr.

——. 1993. *Landarbeiterfrage, Nationalstaat und Volkswirtschaftspolitik: Schriften und Reden, 1892 – 1899*. Edited by Wolfgang J. Mommsen in collaboration with Rita Aldenhoff (MWGI/4).

Tübingen: Mohr.

—. 1998. *Briefe 1911 – 1912*. Edited by M. Rainer Lepsius and Wolfgang J. Mommsen in collaboration with Birgit Rudhard and Manfred Schön. Tübingen: Mohr.

—. 1999. *Börsenwesen. Schriften und Reden 1893 – 1898*. Edited by Knut Borchardt in collaboration with Cornelia Meyer-Stoll (MWGI/5). Tübingen: Mohr.

—. 2000a. "Commerce on the Stock and Commodity Exchanges. " Translated by Steven Lestition. *Theory and Society* 29: 339 – 71.

—. 2000b. "Stock and Commodity Exchange. " Translated by Steven Lestition. *Theory and Society* 29: 305 – 38.

—. 2001a. "'Prefatory Remarks' to Collected Essays in the Sociology of Religion. " In The *Protestant Ethic and the Spirit of Capitalism*, 149 – 64. Los Angeles: Roxbury.

—. 2001b. *The Protestant Ethic and the Spirit of Capitalism*. Translated by Stephen Kalberg. Los Angeles: Roxbury.

—. 2001c. *The Protestant Ethic and the "Spirit" of Capitalism and Other Writings*. Translated by Peter Baehr and Gordon C. Wells. London: Penguin.

—. 2001d. "The Protestant Sects and the Spirit of Capitalism. " In *The Protestant Ethic and the Spirit of Capitalism*, 127 – 47. Los Angeles: Roxbury.

Weyhe, Lothar. 1996. *Levin Goldschmidt: Ein Gelehrtenleben in Deutschland*. Berlin: Duncker & Humblot.

Winckelmann, Johannes. 1964. "Max Webers Dissertation. " In *Max Weber zum Gedächtnis*, ed. René König and Johannes

Winckelmann, 10 - 12. Opladen: Westdeutscher Verlag.

Worm, Karsten. 1999. *Max Weber im Kontest: Gesammelte Schriften, Aufsätze und Vorträge auf CD - ROM* [CD - ROM]. Berlin: InfoSoftWare.

Zingerle, Arnold. 1981. *Max Webers Historische Soziologie.* Darmstadt: Wissenschaftliche Buchgesellschaft.

中世纪商业合伙史

马克斯·韦伯

题 记

从法律条文的角度探讨罗马法中的"索塞特"(*societas*)①与现代合伙关系(association)中最重要的类型——商业合伙(commercial partnership),尤其是普通合伙——之间的基本区别,这类研究已经进行得很多、很充分了。现在人们已经对下述事实确认无疑,即它所具有的基本的现代特征是如何在历史上从地中海沿岸各国尤其是意大利的贸易中发展而来,然后又在国际贸易中为人们普遍接受的(因为这些特征据证明是切实可行的)。

然而,商法——特别是早期阶段的商法——这种法律形式是如何产生的这一问题至今仍未得到最后论证。在这里,问题是,是否当时有全新的法律解释开始盛行(应时代迅速增长的需求而生),然后作为贸易习惯被人们接受,还是人们采用了(又在多大程度上采用了)历史上已有的法律成规。拉斯蒂格(Lastig)曾经宣称将就商业合伙问题开展综合性研究,目前这项工作依然在进行中[1]。根据业已出版的部分成果可知,该研究将奠基于丰富的、我们至今还从未看到过的档案资料之上。因此,继续深入探究关于这一主题的现存著述,更为清晰地勾勒出已被证明对这个历史发展过程极为重要的各种动机,其前景依然是广阔的。考虑到我所看到的资料有限,请读者不要产生下列错觉:以为(即使)以原始资料,尤其是那些我从来还没有看到过的手抄本文献资料为基础,下面经过分析而取得的各项成果也不必接

---

① 拉丁文,大意为"合伙"。——中译者注

受重大修正，更不要说对其主要观点进行较大幅度的调整了[2]。

　　本文内容将验证这一事实：下面这部作品是以我在柏林大学戈尔德施密特先生（Herr Geheimrat Goldschmidt）的研究讨论班上提交的一篇论文为基础修改和扩充而成的。它无意探讨普通合伙的历史，而是意在探究商业合伙整体的历史。尽管只有少数物权法制度以及普通合伙与有限合伙的制度在文中得到探讨，但是，我认为，对这类制度的探讨特别适于描绘这两种制度在特定历史背景下表现出的差别。如前文所述，我所使用的只是一些已经刊印出来的资料，而且仅限于我从柏林图书馆以及戈尔德施密特先生的私人藏书中所能得到的资料（戈尔德施密特先生慷慨地容许我使用他藏书丰富的捐赠藏书库）。本书与其说是在提出新观点，不如说是对业已确立的某些论题所作的修正和更精确的说明。

第一章　罗马法与现行法：研究计划

第一节　索塞特与普通合伙

只要厘清罗马的索塞特与现代普通合伙（General Partnership）之间最基本的区别，我们就能更轻易地辨识出对后面的调查研究至关重要的各项法律原则。而为了找准二者真正可比的立足点，我们有必要先对这一研究进行界定。

全面区分普通合伙与罗马的索塞特是不可能实现的，因为与索塞特相比，普通合伙只是一个特例。要对二者进行比较，就必须找到这样的索塞特特例：它与今日的普通合伙拥有相同的目的。罗马的"索塞特"概念有一个十分显著的特征，即它并不为其不同表现形式提供各种不同的法律原则，而是提供一套有可能得到实施的普遍框架。

普通合伙有下述几项特征。首先，其宗旨是获取商业利益。其次，如同《德国商法典》（German Commercial Code）第 85 款之规定，任何合伙人都无权仅根据其出资额度承担有限的法律责任。最后，与"偶然性商业合伙"（joint venture，一桩合资生意）截然不同，普通合伙是一种持续的、联合的商业活动，其宗旨并非偶然合作以追逐单独一次的商业利润。鉴于上述特征，我们必须为索塞特找出一个适合于比较的特殊形式，以求获得某种可用同一标准衡量的本体。

一、罗马法中的索塞特

　　（索塞特与现代普通合伙）最根本的区别或许可表述如下：依据罗马法，组成索塞特就是在诸位签约当事人中间确立起各项义务。他们相互之间都有义务为实现合伙的目标做出贡献。在我们看来，这些贡献与他们的劳动力，以及至为必要的、维持商业运营的资本相关。在进行账目结算时，依据合伙协定，他们还必须履行他们分内的义务为某一合伙人（socius）① 在代表合伙企业经营商务期间招致的债务买单，并补偿这位合伙人在从事该活动期间产生的花销。他们必须按照适当比例拨出专款，以便该合伙人能够支付他人提出的索赔（该项索赔起因于为合伙企业经营商务的活动），或者进行收益分配。进而，他们还必须与该合伙人均等地分担源于这类商务经营的对物诉讼（in rem）的任何索赔。因此，将可供支配的现金存入"共有钱柜"（arca communis），即"现金基金"（cash fund），并将以合伙企业的名义从事经商等活动而获得的收益首先也收存其中，这种做法很有必要。不得不为诸如此类的交易付款的合伙人既有权利同时也有义务从共有钱柜中为交易支取所需的款项。与他们在合伙中所拥有的个人权益相一致，所有合伙人在现金基金——这一基金可使结算更加方便，还可避免个人一再按权益比例多次付款——中都拥有股份。如同其他资产，现金基金中的现金股份也是每一位合伙人资产的组成部分，因此，他的债权人通常可以毫无争议地扣押这笔财产。合伙关系只是合伙人之间错综复杂的义务关系，它与第三方没有任何关联；而就其法律后果而言，某一合伙人代表合伙进行的某一笔交易与其他任何代表个人利益从事的交易也没有什么不同。如果代表合伙进行的交易蒙受损失，

---

① 拉丁文，复数形式为 socii。——中译者注

在第三方看来，其实受损的只有从事这笔交易的人。然而，在此情况下，某一合伙人就可向其他合伙人主张，要求他们按照一定比例对其资金账户进行补偿，如果万一破产，这一主张所得资金就成为其资产的一部分。破产只针对某一个体合伙人的财产提起诉讼，并且仅仅殃及那些与该合伙人有合约的债权人——在此情况下，这也有可能包括其他合伙人。依据协定，"共有钱柜"和在合伙中共同拥有的共有财产并不是某一破产的合伙人的资产的组成部分。既然再无资产可以扣押，不同于上述情况的破产①就应是一件荒唐事，因为按比例投入的股本包括合伙中所有个体的资产，正是它们共同组成"合伙资产"（partnership assets）。那些股本是其他那些资产——也就是说，那些个体合伙人的财产——的组成部分；因此，该破产既不涉及各项权益的持有人，也无任何实物可被扣押。

二、现代法中的普通合伙

普通合伙制度则完全不同：就其后果而言，这类合伙的存在并不仅仅针对合伙人之间的各种关系，而是第三方也不能忽视的客观事实。依据合伙协议，一位合伙人代表"合伙"进行的各类商业交易对全体合伙人具有同等的约束力。当其他合伙人中有一位合伙人作为契约的一方代表合伙提出全额索赔诉求时，受这类交易约束的第三方就必须遵守契约。与此相应，第三方可以要求其契约权不仅对与他签约的那个人有效，而且对承担全额连带责任的其他合伙人（*Socii in Solidum* [for the full amount]）以及"该合伙"也同样有效；也就是说，他有权得到合伙资产。这类合伙资产直接受到某一合伙人合法行为的影响，无论积极与否，其后果都超出了这位签约的直接当事人

55

① 这里是指合伙宣告破产。——中译者注

而延及其他合伙人，这就是这些合伙资产的一个基本特征。对某一位合伙人来说，既然这些后果不会从他经手的所有交易中产生，而是仅出现在那些"为了合伙的利益"进行的交易中，那么，由他引发的各种责任的重要性各不相同，取决于他经手的各项交易是以他本人的名义还是"为了合伙的利益"进行的。然而，对"合伙"而言，代表合伙进行的所有交易，不管是由哪位合伙人经手的，都具有同等的重要性。

于是，出现了这样一类权利和义务，它们的约束力与构成每一位合伙人财富的其他资产和债务存在很大区别，不过，就将它们与那些资产和债务区分开来的特性而言，它们相互之间又是相似的。不仅如此，出现了对"以合伙的名义"获得的物品的物权请求合伙人个人不能遵循罗马共同所有权（joint ownership）的各项原则，由个体合伙人按照他们在合伙中所持股份的比率自由支配它们。更准确地说，某一合伙人能够处置这类权利（rights），只是因为合伙协议或者合伙法使他有权这样做。就它们的法律含意（legal significance）而言，这些法律客体与个体合伙人资产的其他部分也有很大不同，而它们被赋予同等地位也与使它们存在差别的特性有关。从对物请求权以及源出于各项义务的权利这两个角度来看，在此范畴下权利方面的上述区别正是这些权利适应商业宗旨的诸多方式的一个结果。因此，如果我们认为罗马法中的"共有钱柜"包含那些资产，那么，它也就具有了另一种不同的含义。配属于"共有钱柜"的权利明显不同于那些配属于合伙人其他资产之上的权利。"共有钱柜"由合伙统一管制。只要合伙依然存在，个体合伙人对"共有钱柜"的部分权利就不能即刻得到执行；对它的处置方法是，依据合伙法搁置这类权利。因此，个体权利因合伙法规定的权利而被予以搁置，其结果是：个体合伙人的私人债权人既不能直接扣押这些财产，也不能直接扣押合伙人在其中占有的股份。在个体合伙人破产的情况下，这些财产和股份也不能理所当然地被视为个人资产。同样的道理，合伙债务也明显不同于个体合伙人的债务，原因就在于：合伙债务——也只有这些债务——可以直接记入共有钱柜。这些债务将权利直接配属于现金基金，以便引致直接扣押共同基金的权利，在清理业务并最终解散合伙之时，只有基金净值成为合伙人资产的组成部分，或者在此情况下，成为破产者的资产。

既然有人能将"财产"（Wealth）看作服务于特定目的并受某些特别规则限制的一系列权利（人们没有理由去质疑这是一种贴切的描述），有鉴于此，这一特性也可以适用于前文所述的法律关系的总体。共有钱柜发展演变成一项特别基金——"合伙资产"，现在又成为破产和取消抵押品回赎权之诉的标的。甚至更为常见的是，这一特别基金变成了关于合伙资产的全部法律职能的基础。从观念上看，这些合伙资产与个体合伙人之间的各种权利和义务的存在并未被排除在外[1]。

如果"资产"的这类特性在法律上表现为一种实物，那么，资产观念或者其他在功能上相似的事物，就会将自身预设为如同权利的持有者一样使这一术语更为简明扼要的表达方式。实现这一目标的途径之一就是借助"商号"（firm）这一名称的使用。一般地说，商号只是一种实用的"简称"（breviloquence），因为就合伙而言，其功能仅仅是包装各种财产关系。

从商业的观点看，正是依据这一事实，商号才具有了某种人格特征。也就是说，赋予某项合伙以法人属性是阐明某些特定原则并使这些原则得以实施的一种手段。这适用于表面上看似简练、明确，但在它们的法律解释上却并非如此的那些原则——例如这样一条原则：任何成为现存合伙企业的合伙人的人都要对现有的债务承担责任。即使公司并不真正具有某种法人资格，法律仍然允许"商号"、"商行"、"合伙"履行其作为法律约束对象的单一而重要的职能。综合上述讨论，显而易见，这些发展的根源在于合伙中紧密相关的连带责任和独立基金各项制度。

57 　　下面，我将主要从历史的视角来研究这两种制度。一般说来，探讨合伙的各种形式的发展是很有必要的，最起码对说明二者之间的区别是有益的[2]。

　　在叙述中世纪合伙发展的各种基础之前，我们首先应该简短地讨论一个我们至今尚未提及的问题：我们能在罗马法中找到某种变革的肇端以解决索塞特的纯义务本性及其将影响仅限于合伙者之间的情况吗？

第二节　从罗马法诸原则中推定的变革肇端

58 　　总的来说，对该问题的回答是断然否定——尤其是在私法领域更是如此。

一、查士丁尼的《学说汇纂》(17.2.63.5)

　　人们可以找到一些单项规定表明，前文所述的那些限制是能够克服的；例如，在合伙人之一破产的案例中，另外一位合伙人有权(D. 63 § 5 *pro socio*)[3]求助于已完全收回投资的其他合伙人。尽管这种情况看似超越了对其份额的规定，但在事实上，这只不过是合伙人之诉(*actio pro socio*)的本性的一个后果，因为既然它只涉及合伙人之间的关系，良好的信誉要求：损失应当平均分摊。

二、查士丁尼的《学说汇纂》(21.1.44.1)

　　罗布勒(Rößler)[4]在更深层面上谈到查士丁尼的《学说汇纂》：

　　这部法令提出了一项法律程序，以防止有人在商品销售中占据支配地位；因为，贩奴商人通常缔结合伙关系，以致无论做什么，他们都被认为是联合行动的。市政官（aediles，由选举而产生的为公众服务的行政人员）认为以下举措应当是正义的：市政官的职责就是采取措施抵制那些在合伙中占有较大或均等份额，从而使买主不需要与多人进行诉讼的人[5]。

的确，这些源于商法实践的条款代表着法学家们认为是恰切的、针对贩奴商人（venaliciarii）追求共同利益而发生的一个个案，但学者们并未就此展开更深层次的法律分析。这一单一案例并非建立在合伙法之上。它所描述的假定合伙关系并未作为更为广泛的法律诉讼的法律基础，而是作为市政官的立法动机。

三、银行家们

比较而言，将在许多银行家（plures argentarii）中间存在的各种关系视为罗马观念的现实修订版更为切实一些。与此有关的文献[6]显示，在书面契约和银行家们清算账目（nomina simul facta）的各种癖好中出现了创设权利行为（creation of rights），但是，它们并未显示合伙法律制度确已存在。合伙的存在并未被作为其法律基础予以强调。

四、《马拉加宪章》（第65款）

另一方面，罗马殖民城邦马拉加（Malaga）[7]的法令似乎包含有从合伙法中发展而来的共同权益（joint rights）。然而，在这些法令中，"socius"一词的含义很不明确：《马拉加宪章》第65款（Charter of Malaga, section 65）［关于担保和有价债券（praedes praediaque）

的销售]：

> 以这种方式购买上述个人担保、代金券、土地债券的人，与
> 他们的个人担保人、合伙人、继承人以及其他跟上述内容有关的
> 人一起，都可以依法提起诉讼或者依法要求取得上述财产。[8]

因此，买方的合伙人可以像继承人（heres）那样直接提出请求。
我们还必须考量，我们现在正置身于行政法（administrative law）管
辖的领域，并且拥有一份由地方官员一手创立的契约。在此，我们还
不能断定，在公法中，上述这种情况在多大程度上受到契约准据法
（leges contractus）[9] 的特殊性的影响，因而使私法不再适用[10]。

五、研究罗马法所取得的否定性结果

因此，我们不能在私法领域[11]——也就是说，在后期罗马法、巴
塞里卡法以及它们的注释中[12]——找到对业已确立的法律原则的修
订。没有迹象表明，上述专门的法律法规，或地方上创设的平民法
（vulgar law）①，是后来在中世纪大规模贸易中出现的、也就是我们要
研究的各项制度的基础。

第三节　研究计划：经济与法律之间的关系

就像在罗马法中那样，"societas"这一术语在中世纪尤其是在意

---

① "vulgar law"指对罗马法、地方习俗和惯例混杂而成的一种法律之贬称。参见宋雷主
编：《英汉法律用语大辞典》，第 1295 页。——中译者注

大利文献中，并不是指某种单独构建起来的法律关系，而是指各种关系构成的总的范畴。这些关系的法律结构千差万别，它们所具有的共同特征是：商业由数人在共同账户（joint account）①下经营，这种商业经营与利润、风险、企业耗费或者所有这些因素的整体相关。我们的问题是：当今普通合伙的各项原则，从本质上来讲，到底是源于这些迥然不同的各项社会连带关系（Vergesellschaftungsverhältnisse）②中的哪一种？

首先，我们研究当今的普通合伙将货品与服务供应相结合的方法；然后为了搞清楚与当今普通合伙相近的某种历史体制何时出现并最终导致后者（当今普通合伙）的产生这个问题，我们回顾并界定了在经济活动中发挥类似功能的中世纪法律的创设——如果我们这样做的话，我们是解决不了上面这个问题的。我们不能局限于这样一种视角，因为我们并不是在检验该问题经济学方面的内容，而是在调查法律原则形成的历史。在这一案例中，我们也不能先入为主地假设经济和法律的特性从一开始就趋于一致。更确切地说，这种法律本质原则很有可能在经济的其他不相关领域得到了发展；而由这些本质原则所规定的实际关系也很可能已彻底改变。因而，我们不得不将我们的研究扩展到法制史上社会连带关系的主要类型，辨明它们之间的差别将有利于我们认清它们各自不同的形式。

从经济学的视角看，法律所遵循的通常是那些外来的标准。然而，这种创设法律的特殊一面意味着，当我们发现这些显著的差异完

61

① "joint account"指两人或者两人以上开设的银行账户，其对账户的资金和债务都具有平等的支配权和分摊责任，如当事人死亡，生者成为账户所有人，死者的继承人无权享有此账户，也称为 joint and survivorship account。参见宋雷主编：《英汉法律用语大辞典》，第 604 页。——中译者注
② "Vergesellschaftungsverhältnisse"，德语，指人与人之间联系成具有连带关系的过程。为了翻译上的便利，英文创造新词汇 "sociation"，即 "社会相互作用"之意。有人将其译为 "社型"，本文译为 "社会连带关系"。——中译者注

全是由于经济方面的差异而导致的后果时，我们可以由此这样认为：不同的法律形式出现了，而我们必须对它们分别进行考量。这种考量决定着下面的研究转向经济学的程度。研究主题的性质将引导我们逐层展开后面的分析研究。

第二章　海商法中的合伙

第一节　康曼达与海上贸易需求

从历史的角度看，中世纪较大规模的贸易最早出现在地中海沿岸的一些城市中，这是无可争议的，也是可以理解的。特别是在位于地中海西部海岸的那些城市中，这种大规模贸易几乎从未完全消失过。那些城市，尤其是经营意大利西海岸和西班牙沿海贸易的城市，是一种包括贩运和销售商品的商业活动——"康曼达"（commenda）的故乡[1]。

早在古代，地中海海上贸易中就已发展出许多与债权法（the law of obligations）有关的富有特色的法则。古罗马时期，《海运借款契约》（foenus nauticum）[①] 和《罗地安法》（lex Rhodia）[②] 均设有专门法律条款，以应对海上贸易中风险生成（risk borne）的特殊类型。即使是在民族大迁徙之后，这些法律制度也从未完全荒废，因为我们在中世纪最早的法律资料中依然能够发现它们的踪影[2]。然而，在中世纪，法律分析和法律后果不再具有古代法中那样的约束力，而是试图确立一些独立法则以应对海上贸易带来的风险。

某一成为债权人或者海上贸易参与者的人——这里只是粗略

---

① foenus nauticum，古希腊人发明的兼具抵押性质的贷款。有的翻译为"船舶（抵押）利息"。参见宋雷主编：《英汉法律用语大辞典》，第 1366 页。——中译者注

② lex Rhodia，公元 9 世纪东地中海罗得斯岛所制定的有关单独海损和共同海损的最早立法，其原则至今仍在使用。参见宋雷主编：《英汉法律用语大辞典》，第 1008 页。——中译者注

64　地讨论——不会参与持久运作的商业企业。相反，他们只是一次性地参与或者贷款给某次特定的海上商业活动，因为海上贸易并非一以贯之的活动，而是一系列的单一事业，每一次都有其自身独有的风险。

一、《伦巴第法》与海上贸易

依据当时的贸易条件，这类风险是人们不得不加以考量的最重大因素，必须由以某种职能参与该事业的所有人共同分担。在法律上，如何操作是最重要的问题。因此，法律几乎不区分参与的类型；相对而言，这种区分似乎无关紧要。《西哥特法典》（the Visigothic Code）中最初使用"委托管理"（*commendare*）和"使用借贷"（*commodare*）这样的术语，表示可返还的所有投资，不论其形式或类别，包括从财产委托到贸易贷款；后来表示以盈利为目的而投入的所有资产，而不考虑罗马法将各种投资形式归入哪个范畴中。诸如债权人与债务人、行商冒险家与坐地投资商，或者委托人与代理人之间的那些关系是不能作为独立的法律实体出现在海上贸易中的[3]，因为所有这些关系的经济目的从本质上看是相同的：输出商品、购入货物、销至海外市场。这就是《西哥特法典》的典型特征。从经济学上看，所有这些必不可少的特征总是基本相同的：一方面，一方提供劳动是为了去购买商品，然后跨海转运，最后，就其商业层面的目的而言，在海外市场上销售货物；另一方面，另一方必须提供资本以便购买货物，同时还要提供

65　运输手段。商业交易意味着，借助劳动分工和资本出资，有可能还包括申请贷款等手段，提供这些必需品。早在《西哥特法典》中，法律针对的主要问题就是：参与者各自承担的风险和他们之间如何分配利润。

二、康曼达的经济基础

从法律的观点看，被定义为康曼达的法律制度也满足了人们同样

的需求，并已成为海上贸易中首选的法律形式。

有学者指出[4]，康曼达是这样一种活动：某人出于商业目的，为他人（货主自担风险）销售货物，以便分享商业利润。康曼达是否如同戈尔德施密特猜测的那样，已经在罗马平民法中出现过，本文在此[5]暂且不作讨论，因为，我们只分析中世纪的康曼达。

当我们遇到这种最为原始的海上贸易情形之时——也就是说，生产者或从生产者那里直接购货的商人亲自装备一艘航船，凭借这艘航船从事商品进出口贸易[6]——这种制度已经衰落了。即便是在最古老的法律资料中，航船赞助人（*patronus navis*）也只是提供船只者，他是那些亲自随船押运货物的商人的搭档。实际上，劳动分工早已超越早些时候的做法，例如，大商人派遣一名意大利"代理人"（*fattore*）或者加泰罗尼亚"信使"（*messatge*）——他们和雇主缔结长期雇佣关系——而不是亲自远行[7]；航船的拥有者——在西班牙最为常见的是一家船舶公司[8]——则委托一名雇员作为航船赞助人。

这种制度可能朝着几个方向进一步发展。一方面，有可能不再派遣雇员前往，而是基于特定目的雇佣一名熟悉这些市场情况的第三者，这种做法可能更为可取。这个人随船押运并以委托人的名义销售货物，在此过程中，根据事先约定的不同，他拥有不同程度的自主权。也就是说，由委托人租好船只或者由这个第三者自主获取运输工具都是可能的。另一方面，商人可以通过雇佣托运者而不是代理人负责出售货物而为自己节省酬金[9]。企业规模越大，这种做法——不再派遣雇员长途跋涉到他们不熟悉的国家，而是将商品的推销委托给熟悉市场行情的代理商——就越发显得明智。正像热那亚公证人文献中反复出现的相同名称一样明显，后者自然而然地将这种代理转变为一种独立的职业。

给予代理商的酬金可以采用发放固定报酬的形式（参见 *Hist.*

Pat. Mon.，Chart. II no. 261），或者效法 12 世纪的热那亚，采用分享利润的办法[10]。后一种方式通常被称为"康曼达"。让代理商作为自我谋利的实体参与进来，其好处是显而易见的，但它们也反映了时代的条件：尽管委托代理商最初仅仅作为其委托人的一位代表，但在竞争日益加剧的形势下，单纯依赖通常所奉行的、向国外市场投放货物这一途径来谋取商业利润的做法越发显得不够充分，改变经营方法已成为当务之急，而在总体上把握特定的需求状况、独立自主地采取行动也越发变得必要。在这里，被委托管理货物的人发挥着企业家的职能。因此，对其贡献的适当补偿不再像对待一名雇员那样为其提供固定的报酬，而是分享企业的利润。

三、康曼达作为一种合伙的特征

67
（康曼达）这种形式包含着某种合伙要素——从一开始，它也被称为索塞特——因为风险也是由资本所有者负担的，但旅途的花费以及商品买卖的损耗依据某些特定规范共同分担（参见注释 10[①]），至于利润则按比例分享。这一制度的国际地位由惯例指导利润分配这一事实表现出来，后来大多（惯例）以法令的形式在容许法（*ius dispositivum*）[②] 中固定下来，以确保行商获得纯利润的四分之一作为他的佣金（同上，参见注释 10）。

四、康曼达中协议各方的经济地位

在这类关系中，投资商可能是一位生产者或者经营内陆贸易的中间人[11]，或者他还有可能是一位出口商（委托货物）或者进口商（委

---

① 正文和注释中提及的注释均为原书注，即本书尾注。——中译者注
② "*ius dispositivum*"或者译为柔性法、任意法，指法律上有某要件存在时，许可为某一行为的法律规范。参见宋雷主编：《英汉法律用语大辞典》，第 1375 页。——中译者注

托货币），两者兼而有之，在此情况下，输出货物赚取的收入可用作重新进口货物的购置费用（在热那亚，用来描绘这种行为的术语是"*implicare*"[12]）。后两种情况使行商非常必要而又尤其具有独立性。行商不能被视为真正的企业家，其唯一的原因就是，交易不是为了他自己的利益进行的。在此情况下，投资者与市场[13]仅存在松散的联系，因为行商作为一名独立的法律实体，充当了两者间的中介。而在原则上，首先，某一投资者拥有一名行商作为他的副手，并且，如果行商在旅途中携带的商品超出委托限额，他就需要征得投资者的同意，后来，有关这种超额商品的声明被正式记入文献（参见 *Hist. Pat. Mon.* Chart. II 346，424，655，及其他各处）。自此以后，行商一次接纳数项康曼达委托、携带自己的商品，甚至拥有由他自己的数条大船组成的、并由他和他的其他家族成员操作运转的一个大团队也不再是什么稀奇的事，这种现象在热那亚文献中是司空见惯的。最初，它仅适于经济层面；但它并未改变它的法律性质。这也适用于我们后面将要讨论的另一种情况：同一投资者有数名行商相互协作、共同分享利润或者损失，并因此形成同一个康曼达。

第二节　海上合伙

另一种不同类型的合伙，即所谓海上合伙（*Societas Maris*）①，带来了更多的革新。从资本所有者的观点来看，这反映了单边康曼达向双边出资的合伙关系的转变。

在热那亚，通常用来表征这种关系的形式如下所述（1165 年宪

① 又译作"海会"、"海帮"等。——中译者注

章第 2 章第 292 款）：

> W. 和 J. 都承认，他们已经合伙，（原则上）各出资 200 英镑，（实际上）W. 出资其中的三分之二，J. 以同样的方式投入另外三分之一的资金。依据约定，J. 有义务携带合伙的全部资本前往布吉亚（Bugia），将其投入（市场）运营，并可以从该地到任何他打算去的地方。在他返回时，扣除他们投入的资本后，所得利润必须在二者之间均分[14]。

　　远溯至康曼达被载入文献之时，这类合伙（海上合伙）也有了文献记载；然而，人们不得不同意西尔伯施密特的说法（他将后者视为一种更新的形式）[15]。如前所述，行商的地位必须变得更加独立，既然交易也是为了实现他自身的利益，从本质上看，他现在至少也算是商业活动中的一名共同合伙人（copartner）① 了。

一、海上合伙的法律特征

　　然而，将这种形式的合伙与康曼达区分开来，并且成为其特有因素的是共同承担的风险，而不是分配利润的方式。在康曼达中，行商即使不出资，也可获得四分之一的利润；而在海上合伙中，依据惯例[16]，行商一方如果出资三分之一，投资方出资三分之二，则利润由双方均分。这意味着行商额外获得了六分之一的利润，超出了他按照出资比例应获的部分——也就是说，投资者按照出资比例应分享的全部利润的三分之二的四分之一。（海上合伙关于商业经营）损耗的分

---

① "copartner"指与他人均为同一企业的合伙人。参见宋雷主编：《英汉法律用语大辞典》，第 206 页。——中译者注

担与康曼达并无二致[17]。不同仅存在于风险的分担上。行商合伙人（*tractator*，依据在比萨使用过的术语）[18] 的商品与坐地合伙人（*socius stans*，在比萨，这是对那些仅以出资入伙的合伙一方的称谓）的商品堆放在一起，而如果任何一方的商品受到损害，则双方共同担负损失，因为他们共有财产的价值遭到消减。

从商品销售中获得的利润并非资本出资者的利润，而是属于共有的资产。坐地投资合伙人与行商合伙人二者的合伙资产不再各自设立账户。合伙财产仅开立一个账户——照我们今日的说法，合伙资本账户。支出与增益都记入该账户。如果当时未在账本上记录，那么，至少也要经过计算。账户是商业运营的组成部分；其中包含有何种收入和支出的损益记入账户的协议（venire in societatem；参见 Chart. II. 380，457，487，604，619，729，734，910 以及其他各处）。几个这样的账户彼此之间处于各种结算关系中，这是很有可能的。

从本质上看，这一发展除了共同基金的建立以外，并未显示海上合伙与康曼达之间有很大区别。然而，人们无法如同拉斯蒂格那样否认重大区别的存在。恰恰是在康曼达的特有要素上——也就是，投资者承担风险——变化的确出现了。不论康曼达中风险由行商承担是多么少见（这种事情的确发生了）[19]，对于海上合伙而言，商业风险不再仅与（投资）合伙人有关（行商为他而劳作，他因为承担风险而成为此次商业活动的"领导"），这并非不具有法律意义。相反，在此情况下，每一位合伙人都要连带承担其他合伙人的投资损失风险。

二、经济意义

从经济意义上来说，这种区别也是相当重要的。对于康曼达而言，特别是就货币领域的康曼达而言，如果它趋向于将行商转变为独立的法律实体，斡旋于投资者和商品销售区域之间，那么，在此，这一区别将会更加显著——这是行商也将他自己的金钱作为资本投向商业冒险活动的一个特例——特别是当他面对数名坐地投资商以货币的形式进行资本投资时。在市场形势变得日趋艰难的情况下，行商的活动变得越来越重要，用经济术语说，他越是必须成长为企业家，而坐地投资商则成为参与者。因此，坐地投资商不再是雇佣他人劳动为自己服务的人，而是行商筹集坐地投资商的资金为己所用，而他为他们提供诱人的投资获利机会。许多法令都清晰地表达了这一观点，即他们将对某一海上合伙的资本出资看作是一种特别适于保护财产的投资、一种将其他类型的资金投资于未来某个时候的类似的商业冒险[20]。然而，尽管海上合伙能够发挥这种经济上的重要性，而且经常如此，但它的法律性质却并未受此影响。从法律上看，它并未被加以区别对待，即使从经济学的观点来看，在此情况下，行商的劳动或者坐地投资商的资本被认为已经为了另一方的利益发挥着作用。任何人都不能否认，在后一种情况下，坐地投资商的地位就是以其资金参与其他商业的盈利和亏损，而他在此项活动中与他人的经济关系就叫"参与"（*participatio*）。因此，人们必须拒绝拉斯蒂格的立场，他曾激烈反对这种暧昧关系，他认为这种暧昧关系是由于人们将康曼达的条件与这种参与相联系而导致的。实际上，前者，即康曼达，完全可以作为参与发挥作用。[21]

第三节　康曼达的地理区域

本节尚不打算基于极其广泛的档案资料来探究海上合伙和康曼达在个别共同体中的发展。关于比萨的情况，我们将在第四章对其进行专项研究，因为此地的法律对于我们的研究目的具有特殊的重要性。

然而，有关康曼达在个别共同体中的较为集中的资料调查出现在本节中时，我们关注的是描绘这些制度的国际意义，而不是其地区重要性。的确，这些制度在地中海沿岸地区随处可见。

一、西班牙

在西班牙，法律的发展与前文引述过的《西哥特法典》的那些条款以及《集市法规》（*Fuero Juzgo*）① 相应的部分有联系。然而，这类法律几乎没有显示出任何独立性，只是对大多都掌握在外国人手中的商业贸易的反映[22]。实质上，它们都是热那亚法的复制品，权益的焦点并未集中在康曼达和海商法上，而是如同在《海事法汇编》（*Consolato del mare*）② 中那样集中在海商法上，集中在船主与运货人之间的关系等诸多方面。罗马法传播迅速，到 13 世纪，除了少数变动之外，它已经吸收并融合了当地法律的发展成果[23]。只有巴塞罗那（Barcelona）仍然固守这一制度。《七编法》（*Siete Partidas*）③ 仍只谈论罗马法[24]。

二、西西里和撒丁尼亚

就我所知，由于缺乏独立自主的大规模商业贸易，西西里和撒丁的城镇没有培育出这一制度[25]。

三、特拉尼和安考那

特拉尼（Trani）的商法提到，行商仅为供货商做代理[26]。

---

① "*Fuero Juzgo*"，中世纪对西哥特人的法典《审判书》（*Liber Judiciorum*）的称谓。——中译者注
② "*Consolato del mare*"，英文为"*consulate of the sea*"，15 世纪在巴塞罗那以加泰罗尼亚语出版的海事习惯和规则。——中译者注
③ "*Siete Partidas*"，中世纪西班牙的卡斯蒂利亚王国国王阿方索十世主持编写，1265 年颁布，该法奠定了西班牙法律体系的基础。——中译者注

四、阿马尔菲

阿马尔菲（Amalfi）的科隆纳（*Kolonna*[27]）记载着有关风险和利润由船上全体成员分摊的建议（这些建议在康曼达中获得发展），但它们只适用于以少量资本经营的沿海原始贸易。大规模贸易中此类制度似乎并未在此处独立发展起来[28]。

迄今为止，在前文中所提到的所有滨海地区（除了巴塞罗那以外），都不存在持久的大规模商业贸易。尽管这一制度及其典型原则为当地人所知，但它们并非当地原生的，并且与在意大利较大的沿海城市中不同，其发展链①并不完善。

五、比萨

我们将对比萨进行单独讨论，因此，此处将不再涉及（参见第四章）。

六、威尼斯

大量文献表明，威尼斯在"collegantia"② 中全面发展了康曼达与海上合伙的各项原则，据西尔伯施密特证实，"collegantia"早在 10 世纪就已经出现[29]。这些文献还显示，当时真正的企业家可能就是这种"collegantia"的所有者；"collegantia"是一种生产性资本投资形式[30]。

七、热那亚

毋庸置疑，热那亚的法令和文献效仿法国南部的法律形式[31]，展

---

① 此处英文为 casuistic，曲解的，诡辩的，疑有误，应当为"causalty"。——中译者注
② collega，意大利语，"同事、同伙"，collegantia 在这里指某种海上合伙形式。——中译者注

示了康曼达与海上合伙通常的结构。在十字军东征时期，热那亚契约曾以文本形式在地中海沿岸所有国家与东方的贸易中使用[32]。在热那亚本地，康曼达与海上合伙似乎是国内长途贸易的形式。公社体制（*compagnia communis*）以外的任何人都不得参与这一形式；文献还记载着城市中最主要的名门望族——奥里亚家族（the Auria）和斯比努拉家族（the Spinulla）以及其他世家大族，他们主要是以投资者的身份出现的。通常所见的投资方式是，同一个投资人将其资金投向涉及不同项目的几个索塞特。

西尔伯施密特从法学角度详细地分析了这些法律法规。因而，此处不再赘述。从本质上看，这些法律法规属于容许法的范畴；它们调节着合伙中合伙人之间的关系，然而，即使在这一方面，它们也未给出完整的描述。就像所有的意大利法令那样，它们包含着本质上相对单一的某些层面，对它们的解释而言，这是重要的，然而在现实生活中这已经引发争议、萌生各种困难。由于这类合伙的经济意义在组成"单边劳动合伙"（unilateral associations of labor）与"单边资本合伙"（unilateral associations of capital）（使用拉斯蒂格的术语）之间来回摆动，因而，在下述有争议的问题上困难也特别容易产生：在不危及生命以及排除客死异国他乡或者诸如此类问题的前提下，在沿着指定路线开展的独自旅行中，行商必须在多大程度上遵循投资者即坐地合伙人的指示，换句话说，在何种情况下他才可以偏离他们的指示。

行商缺乏独立性是（合伙）原则，下一条款却使相反的规定得到执行：他应当带领合伙到他可以去的任何地方（*quocunque iveru*）。

就这项制度而言，在热那亚，法律条款仍然处于稳定状态。即使是1597年的重新编写也并未带来重大的改变。1588—1589年版的法律条文显示了第一次重大变化，有关内容将在后文中讲述[33]。当时，旧式的康曼达与海上合伙不再拥有它们曾一度拥有的重要性。贸易的发展方向已经改变，地中海的海洋贸易不再占据世界贸易之巅，其较为陈旧的形式已为其他一些不同的形式所取代，不过，这些其他形式仍然是从那些较早期的贸易形式中演变发展而来的。16世纪法律判决的汇编——*Decisiones Rotae Genuensis*、*Rotae Lucensis*、*Rotae Florentinae*、*Rotae Romanae*——已不再提及旧式的康达曼与海上合伙。

第四节　海上合伙中的物权法

对于正在考量的这一问题而言，我们至此从历史的和地理的观点分析过的各项制度的重要性何在呢？

正如我们所见，从一开始，一定数量的资本投入就是这类合伙的特征。这种出资与合伙本身一样，也被称为"*societas*"，好像它就是合伙的正式代表一样。那么，这种资金相对于合伙人的其他财产、相对于第三方当事人而言究竟处于什么地位呢？

一、合伙基金

最初，它仅仅是一笔基金、一系列的权利客体。对来往账目进行结算是很有必要的，它可以说明企业是盈利——其原有价值增高了，还是亏损——其原有价值损耗了。既然有管理其风险损失和利润分配的专门账目结算，那么，这类资金就必须与资本以及行商随船携带的其他商品相分离。它建立起一个专门的账户。就像今天的会计学所描述的那些账户一样，好像它们就是权益的持有人，它们相互之间进行收支结算。热那亚的文献在谈及账户的损益时，也将"*societas*"视为权益的持有人。然而，对于这类基金而言，这是否意味着，其作为一项独立资产的地位仅仅适用于合伙人之间的各种关系？当然不是，就像它不适用于当今的簿记账户一样，在此处它也很少适用，而在与第三方的关系中它就更少适用了。原则上，将康曼达与海上合伙的结构体系完全建立在罗马法的基础上也是可能的，因为这类文献的构造使人想起罗马人所称的"societas"[34]。用法律术语来说，整个结构体系可被表述为合伙人之诉。

二、独立基金发展的起点

然而，热那亚法的这一主要观点并未完全一成不变地保留下来。事实上，它发生了许多变化，这些变化显示，热那亚法开始进一步向前发展。在下述事实中，人们发现了这样一种变化：热那亚法令为坐地合伙人提供了一项类似于我们今天所说的"优先满足"权（privileged satisfaction）的权利，可对归属于该合作关系的货物优先索赔。换句话说，他对归属于该合伙关系的物品或用合伙人共同的钱购买的物品拥有优先索赔权。[35] 在实践中，这意味着无论是投资于或转让给合伙的资产，还是凭借合伙经营手段获取的财产，都不能为行商合伙人的个人债权人所夺占。只有行商合伙人所分得的利润份额才能成为其破产情况下的资产的一部分。另一方面，事物的本性在这里也要求，坐地合伙人的个人债权人也不能直接夺占康曼达中以货币形式存在的合伙基金。他们只能要求行商让渡资本（capitale，被委托管理的款项）以及他的利润（lucrum）份额。在任何情况下，（合伙）都应有专门的账目结算，以说明合伙基金的去向。

三、合伙之债

然而，当行商在开展商务活动期间负债或者招致索赔诉讼时，情

76
77

况又如何呢？法令明确规定，"*nomina*"（名义）① 是其他合伙人拥有优先满足权和分割权的标的。依据《佩拉条例》（*Statuta Perae*），坐地合伙人可以要求得到赔偿而无须采取其他进一步措施，就好像它们是他的私有财产[36]。

关于合伙在商务经营期间招致的债务，毋庸置疑，这种债务在本质上只是行商合伙人的债务。文献未曾提及以下这种可能性：坐地合伙人有义务偿还它们。然而，是否存在这种可能：行商合伙人的债权人对合伙基金拥有一项专门的权利以满足他们对代表合伙利益经营的商务提出的索赔诉求？尽管文献中没有任何与此有关的清晰明了的法律规定[37]，但是，人们应当注意到，法令包含有某些抑制合伙人享有的某些不受限制的高级特权的原则，凭借这种特权，合伙人可以提出索赔诉求并从那些在破产情况下被认为是合伙资产的财产中得到满足，法令清晰地附加了如下限制："除非商品销售者还未将该商品标价销售（nisi sit res illa, de qua venditor nondum sit pretium consecutus）（*Stat. Perae*, cited earlier, c. 211；statute of 1567 c. 43）。" 14 世纪时阿尔本加的法令（the statutes of Albenga）[38] 受到热那亚条例的影响，在这一点上说得尤其明确，在这种情况下，法令中赋予了销售者"对某一客体的所有权提出公正合法的诉求"（*rei vindicatio utilis*）的权利。既然行商合伙人本质上是在为合伙进行买卖，合伙的主要债权者因此被授予一项甚至比该合伙人所具有的特权更为强大的特许权利，因此其索赔诉求受到保护。

四、小结

人们确实需要承认，事实上，权利与义务的联合体——代表合伙

① 意大利语"任命，提名，指定"。这里指坐地合伙人指定行商的权利。——中译者注

经营商务的结果——开始像独立基金那样被区别对待。不过，这些也仅仅是开始；尤其应当指出，债权人与合伙基金之间的关系从法律上看还没有得到充分发展。这种关系目前仍未获得更进一步的发展，从而超越当今的代理商在破产的情况下为保护其委托人而使用的结构类型。已购货物的存在是某种前提条件。

作为一项资产，合伙基金的地位具有某种不连续性。尽管在理论上需要修正，拉斯蒂格有关这类合伙的法律结构的观点在此仍然适用[39]。也就是说，对于第三方，行商合伙人以及合伙内坐地合伙人是有代表权的——当然，后者仅适用于坐地合伙人在单独一次的事业中担当承办者这一限度。

此外，显而易见，连带责任原则不可能源自此处。就其未冻结在合伙中的资产而言，坐地合伙人自身与行商合伙人的债权人没有任何关系，甚至与行商合伙人代表合伙利益同债权人签约购销的那些货物也无任何关系。坐地合伙人对行商合伙人的债权人的资产享有优先满足权，这一事实再清楚不过地表明了坐地投资商与行商合伙人的债权人间的关系。对于热那亚来说，依据其 1567 年的法令，与 13 世纪时的情况一样，这仍然是实情。

第五节　陆上合伙与有限合伙

一、陆上合伙

正如我们已经看到的那样，到目前为止，康曼达仍是海商法中的一项制度。就我们所知，在较早时期的内陆城市中并未发现这项制度。康曼达只存在于长距离贸易中，在此情况下，合伙人彼此很难取得联系，操控手段无法实施。在较早的时代，陆上贸易囿于市场之间的商业交流，根本不需要康曼达，并且，与海洋贸易面对的特别险恶的环境不同，大陆贸易的外部环境条件并不那么需要人们共同承担风险。然而，这一名为"陆上合伙"（"*societas terrae*"或者"*compagnia di terra*"）的制度却使用了海上合伙的某些原则，在此，我们将对其作一简单介绍。

海上合伙中有关投入资本以分享利润的规定与陆上合伙中的几乎完全一致[40]。它们真正的区别在于以下事实：合伙人加入某一合伙并非为了单独一次的商业冒险，而是为了他们能够在一定时期内共同经营商业。资本所有者分担商业事务中产生的风险和利润。在这里，在某些单一个案中下述情况也是有可能出现的：从事商业经营的人可以在很大程度上仰赖资本所有者[41]，或者后者仅仅是前者商务活动中的一名参与者[42]。

热那亚的法令中并不包含任何有关陆上合伙的值得关注的表述。作为一种选择，海上商务活动中的资本投资更加有利可图，并占据着支配地位。这里的基本情况是海商法原则被引入了它们最初并不适用的内陆贸易中。另一个例子——也是意义更为重大的一个——可在皮亚琴察的《商业条例》（*statuta mercatorum*）[43]中找到。正如该法规中的第72、89、155、131、132、133、165、560款所表明的那样，皮亚琴察是这样一个城邦：它的法律体系完全是为它与作为它最近的物资供应地的热那亚之间的贸易而量身订制的。

二、有限合伙的开端：皮亚琴察

对于海上贸易而言，在几名坐地合伙人（*socii stantes*）与同一位行商合伙人（*socius tractans*）之间存在自愿合伙（*gewillkürte Sozietät*）是可能的。毋庸置疑，这种类型的合伙变得愈来愈流行。

但是，即使在这类合伙不存在的情况下，并且，尤其是在这种情况下，规制他们相互之间的关系显然仍然很有必要。确实，热那亚条例[44]的确规定了如何分配由行商合伙人发回的属于合伙的货物，或者在行商合伙人死亡后如何分配合伙资产。这些法令中有这样一个倾向，坐地合伙人在特定的旅行环境中共同承担风险和共同分享利润——这种倾向，众所周知，也以《杰提森的罗地安法》（*lex Rhodian de jactu*）诸原则在罗马法区域之外得以实施的方式存在于中世纪早期[45]。根据有关文献，皮亚琴察的情况可归纳如下：《皮亚琴察古代商业法令集》（*Stat. antique mercatorum Placentiae*）第 76 款规定，如果一笔贷款（creditum）是（由数人）联合（communiter）提供的，那么，从债务人那里征集来的任何东西（包括债务人在外地偿付给任何一名债权人的东西）都应平分。此外，该法规第 144 款规定：如果有人收到某一出行在外的合伙商人的一封来信，"其中谈到有关交换和交易的一些事情"（in qua aliquid de cambio et negociatione legatur），他必须立即告知与他合伙的人们。如果在此之前他从事了自利性交易（self-dealing）① 并因此使个人获利，那么他必须"与他的合伙者们一同分享利润"（socii partem dare）[46]。另外，根据第 76 款之规定：如果一名"共同债权人"（commune creditores）让其他人知道他将要去索回贷款（*ad recuperandum creditum*）——也就是说，为了每个人的利益——如果其他人不想为他捐献旅途资费，那么，他可以自己留下由他索讨来的不超过他在合伙中的股本价值的款项。这一条款同样适用于下述情况：假如他已征得"他的合伙人的同意"（parabola sociorum）[47]，然后并非由于他自身的过失而损失部分款项——则"全部损失应当由合伙支付"（totum damnum de societate

---

① "self-dealing"指具有信托责任者为私利参与某一交易而未顾及他人利益。——中译者注

sit）。最后，根据第 145 款之规定，在商业旅行期间，如果一名合伙人在其他合伙人不知道的情况下携带有属于他自己的（de suo）某些商品，那么，那些能被认为是由此而生的利润与旅途资费应当均摊，就好像这类商品是合伙拥有的共有财产一样。

因此，这似乎是在描绘一种在皮亚琴察拥有基地的合伙——前引文第 144、145、77 款——其合伙人中的一名或者数名长期在外从事商务旅行，而其他合伙人，即那些资本出资者们，仍然居留于皮亚琴察。前引文第 582、583、509 款（the cap. 582，583，509 eod.）似乎也与前面说过的合伙类型有关，但适用于家族成员间[48]。它给人留下这么一种印象，这是一种关系，在这种关系中由数人组成的团体的地位如同坐地合伙人在海上合伙中的地位。从它中间产生一名行商合伙人，团体中其他合伙成员相比之下则占据管理者的地位，正如海上合伙中最初的情形一样。这里，坐地合伙人的地位似乎就是"企业家"（entrepreneur），或者像以前提到的那种意义上的商行"老板"（head）。之所以这么认为，客观上讲主要有如下原因：坐地合伙人总是居留于合伙商务兴办之所，而行商合伙人则始终在外奔走。如果行商合伙人在当地的基地中也代表合伙经营商业，那么，很可能坐地合伙人则仅以资本出资的形式参与合伙——这与前文提到的合伙法的发展相一致，事实上情况也正日益如此。这些坐地合伙人愈来愈多地转变成某种类型的参与者，他们与合伙的关系仅仅是某种特殊类型的协作关系。换句话说，那些合伙人成了有限合伙人，因为，就像我们对比萨的法律进行分析后将要显现的成果那样，从皮亚琴察粗略的文献记载中我们找到的是有限合伙的开端，尽管在形式上尚未对其明确界定。有限合伙人与普通合伙人（行商）的关系并不总是同我们当今所看到的完全一致。在那些早期岁月中，有限合伙人（坐地合伙人）是真正的企业家，而行商合伙人只是他们的代表。这种关系的残迹在随后的那些时代仍能找到。卡萨热基斯（Casaregis）明确地证实，有限责任产生于数名投资人与同一位行商合伙人以此处所述的形式组成的合伙关系中[49]。菲耶利（Fierli）[50] 仍旧区分 "*accomandita regolare*" 和 "*irregolare*"，并将前者描述为有限合伙人依旧保留对其资本的所有权的合伙类型，而将普通合伙人只身一人担当合伙的承运运营人视为一种特殊类型。正如菲耶利所言，此后有限合伙人不再对超出他们出资数量的债务承担责任这一原则由于有限合伙人自身状况的各种变化也曾被反复讨论过。就像菲耶利引述的资料所显示的那样，要到很久之后，合伙债权人对合伙基金的索赔诉求拥有优先满足权（后来局部地区称之为 "*sportello*"）才在法律上得到明确的表述。然而，有限合伙的核心要素已经出现——即有些合伙人的个人责任是无限的，而另外一些合伙人仅以他们对合伙的出资为限承担有限责任。进一步讲，正如我们在对热那亚的讨论中看到的那样，独立基金的发展已初露端倪。

三、陆上合伙的重要性

皮亚琴察没有为我们带来陆上合伙的典型事例。前文引用过的热那亚文献对于这类事例是至关重要的；根据这些文献的描述，相对于海上合伙而言，这一制度（陆上合伙）仍是次要的。然而，在风险承担方面好像已经发生了某种变化，此前，风险在很大程度上是行商合伙人承担的。依据《习惯法》（*Constitutum Usus*），只有上帝的法令才可以免除其必须归还全额投资的债务[51]，然而，在海上合伙中，坐地合伙人肩负着举证的责任，以便说明正是由于行商合伙人自身的过错致使商业遭受损失，或者损失的确存在但比行商合伙人宣称的数目要小得多[52]。总之，对于陆上合伙而言，与海上合伙不同，很显然它没有设立均分风险、利润以及承担耗费的程序[53]。因而，这种合伙形

式不再发挥更大的作用。就属于内陆贸易的事务而言，参与也呈现出
不同的形式，其中之一就是陆上合伙，它与康曼达类似，好像并不十
分重要。在讨论比萨的情况时我们将再次回到这一问题。

83   至此，我们的分析已经产生了如下结论：在上述各项制度中，我
们没有发现连带责任原则。当其还仅限于店铺商务（apotheka；参见
注 40）之时，陆上合伙所呈现的法律形式已排除了这种可能性，即
资本所有者——为合伙提供一部分或者全部合伙基金而仅仅获得（与
其出资）相应的利润份额——本应对为合伙生意的债权人提供任何形
式的担保产生兴趣。至于前文早已描述过的海上合伙类型，我们前面
已经声明，坐地合伙人的个人责任与其法律形式是完全对立的。即便
此时独立基金的发展已经初露端倪，它们也绝非我们目前正在努力寻
找的独立基金的基础。它们是否可能产生直接的影响，我们还没有讨
论到[54]。

          迄今为止，我们仅仅分析了属于海商法的一些制度，或者效法它
的那些制度。从现在起，我们将转向讨论内地贸易的合伙形式。"内
地"的法律，简短地说，应当指与海洋贸易基本无关的法律，与我们
到目前为止已经讨论过的那些法律原则都不相同。

第三章　家族共同体和劳动共同体

第一节　家族中的共同经济家庭

由男性长辈和他的妻子儿女们组成的共同经济家户[1]；或者是在男性长辈去世之后，由生活在一起的家庭成员共同管理的共同经济家户，算是最古老的为了一起经营商业而引导共有财产发展、并受法律规制的协作机构之一。

在城墙环绕的城市中，通过独立自主的农业垦殖获得地产和金钱的困难，以及迫不得已寄人篱下挣得租金的艰苦——这几乎让人觉得好像正在放弃个人自由——仅为后世子孙和共同继承人留下两种选择：要么以析产[2]方式对家产进行实物分割，要么继续维持原有家户。做第一种选择的人显然比较少；因此，我们发现，在意大利——不仅在乡村（那里的人们认为不分家天经地义），而且也经常不断地出现在城市中———一方面，已婚的子嗣仍然住在父母家中；另一方面，继承者们在持久稳定的基础上继续维持着共同家户长达数代之久。

一、家庭经济单位对物权法的影响：共有财产

就物权法而言，这类情形的结果必定是日耳曼共有财产制度的某种形式。中世纪法律并未赋予这种财产纯粹个人主义形式上的合法地位，例如对家长的个人财产子女们没有任何权利，再比如共同继承人

中（财产）共有（communio）。

家长依靠未被分割的财产与他的子孙们生活在一起，管理着家族共同体的收入。我们将会看到，中世纪法与罗马法仅有的区别在于，在原则上，家庭中的所有成员都有权对家庭的资产提出诉求。在罗马法中，除家长外的其他家庭成员无权对家庭的财产提出诉求，他们至多被看作是来自家庭资产的部分收入的受益人，而家庭财产本身构成家长（pater familias）的个人财产。在中世纪法律中，父亲的家内权威在大多数而不是全部社会关系中对家庭成员具有约束力。共有资产可能会因子嗣的某些行为背上债务负担。维续共同家庭的共同继承人，每个人都有权处理共有资产；这些资产可由生活于其中的每一个人根据他个人的需要随意使用，而且没有明确的限制。这是与罗马法的"共有"（communion）观念最本质的区别；另一个区别在于，对于个别可以转让的标的，个人的权利并非以设想的份额形式存在。只要共同的家庭还依然存在，家庭成员之间的资产之诉就不会依据财产中的个人成数（quota shares，份额）进行分配。如同前文业已指出的那样，个人需要无论大小都受到照顾，（其开支）不会被记入个人账户，而是由共同基金代为承担。此外——这尤其是该种情形下的特征——无论从外界赚取到什么，它都将归入共有资产，而不属于个人。经过较为严格的调查，收入共有似乎比消费共担更令人惊奇。在今天，除非情况确有特殊，父母也不会要子女在还未成家立业时为自己的消费支出买单。另一方面，与罗马法相反，家户作为一个收入共同体（Erwerbsgemeinschaft）却让我们觉得非同寻常。我们认为比较典型的情形是（我们也可以进一步追问，大多数人凭什么这么认为）儿子赚到的钱归他自己所有。依据过去的法律，不存在个人账户乃是共有财产制度的天然特征[3]。这是基本的理念，就像我们审查文献中那些强加的限制时所看到的那样，因为商务经营过程中全部收入和支出无条件地由大家共同处置的做法必定导致有害的后果。甚至涉及这类情形的最古老的文献也已提到诸如此类的限制：

《伦巴第法》之“罗退尔敕令”（Rothair's Edict，第 167 款：关于仍在共同家宅中一起生活的兄弟）：在他们的父亲去世后，如果兄弟们仍然生活在同一宅院中，而其中有一位兄弟在做国王或者法官的私人随从期间获得了一些财物，那些财产自此以后就是他私人的了，而不与他的兄弟们平分。但是，如果他在从军期间获得了一些财物，那么，他应当与他仍居留于同一庭院中的兄弟们一起占有这些财产。如果有人将一件礼节性的赠品送给上面谈及的众兄弟之一，对这位受赠者而言，那一赠品将自此为其个人所有（不必与其兄弟们共同分享）。如果其中一位兄弟结婚有了妻子，并从共有财产中按一定比例分给她一份婚姻财产，那么，当另一个兄弟也结婚有了妻子之时，或者，当（共有财产）被分割之时，他或者其他那些兄弟们也应当分得与（第一位）兄弟因婚姻带给他妻子的同样数额的财产。此外，父亲或者母亲留下的财产将均等地在兄弟间分配。……[4]

女孩们在出嫁时得到她们法定的监护人——父亲或者兄弟们——为她们准备的陪嫁，以这种方式获得她们的遗产份额。此外，有些法规作出规定，寡妇返回共同家庭（the *casa communis*）生活必须贡献她的嫁妆，而在此后家产被分割的情况下，她会分得与她的嫁妆价值相等的财产[5]。

因此，只有担任国王随从（*obsequio Regis*）和法官随从（*cum judice*）期间获得的财产不属于共同体，而且，在分割家产时，妇女只能将来自共同家产（*ex communi*）的婚姻嫁资部分（the meta）存

88

入个人账户。另外，所有收入，甚至服役期间（in exercitu）的所获之物，均应存入共同账户，而所有的消费也从其中支出。关于共同账户的消费支出，在早期社会生活比较简单、支出也很少碰到难题之时，花费在世俗事务上的开支是有限的，也不牵涉到信用消费的问题。就共同账户的收入而言，正如文中多处所示，在同一所宅院中的共同劳动和获取行为均表现为家族中所有成员的共同行动。按照当时的观念，家族主要是一个天然的"生产共同体"（*Produktionsgemeinschaft*），而不是像我们今日习以为常的那样，只是一个"消费共同体"（*Konsumtionsgemeinschaft*）。尤其是在意大利城市中，它成为更为广泛的社会连带关系（*Vergesellschaftung*）形式的基础。[6]

二、共同体的法律基础：共同家户

因此，我们必须强调指出，从一开始家族成员间的血缘关系，虽作为家族共同体基础的组成部分，却不是其所具有的本质特征。

除了亲属之外，家族共同体内部还包括其他一些人[7]。依据传统习惯，操持家务的仆人也被看作家庭的成员，他们的活动也会给家族带来法律后果，这一点我们将在后文偶尔提及。就各项财产权利而言，当时大规模的商业贸易已经开始出现，这样的家族关系的地位尚未变得更加重要。更确切地说，在重要性上引起我们注意的是家户中的兄弟会（sodality）——有些文献称其为"共同分享面包和葡萄酒"（stare ad unum panem et vinum）。从本质上看，它是以与它密切相连的劳动共同体为特征的[8]。

加入共同体后对个人的影响并不适用于那些不在共同宅院居住的成员。依据早先引述过的《伦巴第法》以及比萨《习惯法》[9]中相关条款的明确规定，显而易见，脱离家户，另建宅所将导致共同体的终结。就物权法而言，共同宅院连同其间发生的攫利行为，因而成为具有决定意义的问题，这正是我们首先要关注的问题，也是最重要的问题。

三、物权法的发展：成员股份

正如我们所见，物权法的发展是以下述事实为特征的，即《伦巴第法》已经出现了对无限共享兄弟会财产的限制：某一成员的某些特定收入不属于家族共同体；某些特定的消费支出也由他个人负担。这种由个人负担的消费意义重大。现在，家族共同体必须为生活于其中的个人设立一个账户，以便把支出记在他名下，并且，一旦全部所得并非都记入家族共同体账户，施加进一步限制的倾向就会随之出现。

从法律的观点来看，重要的后果也出现了。一旦专门针对某人某些特定消费和收入的记账开始施行[10]，成为记在他名下的损益，就必然出现一个重大问题（只要共同体参与了商业活动，这种事情就不可避免地要发生）：在家户共同体中具有成员身份的人们，谁在财产中拥有个人份额——可能会是儿子们吗？逐渐地，某一个体在共同体中所拥有的财产不得不被视为一股资本，因而必然产生下述倾向：将这一股份，看作对合伙的出资。鉴于存在重大的法律分歧，有一个问题必须作出决断：家族财产是否已通过家庭成员成数（或者份额）的形式转变为共有之物，又或者无论如何，家族财产仍然是一种不可分割的、比个人对股份的所有权更加强大的实体。依照诺谛克（Nordic）的追溯[11]，南意大利与西西里法律[12] 最先开始采用前一种倾向。依照该地的法律，家族财产被视为可以在父辈成员与其子孙之间分割的财产，并且，在综合考虑生者与死者的情况下（*inter vivos* and *mortis causa*），父辈成员只能支配一定的限额，就像他的任何子嗣一样。

然而，意大利其他地区的法律没有表现出类似的法律观点[13]。对于个人而言，这种财产形式的经济意义变得日益重要。因此，当家族名副其实地作为共同体开始在较大规模的商业运作中发挥作用之后，

90

91

个人对共有资产的所有权必须被视为对合伙事业的一笔出资，尽管在将家族资产分割成理想份额的程度上还没有出现南意大利那样的情况。然而，资产最重要的单一性依然保持完好。适用于这类共同体的那些特殊原则——共同盈利的导向以及对参与其中的所有个体的共有财产自由地处置——也特别适合赋予共同体管理商业的能力。

第二节　家族之外的家户共同体

然而，由于后面这一因素，我们没有任何理由认为，这些原则最初只适用于家族成员。就像早先强调指出的那样，除了家族成员之外，家内共同体（domestic community）还包括其他成员。由于《伦巴第法》将家内共同体的客观现实而不是血族关系因素作为一种至关重要的特征，因此适用于这类共同体的各项法律原则也能适用于上述基本因素——也就是，共同家庭、共同的劳动所得——在互不相干的人们中间得以出现的各种情形。的确，在中世纪法律中没有一处表明家内共同体的影响仅囿于亲属之间。相反，这类共同体关系也存在于家族之外，在无血缘关系的人之间，人们对待这种共同体的方式与对待有血缘关系的人群组成的共同体并无不同。在早期，这种情况最先出现于手工业中。

一、工匠合伙

92　　　我们已经了解到，事实上，在一些内陆城市中，随着城市与外部世界交往能力的提高，大规模远程贸易的条件也逐步得到改善。我们曾经指出，最初，他们的贸易自然是向临近的市场（有可能是一海港）输送商品，同时从该地接收商品。因此，在多数情况下，商业行为是批销而不是零售，因而，商业劳动必然是城市富足的基础[14]，而涉及维护手工业治安的各项原则构成了他们的商业法规中最大的一项。商业劳动首先是手工业劳动。因此，正是在这里，我们能够找到合伙形成的开端。最初，几乎不需要、也基本没有可能通过资本的积聚或者单边康曼达类型的合伙关系创建共同基金[15]。

如果一名工匠与他的同行联手，他这样做的目的在于，与他人一起工作，共用工场和营业所。由于这种活动主要发生在他的住所（在多数情况下，这里也是工场和营业所），因此工作中的协作伙伴也就变成了与他同住的人，一起就餐、一起料理家务。对于那位接受他人赡养的帮工（famulus, factor）来说是如此；而对于那位接受他人到自家的合伙人而言，也是如此。因此，"共同分享面包和葡萄酒"就是这种劳动合伙的主要特征，对于其法律结构而言，这是具有重要意义的。只有这种协作形式在各类工匠行业中[16]的起源才能说明，即便此后共同家户也仍然是较大的商业和工业合伙中的重要因素之一（如果已不再是必要的或构成性的因素），而这些更大规模的合伙此后在经济意义上统治了这个世界[17]。

二、这些共同体的共同特征

对这类协作团体的结构而言，共同家户带来的影响是明确无误的。显然，在这类合伙中，合伙人的地位必须建立在信任的基础上，无论如何，与在合伙企业中所具有的情形相比，其信任程度更高。他的身份相当于一名参与者，就像一名仆人作为一名挣工资的劳力一样，在一种特别的基础上受雇于他人。这种关系与家户关系的相似非常明显，除了亲属关系要素之外，一个家族式家户共同体的所有要素都存在。因此，无需专门解释也能理解，在两种共同体中，儿子和帮工的待遇是一样的；对于代理人（factor）、合伙人（socius）以及还

93

没有取得遗产的共同继承人（coheir）等每个人而言，也是如此[18]。我们很难说这是"家事法"（family law）的诸多原则沿用到了其他协作团体中，更确切地说，对于物权法而言，由于存在相同的基本要素，因此出现了法律在不同组织中的发展。合作工人之间的关系与家户中家庭成员间的关系基本相似。相应地，如果家族式家户也倾向成为某一商业企业的基础，那么，它也会感到有必要建立自己的记账体系，并作为一个整体来面对第三方——简言之，在与物权法有关的所有方面——以商业公司所采取的相同方式体现自己。这样，在这两种情况下，从法律上看，有关方面都是一致的[19]，不过，就家族共同体而言，它的基础——共同家庭——是先天存在的，而就非家族成员之间（inter extraneos）组建起来的劳动共同体而言，这种基础必须是有意创造的和人为的。由于这种原因，各文献中一般把家族共同体看作先诞生的制度（事实也的确如此），并且，在二者同时出现之处，家族共同体总是更受关注。

94　　　　在这些城市中，公法和私法基于亲属关系的较为古老的基础在中世纪法律开始发展之时就已受到侵蚀，无论是在此地还是在其他一些地方，这种基础都已被其他纯经济关系所取代[20]。不管是在家族内还是家族外，商业劳动都已成为共同体结构的基础。

第三节　它们共有的特性

一、合伙人仅限于男性

我希望能以简洁的方式描绘出这个时代的共同体所具有的两个特性。第一，它的影响局限于共同体的男性[21]成员。[22]也就是说，只有那些为商业活动奔忙、并有营收能力的成员才能拥有共有财产的物主身份。这里还有另外一个客观事实加以佐证，即所有这一切的基础就是"不管方式好坏"，只为共同的营利劳动。

二、不动产不予合并

第二，按照常规，不动产并非共同基金的组成部分。就像海上合伙的情形那样，债权人的特许权利仅限于动产[23]，在此处，动产归共同体所有，并受到该条件的影响[24]。共同住宅在共同体开始发展之时就已存在并呈现为核心要素，但是，就我所知，它并未被视为共有资产的组成部分[25]，其他不动产也始终没有成为资产组成部分。故此，进一步的发展仅仅涉及投入动产中的资金。

第四节　财产状况的变化

既然共同体的资产因此不再是共同体的全部财产，而只是由那些卷入其中的资产的一部分组成的，并且，如前文所述，既然其中属于个人的部分资产在很大程度上表现为资本出资或者他与共同体共同所有的资本账户的性质，那么，就产生了这样的需要：将这整个资产账户更鲜明地设定为法律上独立的标的。在个别情况下，允许如此处理的可行性也变得十分必要。的确，在佛罗伦萨阿尔贝蒂家族的遗嘱和遗产文献中[26]，我们发现，处理共同体中某一成员的账户，并将其在有利害关系的当事人——他们被告知此事——中间进行分配是可能的。此外，将合伙人的不属于共同体共有资产的组成部分的资产更为有利可图地、更为可取地投入到共同体自己的合伙中，这类需要也出现了。在这种情况下，我们掌握了个人可以采取两种途径在商务中占

95

有股份的特殊情形：第一，体现在个人在共有资产中所持有的股份份额；第二，以资本形式，即个人作为参与者投入到共同体中的资金。这与热那亚文献中同时存在索塞特与康曼达的事实相符[27]。后来的家族也在家族成员之间建构起各种联系，但是，它们不再按照法律（*ex lege*）而是建立在契约的基础上，并有固定的期限[28]。家族共同体从而正式建立在合伙法的基础之上[29]。在此，我们也发现，"出资"作为一种份额（合伙人依据这一份额分享利润、承担损失以及分配共同体的资产）的观念与海上合伙中的情形一样。但是，我们需要弄清楚，这种出资是否具有与康曼达中相同的含义，这一问题的答案可能只有在考虑另一层面、也是更为重要的一个层面——与第三方的关系——之后才能最终得出。在勾勒出某些稍后发生的结果的框架以后，我们必须再返回到它的开端。

第五节　与第三方的法律关系：基于亲属关系的责任

96　　法律上相关的各种条件导致了指向直接参与者之外人群的权利和义务的产生，毫无疑问，这种情形首先出现于亲属身上，因为亲属之间有义务互相照顾，并拥有相应的某些权益。特别是实施私人报复的权利和义务，创生了一种"私犯之债"（*obligatio ex delicto*），它按次序使家族中的每个成员消极地卷入或积极地参与进来。直到中世纪晚期，与此相应的各项法律原则仍未被完全抛弃[30]。

在无论是积极主动还是消极被动地支付给受害人家属赔偿金（*wergild*）的法律义务在《蛮族法》（*leges barbarorus*，日耳曼习惯法汇编）的影响下具有了纯粹的财产权本性之后，特别是当人们认为民事违法行为（civil wrong）与犯罪（delict）之间的界限缺少清晰的界定之时，任何反对源于义务的债务连带责任观念的主要障碍似乎都不存在了。的确，人们可以在《伦巴第法》中找到它的某些痕迹，但仅仅是在亲属之间也存在物权法问题时[31]。亲属关系缺少这种经济基础。至少从信用开始在经济中发挥作用的时间来看，它还不是一个经济共同体，并且它的责任也从未超出"私犯之债"的范畴。它也不能进入商业领域承担各种法律义务，因而亲属关系要素不可能在此处找到用武之地。

97

第六节　基于拥有共同家户的责任

我们发现，在家户共同体中，某一成员常因自身的犯罪行为而使其他成员担负责任[32]。然而，下面的分析将表明，这类责任日益无关紧要并最终完全消失。与此相反的则是某一成员的契约之债对其他成员的影响。这些后果的出现仅仅基于存在这样一种共同体。然而，只要相关责任尚不引致"私犯之债"，那犯罪行为因素的首要性就仍留存。这类责任是为下列情形创造的：在此情形下，从新近的法律观点来看，该民事违法行为必须与犯罪极为类似，即在管理扣押资产的法律条文中，特别是在逃亡者（fugitivus）破产的案例中，大多数法规都以较大篇幅讨论了某一家庭成员承担的连带责任，有些仅仅论及破产时的责任承担情况。这并非没有历史意义。

第七节　共同体责任的双重意义

针对第三方的责任主要是在如下两种情况下产生的，它们相互之

98

间存在很大差别：（1）成员的债务以共有财产做抵押；（2）从个人层面讲，所有成员作为债务人相互为对方承担责任。

一、共有财产的责任

具体说来，就某一成员的债务而言，债权人遇到的实际问题是他能扣押何种资产，也就是说，他是否有能力处置那些属于共同家户的财产。对该问题的肯定回答要到法律发展过程中找寻。毋庸置疑，指导性的法律原则是将家户想象为一个整体，其中的每一位成员都可以处置整体的事务或作为其代表，尽管每个人拥有的处置权和代表权的大小并不相同。无论是在公法中还是在私法中，这一观念都是相当重要的[33]。实际上，这类责任[34]已在下述原则中表露无遗，即某一成员未清偿的债务可能导致整个家户的全部资产遭到扣押。这些法规表明，上述情况应当是实情。在它们对某一个家户所拥有的全部家产应全面承担责任提出限制的地方，实际上是以如下方式予以实施的：首先，为家户所共有的每件家产都要被查封；其次，用我们现在的话来说就是，依据法律条款可完全或部分免责的人还必须寻求第三方在法庭上出面干预，并说明免责的法律根据：

> *Stat. Commun. Vicentiae* 1264 1. III c. 中关于子女免责的规定：无论儿子拥有什么，除非他们的父母能清晰明了地证实他的财产是得自他的职务、或者来自遗产继承、或者由于其他合理的原因，否则人们都将认为，他的财产全部得自父母[35]。也可参见 *Stat. Massae*（刊印于 1592 年）中论 *communion fraterna* 的地方。
>
> *Liber tertius causarum communis Bononiae*（刊印于 1491 年）：免责的儿子们必须向扣押债务人财产的债权人出示证据，证明在（债务人）招致债务之前，他们已经可免责。

二、成员的个人责任

这些条件显示，共有资产是负有责任的，成员之间根据各人股份的大小也负有相应责任。然而，这种连带责任甚至可以紧密到以下程度：把某一成员的债务与另一作为保证人的成员挂钩，一旦偿债出现问题，债权人可直接起诉保证人。在贝加莫①的 *Statuti del paratico e foro della Università de' mercatanti*（修订于 1479 年——其内容较为陈旧；见 1780 年版）第 92 款中，其特性清晰可鉴：

> 这类逃亡者的父辈们和他们的男性子嗣们……以及属同一家户的兄弟们……都应当担负责任，应当共同对债权人承担义务，债权人可对他们提出控告……仅仅在不动产诉讼（*realiter*）中……但是，如果他们本人也都参与了商事企业，那么……他们应像他们的长辈一样担负责任[36]。

因此，某一位家庭成员自身的债务不再导致其他家庭成员沦为债务人，它只是使"不动产之诉"拖累共有资产。

但是，对我们同样也很重要的是个人责任。因亲属关系而招致的责任是个人性质的，我们将看到，全体家庭成员的责任与后来普通合伙中合伙人的责任，从其最早的表现开始，也一直是个人性质的。因此，在未作更为深入的考量之前，将此类个人性质的责任奠基于所有家庭成员与共有资产的关系上是不合适的。索姆②在他刚刚发表的论

---

① Bergamo，位于意大利北部的一座城市。——中译者注
② Rudolf Sohm（1841—1917），19 世纪德国最著名的法学家之一，曾就职于起草《德国民法典》的委员会，著有 *Institutionen: Geschichte und Sytemdes Roemischen Privatrechts*（1883）、*Die altdeutsche Reichs und Gerichtsverfassung*（1871）、*Kirchenrecht*（1892）等。——中译者注

文中[37] 从"共同合有"（gesamten Hand）原则入手追溯了家庭成员间"共有债务"（Schuldengemeinschaft）的起源，在文中，他认为，作为攫利性共同体（Erwerbsgemeinschaft）的相关事物，"共同合有"为这类债务的集体性（communality）奠立了基础。尽管我并不反对在此语境中使用"共同合有"这一概念[38]，但我要强调指出的是，从法律的观点来看，这类债务的集体性质仅限于攫利性共同体范围内——也就是说，只针对那些原本就已成为共有财产的资产。但是，从根本上来看，连带责任却已远远超出了这一限制。索姆进一步论证说，共同合有资产的成员会以作为一名成员行使"适当的行政权力"的方式发挥其作用，这对解释后来共有资产的抵押是有益的，对说明我们当今时代的普通合伙也是有可取之处的。但是，如果下述描绘准确的话——那些"为了商业利益"而签署的契约中关于责任的限制，就事物的本质而言，它们不仅是对更古老的无限责任形式的必要限制，而且也是历史发展的产物——那么，应用这种观点去理解更古老的法条并将其看作是后来发展出的法条的基础，那就很成问题。（对犯罪导致的责任又会产生什么影响呢？）如果将这一观点应用于个人连带责任的讼案中则更加值得怀疑，因为"行政"权力带来的合乎逻辑的后果仅对接受"行政"管理的资产有影响[39]。因此，我们必须重申，构成家户共同体的要素并非可能已经存在的共有资产，而是过去就与它合为一体的劳动共同体。后面的要素才是关键——也就是，共同攫取利益的共同体（Gemeinschaft des gesamtem Erwerbslebens）[40]——这的确就是所谓的受"人法"（law of persons）管理的共同体。后来，这一要素也可以在其他各种合伙类型乃至今天的普通合伙中找到，从而成为与有限合伙的主要差别。

第八节　家户成员责任的起源和发展

　　许多文献都将某一成员的个人责任与左右破产的约因（considerations）①联系在一起，而破产本身或多或少被当作是一种犯罪行为。沿袭亲属之间相互承担的旧有责任类型影响了法律的发展，或者至少刺激了它的发展，这并不是不可能的——实际上，它是有可能的，但是，我们也无法得出明确的结论。不过，也只能仅此而已。这一发展本身出现在与亲属关系有关的各种观念的界限之外，并且只是在家族关系不再那么重要之后才产生。后一种责任概念并不是"由其他一种概念发展出来的"，而是取代了其他那种概念。就像在各种共同体中那样，乡村公社以邻近原则（通常认为，在定居时期这二者可能是一致的）为基础取代了以血缘关系为基础的共同体，家族也被其经手商业活动时表现出的最重要的特征——共同家户和攫利性共同体所取代。我们无法说较新的原则是从旧有原则中发展而来的，因为这实在不符实情。聚落（vicus）成员不仅包括亲属，共同家户也绝非仅存在于亲属之间。在第一种情形中，永久定居与农业经济类型；在第二种情形中，城市中的商业正式运营的各种方式，（这二者）导致了旧有的各项原则被完全不同的新的原则所取代41。

　　成文法中不断趋向于对责任作出限制，这表明在较早时期的法律中，家户成员的责任主要是无限的。较早时期的情形反映了当时的一般状况。在较早的时代，人们利用原始落后的条件从事贸易、经营信贷，某一位成员要对其他合伙成员的债务承担责任，人们认为这没有什么不妥。个人的债务为共同账户带来负担，这也是正常的，就像今

①　约因是缔约当事人之间，由于缔约行为，一方获得利益，一方遭受损失。——中译者注

天一位父亲替他的家庭成员向食品商人和服务人员买单一样——有一些人可能会满腹牢骚，另一些人则毫无怨言。无论好坏，共同生活的后果总是：契约影响一切[42]。

我必须承认，在较早的时期，法律几乎没有彻底区分下面这两种截然不同的观念——共有资产的责任和成员的责任[43]。只要资产的集体性质仍然是一个完整的概念，这种区别就不会表现出来。但是，各种困难必然会出现，与成员之间的关系相比，在与第三方的关系中更是如此，随着信用的重要性日益增长，个人的债务开始表现出似乎不公正的特性——仅仅因为拥有共同的家户，合伙人就应当为这种债务承担责任。在另一方面，无限责任是赢得信誉的基础，因而便于这样的共同体开展商事活动。然而，如果责任仅仅囿于个人出资的数量——这种想法已然出现——它将摧毁这种可靠的信誉。在共同体拥有良好信誉的约因占据主导地位的情况下，责任必须予以界定。那么，法律的发展将如何解决这一立法问题呢？

第九节　法典中的家族共同体和劳动共同体

一、序言

这一问题最终引导我们对文献展开分析。在这项工作的早期，文献中存在的某些分歧让我们深感有必要提供一个整体看法，以便说明哪些问题是最重要的。为了准确地评估这些法令的内容，再考虑到贸易和工业规模的迅速扩张及相应的对拟议法（*de lege ferenda*）的大量新需求后，我们还有必要看到罗马法的传播。我们应该看到，它的影响非常巨大，因为商法试图通过修订成文法来保留其中较为古老的与其相应的制度。

二、西班牙

西班牙的文献资料中包含有关罗马法如何传播的最强有力的证据。较为古老的地方法规显示，西班牙法律十分熟悉由家族共同体引起的责任观念。1142 年的《达罗卡法规》（*fuero de Daroca*）主张，父亲有责任作为被告（*in dubio*）替他儿子偿付债务[44]。另外，同一时期类似的文献也间接地显示出，这种规定与共同继承人的连带责任一起被视为准则[45]。1212 年的《圣克里斯蒂娜法规》[46] 仍然将依据卡斯蒂利亚法律（Castilian law）[47] 需共同承担责任的共同继承人称为 socii，就像意大利成文法中规定的那样。

然而，随着罗马法的扩张，这些观念完全湮没无闻。1250 年的瓦伦西亚法院（the Cortes of Valencia）① 已经开始依据父亲的意见来裁定他是否应为其子担负责任。阿方索九世② 的鸿篇法律巨著——《七编法》（*Siete Partidas*）——编纂于 1256 年至 1265 年间，该法典企图向西班牙输入形式纯正、地道的罗马法。因此，如下要素都被收编在册：《马其顿成文法》（the *Sctum Macedonianum*）（Part. V 1, 6）、军人特有产（*peculium castrense*，军人在服军役期间获得的财产）等概念（2 eod.）、"*actio exercitoria, institoria, quod jussu*"〔准予指控船主、生产商或者那位安排他人管理某一商铺的货物销售的人（因为经营活动是按照他的指令进行的）的法律诉讼〕（P. V 22, 8），依据对这些情形的限制性责任，完整的罗马合伙法，包括共有合伙（*societas omnium bonorum*，承担无限连带责任的合伙）〔《学

① the Cortes of Valencia，西班牙法院，尤指中世纪之西班牙法院。参见宋雷主编：《英汉法律用语大辞典》，第 213 页。——中译者注
② 此处英译本为 Alfonso IX，中译者认为应为 Alfonso X，即阿方索十世。——中译者注

说汇纂》① 关于不公平合伙（*societas leonine*）② 的全部解说以及合伙
人的消费清单] 以及所有这类法规被明确地应用于"商人和其他一些
人将他们的资产聚集在一起合力去挣更多钱的团体（P. Vt. X）。"⁴⁸
《法律汇编》（*Leyes de Recopilacion*，L. Vt. XIII 1. 1）③ 特别强调指
出，除了特别约定以外，人人都要按比例担负责任，而不是连带地承
担债务。罗马法在此地得到广泛、彻底的实施，其程度几乎超过了任
何其他地区；但后来的文献也仅保存了早期观点的少量"残迹"⁴⁹。

三、威尼斯

104

在威尼斯，法律的发展证实，这些"残迹"表现了某种早期观点
的印迹，但并非故意造成与普通法（common law）的背离。引起我
们更大兴趣的是"兄弟合伙"（*fraterna compagnia*）制度，该制度
在威尼斯的法规中反复被提及，意指继承人共同体。我们可以关注下
面这段话：

> 1. III c. 4："关于兄弟合伙"。我们希望，在他们的父亲去世
> 后，兄弟们只要不分家，就应继续维持兄弟合伙关系。这种关系
> 也适合于兄弟们的全部子嗣、他们自己之间以及与他们叔伯之

---

① 《学说汇纂》（the Pandects）指公元 6 世纪接着 Justinian's Digest 编纂的 50 部丛书，最
  早出版的四部构成《民法大全》。也称为 Digest，Pandekt。参见宋雷主编：《英汉法律用
  语大辞典》，第 846 页。——中译者注
② "*societas leonine*"是一种非法的合伙，在这类合伙中，一方获得全部利润，而另一方不
  仅一无所得同时还要负担损失。又译"狮子合伙"、"承损合伙"。参见宋雷主编：《英汉
  法律用语大辞典》，第 1410 页。——中译者注
③ 此法律汇编有可能就是 *Recopilacion de Las leyes de Los reinos de Indias*，即印度群岛各
  地区法律汇编。该法律汇编是在罗德里戈·德·阿吉亚尔·阿库尼亚和胡安·索洛萨
  诺·佩雷拉拉监督下对西班牙为其美洲殖民地所通过之立法进行的汇编，始于 1624 年。
  参见戴维·M. 沃尔克：《牛津法律大辞典》，李双元译，法律出版社 2003 年版，第 945 -
  946 页。——中译者注

间。并且，兄弟合伙不应当进一步扩展而超出这一范围。然而，姐妹们彼此之间以及她们与其兄弟们之间，并不是兄弟合伙的组成部分，但是她们中间许多人可以安定下来生活只是因为她们将会获得她们的父亲或者外祖父或者某些长辈的财产……如果兄弟们继续维持兄弟合伙，她们也和兄弟们一起生活，直到兄弟们分家。如果父亲……专门向某一个儿子遗赠某物……这类遗产也不能成为兄弟合伙资产的组成部分。[50]

因此，"兄弟合伙"是以兄弟们的资产为基础组成的。有一些资产就不属于合伙财产，它们是被遗赠的"*specialiter*"（专项财产），以及姐妹们分得的遗产。尽管后者属于共同体，但它成为共同体财产的原因仅仅在于为姐妹们换取一个居所（*rationes faciant*），并且它至多只是一个账户。因此，对共同体而言，兄弟合伙的财产有一种更深的含义。这种含义究竟是什么呢？人们尽管至今对此尚不十分清楚，但是可以确认，它与早些时候所引用的《伦巴第法》中的那一节在内涵上十分相似。1335 年，在威尼斯与卡塔罗（Cattaro）所签订的契约中，有一节涉及法律援助的内容与此有关，条件也大致相同：[51]

同样，生活于兄弟合伙中的兄弟们应当共同承担他们中任何一个人招致的任何债务。依据规定，不愿为他兄弟的债务担负责任的兄弟，必须在此项债务产生以前向居住于此地的左邻右舍公开表达这一意向，并由公证人登记入册，注明他不愿为他兄弟的债务承担责任，这样一来……无论他的兄弟们招致多少债务，他都不再承担任何责任。同样，合伙中的合伙人也应相互为他们中的任何人招致的债务担负责任，但是，如果他（合伙当事人之一）已经发表声明，并签署了他不愿承担责任的协议，就像前文刚刚叙述的关于兄弟之间的事例那样，他也将不必再承担其他合伙人的任何债务——下列文献再次提到这种情况：（这是）与其生活在同一个兄弟合伙中的兄弟或者合伙人[52]。

我们看到，关于兄弟合伙，从法律上来看（*ex lege*），其后果就是连带责任[53]，而反对连带责任的唯一保障就是以某种形式提出异议。在与卡塔罗的商业交往文献中，而不是在法规中提到这一后果，这种做法很普遍。因此，对威尼斯境内的商业来说，人们认为责任是存在的，无须特意在法律中再做设定。只有国际商业才似乎需要做特别说明。对索塞特而言，也同样如此。令人痛心的是，在这里它被置于继承人共同体之后。它以及它的后果（也就是连带责任）在法规中也没有专门提及，只是在谈到它与其他共同体的关系时一带而过。

上述法规片段的目的因而不再是介绍兄弟合伙，而有可能是将它限定在数代人之间的有限范围内。这种趋势在法律中出现了。因为，迟至 17 世纪晚期，佐治（Zorzi）[54] 描述了实际生活中兄弟们为分配财产而提起的诉讼，这一制度中最重要的元素——其对第三方的后果——此前在下述法律中已经被删除了：

106

> 1619 年 7 月 7 日，国民会议（the Grand Council）正在召开。鉴于我们的成文法已经确定：在弟兄们仍然合作、尚未分家之时，兄弟合伙被认为理所当然（存在），此时，如果由于运气不好或其他问题，某些人依约而负债，那整个合伙的资产都要担负责任，这样，对它来说损失仍然存在，责任也继续存在，甚至那些本来与导致负债的过失无关的人也要担负一定责任……并且，在将来，若没有其他兄弟们明示的赞同，合伙中的任何一位弟兄

无论如何都不能强迫他承担债务……但是，每一笔债务总是由那位签约的兄弟单独造成的，他的特殊活动资产以及兄弟合伙中属于他的股份资产作为一项保证金应当担负责任，而不应由其他弟兄的那些资产担负，这一点务必理解。[55]

因此，特殊情况下的连带责任被视为继承人共同体无法忍受的结果。这种共同体作为一项合伙基金的特征——此前，依据法律而存在着——被抛弃了。此前的共同体应该具有这项特征，这表现在其成员仅限于那些以个人身份参与合伙事务的男性家庭成员；紧随众兄弟之后，姐妹们仅仅是潜在的"参与者"。1619 年的法规仍然保留着合伙基金的要素，但只针对那些依据合伙协定建立起来的财产共同体。正因如此，我们找到了这一发展的一个动机：家庭成员共同经营——曾经是这类团体的主要特征——变得不太重要并最终完全消失，代之而起的是某种契约要素。在威尼斯与卡塔罗签署的协定中，这一动机是显而易见的；在威尼斯，它仅以下述方式表现出来：某一共同继承人必须通过抗议或者保留意见的作为方式才不会被当作"compagno"①来对待。正如阿尔贝蒂和佩鲁兹家族[56]的分类账户中清晰地展示出来的那样，在其他意大利城市中，后来的情况正好相反；也就是说，成为一名共同继承人，这一点并不直接赋予其合伙人的地位。更确切地说，平等的家庭成员加入了某个专门的、有时间限制的契约——通常与公开签署的声明有关——并且也只有在此之后，这些成员才能成为承担一切后果的合伙人。从而，家族合伙完全进入到其他合伙的领域；由于已经存在的共有资产和商业活动，家族合伙很容易建立起来，这正是家族合伙的特征[57]。

① 意大利语"伙伴、同事"，这里指合伙人。——中译者注

与意大利其他地区法律的发展相比，威尼斯法律遵循它自身的发展路径。它很少受到罗马法扩张的影响，但是，它也因此对习惯法（customary law）的进一步发展影响甚微。后者由于受到多重影响，因而几乎从未呈现出像威尼斯法律那样清晰的画面。

四、意大利其他的地方自治法规

我们发现，在几乎所有较为重要的内陆城市的法规中均包含这样一项原则，我们将其视为进一步发展的起点：某人与其他人一起生活在某一涉及商业活动和共同家户的共同体中，如果他是一名手工工匠的合伙人或者作为小店铺（*stacio*）或营业所（*taberna* 或 *bottega*，在较早时期曾与住所合为一体）中的一名小商业所有者，那么他就有责任作为一名债务人为共同体成员偿还债务。下面各段材料就涉及家族成员的共同体：

> *Liber civilis urbis Veronae* c. 150（划定了父子之间彼此的义务）。
> *Statuta communis Vissi* 1. III c. 19.
> 14 世纪罗马的法令（ed. Camillo Re）c. 108：关于"前述货币兑换商的兄弟或者那些与他们生活在一起的人"的责任[58]。
> 1491 年刊印的 *Liber tertius causarum civilium communis Bononiae*：隶农（colonus）① 以及那些住在"同一个家族或者共同体或者合伙中"的人对地产领主承担义务[59]。
> 1388 年编纂的 *Statuta mercatorum of Cremona*，rubr. 101 - 126，关于逃亡者（*fugitivi*）："负有责任的包括父亲、兄弟和姐

---

① 封建时代初期之农奴。——中译者注

妹……合伙人……以及与他们在同一个家户中分享面包和葡萄酒的人们。"[60] 与此相应的还有：

1388 年编纂的 *Statuta civitatis Cremonae*，rubr. 495。

1582 年刊印的 *Statuta Massae*，1. III c. 77："如果兄弟们并未私分他们父亲的遗产，而是一起生活、居住于同一住宅中，在同一张桌子上用餐"，[61] 那么，他们每一个人都可被视为拥有以合伙的名义签署契约的权威。

1422 年编纂的 *Statuta Burgi et Curie S. Georgii*：关于父子之间的相互义务。

Statuti della Mercanzia di Brescia c. 91 – 107，关于逃亡者：责任属于所有那些生活在一起的人们，不是参与者（*commis intéressés*）的帮工（*famuli*）除外。

Statuti e privilegi del Paratico e foro della universita de'mercanti di Bergamo，c. 89：应负责任的包括"分享面包和葡萄酒的儿子们和兄弟们，在同一个商事企业中经营商业的兄弟们和合伙人，以及这类逃亡者的所有子孙"[62]。可以进一步参阅 c. 92 与 c. 93。

Statuti della honoranda Universita d'Mercatanti della inclita citta di Bologna riformati l'anno 1600 rubr. 60 以及 fol. 48。（有许多被引述的法规至今仍未刊印或者出版，只可在前引的拉斯蒂格的书中看到些片段。）

在这些法规中，有一些［例如马萨（Massa）、贝加莫和博洛尼亚（Bologna）］已将家户共同体置于仅次于上述"*stacio*"、"*mensa*"、"*negociatio*"等共同体的地位，除了家庭成员，还提到合伙人。下面各节法令仅仅谈及"*stacio*"与合伙人，未曾专门提到家

族共同体:

> 13 世纪的 *statuta antiqua mercatorum Placentiae*,c. 550:
> "如果(他们中间的)几个人仍然在同一个店铺中工作,其中之
> 一完成商业交易……因为他们中的任何人都对整个商务承担责
> 任……如果他们已成为那家店铺的合伙人。"[63]

相应地,1341 年的 *Cap. de fugitivis* 也有类似规定。

Statuta domus mercatorum Veronae III,c. 85 包含的一节内
容将在后文中讲述。

Statuta urbis Mutinae a. 1327 reformata 1. III,rubr. 22,关
于合伙人的职责,补充规定:"就它与前述仍然在同一个店铺中
工作的人、或者与从事同一种职业的人、或者与其他人一起经营
商务的人存在某些联系而言,他们也应被视为合伙人。"[64]

Statuti de'Lanajuoli del 1292 of Siena,dist. II,c. 22.

Statuti dei Mercanti di Spalato of 1312(见拉斯蒂格前引书)

Statuti del Corte del 1376 of Lucca(见拉斯蒂格前引书)

Statutes of Arezzo(edition of 1580),1. II,rubr. 42:依据契
约,合伙人的连带责任在合伙名义下(nomine societatis)形成。

五、共同体依附成员的责任

在原则上,共同体的所有成员都是要担负责任的,包括那些依附
成员:儿子、学徒以及职员。然而,这些人所担负的责任在程度上有
所不同。但即便是对帮工和劳工(*laboratores*)而言,在各种法规
中,发展也是朝着将他们的地位从完全与独立自主的成员一致(早期
如此),转为有更多限定条件的境地。例如,在必要时,未经许可这

些人无权出售属于家庭的货物[65]。依据较为古老的原则，他们必定具有相当程度的自由，可以采取某种方式限制家长的行动——一种由他们作为家庭成员的地位赋予的能力。我们讨论佛罗伦萨帮工的地位时，将会再度简要回顾这个问题。在此，对我们的研究至关重要的是儿子和家庭中所有附属成员的平等待遇问题，它将为我们展示（中世纪法律）与罗马法之间存在的显著的、典型的差别。随着商业贸易中人们信用需求的日益增长，在半神化性质的贵族资产消失以后，仅仅谈论个人资产的罗马法感到有必要规范儿子所承担的责任的重要性。由于缺少其他可用的观点，它从专门针对不自由人的法律中吸收了某些基本要素。因此，已获得发展的独立基金唯一真正的创造就是"分摊之诉"（*actio tributoria*；据此，家长对在其权威庇佑下的某人的债权人承担责任），以满足商业的需求。"分摊之诉"从奴隶法发展而来。中世纪法律面临这样一个问题：它需要规制家户中尽管不独立、但却在私法领域拥有法定行事能力的成员。就像早先提到的那样，对儿子来说，参与权观念，无论是否有人曾经清晰地思考过，总还是现实的。像其他每个人一样，儿子也是家庭的一名成员；只有家庭的家长的权威，而不是父亲无限的个人资产所有权，对他设定了限制。因此，对于这一问题，即儿子能在多大程度上——也就是说，与他的父亲一起生活的儿子，分享最后一份面包和葡萄酒（*ad unum panem et vinum*）——约束他的家庭，存在着多种解答。不过，这些答案都类似于下面这一观点：总的说来，儿子就像其他人一样是家庭的一名成员，因此，由他签署的契约在原则上必须与其他任何家庭成员签署的契约一样，具有同等的约束力[66]。

110

六、分摊家族共同体遗产中的债务

人们总是认为，在下述情形中家户共同体是存在的："与其父亲分居的儿子"（*filius seorsum a patre habitans*）不遵行上述这类安排。财产分割后，只有在父亲与儿子之间进行财产分割之前产生的那些债务才可以由另一方承担责任[67]。罗马法的扩张常常将这些发展改造成"普通法"（*ius commune*）。对于那些较大的、曾书面订约（*carta*，书面文件）的债务而言，我们也发现开始出现限制责任的需要[68]。对于这些债务而言，较早期的观念——资产供应所有成员之需，并为所有花费承担责任，因此也就是负担所有债务——不再适用了，因为这一新情况不再涉及个人的需求，而只是一种其经济后果不可预见的投机性活动。然而，罗马法的各种原则并不总是适用。我们能在此处找到一个引人注意的特例。

依据旧的准则，家族的责任随着家族共同体的终结这一事实而终结。但是，以这种方式——儿子是否承担债务取决于儿子是持久地与父亲居于同一宅院之内还是居于其宅院之外——来理解它，这将是不可思议的。就像前文业已描述过的那样，共同体的核心因素不是亲属关系，也不是实际上生活在一起，而是当且仅当两者与一个共同的经济单位（*Wirtschaftsgemeinschaft*）连在一起。过去的共同家户包括这样一种集体性，因为，在它的预算之中家庭财产包括每一件挣来的或者花费的事物，对于今天的平头百姓而言这是常有的事。当有人宣布，"共享面包和葡萄酒"之时，那么，在更为古老的时代，它意味着所有的收入和花费都是公共的，因为工匠的全部经济活动都是围绕满足他的基本生理需求、围绕着"*panis et vinum*"（意大利习语，即"必不可少的生计"）而开展的。后来，工业家建立起他的"家户支出账户"[69]。对于早期家族的家长来说，他经手的每一笔业务都要体现为账目上的增、减。因此，只有在它影响攫利性共同体的解体时，家庭共同体的解体才具有法律意义。如果儿子在父母的家庭之外凭借与他父亲共有的账户从事经济活动，那么，他仍然是传统意义上与他的父亲共享"必不可少的生计的合伙人"。如果他居住在父亲家中，然而与他的父亲不存在共同的经济活动，那么尽管共享同一所庭院，他也不是与他父亲共享"面包和葡萄酒"的合伙人[70]。家户的分割因此意味着攫利性共同体的解体，从而父亲不得不与他的儿子清算家产。然而，这种清算意味着什么呢？从形式上看，大多数法规都需要"公共文件"（carta publica）。但是，也有一些物质要求。在这类财产清算中，父亲必须在遗产中为他的儿子提供儿子应得的份额——"特留份"（legitima pars，他有权获得的份额），这也是做儿子的"应得的"部分。这样的一个"部分"是存在的；依据北意大利的法规，显而易见，如果没有什么疑问，它是完全按人头均分的财产[71]：

> 皮亚琴察，Capit. de fugitivis a. 1341，1350 年的附件：父亲必须为他的儿子承担（全部）连带责任（solidum），或者"为他因负债应担负法律责任的儿子提供他的（父亲的）所有财产中他儿子有权得到的份额……在他对这笔财产提出的索赔诉求限度内，债权人可以要求他的补偿。"[72]

112

只有这种"给付份额"（datio partis）才被视为儿子从共有资产中分得遗产份额的有效部分，非常清楚，这些法规已将"给付份额"视为儿子对其遗产份额的潜在权利的后果[73]。所以，我们认为令人不能容忍的、并且同时也是罗马法认为难以接受的原则[74]——凭借他父亲传给他的独立经济地位，儿子可以在其父亲依然健在之时，要求从他父亲那里得到他的遗产份额——在此却被视为理所当然。那些并不认同这一原则的法规，可能由于受到罗马法的影响，彻底地排斥它[75]。我们认为这一原则难以接受，正是这一事实显示出我们在社会和经济观点方面的巨变如何极大影响了家庭物权法；我们将不再进一步开展这方面的研究。但是，我们能够有把握地得出结论说，这一原则只能在——处于依附地位的儿子是家庭的一名成员，他有权利取得他应得的遗产份额，他的契约文书对家庭财产具有约束力——广泛见于流行的法律观念中时，才能发挥作用。这使我们可以从不同的角度审视所谓"萨克森法脱离父权"（*emancipatio legis Saxonicae*）实践基础的重要性。在分割家产时，必须分给继承人其应得份额，毫无疑问，这是保持共同体完整的强大动机。

113

在 1264 年《维森提亚共同法》（*Statuta communis Vicentiae* lib. III）中有一个醒目的标题："主人应为他的仆人承担责任，父亲应为他的儿子承担责任"（*quod dominus teneatur pro servo et pater pro filio*）。该标题进一步向我们展示，在家族中，家仆享有与儿子同等的地位，包括约束他主人的权威。正是帮工和代理人（*factores*）以及今天的代诉人（procurator）和职员（clerks）〔而不像罗马法学设想的那样，是经理（the *institor*，组成契约的某位业主的一名代表，在这一契约中，债务由委托人承担）或者"假定权威"〕有法定能力，可创立约束家户或者商事企业的各种法律关系的历史基础。

七、个人债务和共同债务

此外，这种必须将继承人在遗产中应得份额分给他的独特制度（现在，我们回到早先提出的问题上：对于如何限制共同体为其所有成员担负责任这一问题，各种法规的解决方案是什么？）表明，真正引发这一限制的事实是存在的[76]。它是以下面这种方式被引发的：债权人仅可追索某一成员在共同体中占有的份额（或者如果我们将家庭共同体视为合伙关系的话，则可称为该成员的股份）。他所担负的责任与他投入共同体的资金以及他在其中拥有的股份的价值相一致。儿子在其父的财富中占有的份额也是如此：他所占有的份额为他的债务承担责任。另一方面，我们看到，这一原则并不适用于在此讨论的所有共同体。无限责任是原初条件的结果，后来同样也被保留下来，我们早已指出，尤其是商法保留了它。相应地，我们将假定，较为陈旧的某些责任原则特别持久地存在于共同体中，并且应用于因为开展受商法规制的各种商业交易而引起的法律义务中。

　　这引导我们去发现合伙生意的债权人与个体的个人债权人之间的重大区别。使共同体及其所有成员担负责任的债务与其他形式的债务——起因于签署契约的成员的责任、他的私人财产以及他的退出将会导致他在遗产中占有的部分财产与共同体财产的财产分割——之间的界限在哪里呢？我们曾经指出，两者都是成员债务带来的可能的法律后果。

八、家族外的连带责任：共有店铺

　　早先介绍过的一系列法令集表明，基于共同拥有一个家内共同体　114
而产生的连带责任并不仅限于家族成员而言。在这些条令中，有一些并不包含这种限制；有一些则提到与家庭成员一起分享"家中的面包和葡萄酒的人"（ad unum panem et vinum stantes）。我们在前文中已经述及，在家族之外，家族共同体也可在手工业生产领域内找到。但是，手工业已经发展成为具有国际地位的工业，大工场类型的公司取代了工匠的住所——这种住所曾经既是他们的工场，同时也是他们的营业所。对于诸如此类的公司而言，由全体成员组成家内共同体已不再是惯例，更不用说攫利性共同体的特征了。自从家、工场和销售办事处不再自然地混在一起（对于小工匠而言这曾经就是事实），这方面的变化是显而易见的。人们在能够偿付得起房租的区域租赁"作坊"（*botteghe*）①、"商铺"（*staciones*）与"小店铺"（*tabernae*），因此，家中共同的经济事务不再像往常那样在作坊中与商业活动混在一起。合伙人可以在不同的作坊中经营不同的产业，同一个作坊的合伙人也可以分开生活、各有各的家庭。就这类分立的状况而言，既然在实际上贷款的连带责任与商业的债务相一致，那么，作为攫利性共同体的基础，共有商铺也是共同责任的适当基础。家户共同体不再是商业活动中的活跃分子，而成为次要因素并逐步退至幕后。相应地，我们发现，在早先引用过的某些法规的片段中，共同商铺紧随家户共同体之后作为共同责任的独立基础。在引用过的《贝加莫的帕拉提库章程》（*Statuti del paratico di Bergamo*）的片段中，"*negotiatio*"一词是对"商铺"更为抽象的阐释，即"经营活动"。

九、个人债务和公司债务

115　　从某种意义上讲，最初，只有实际存在的作坊或者小型杂货商店是这类共同体的"载体"（bearer）[77]。因此，各类债务引起的法律后果超越了签署契约者本人而仅适用于为经营"商铺"或者与之有关的活动而签署的契约：超出了那些事务……超出了他们将要成为合伙人的规定（*sopre aquelle cose ... sopre le quail seranno compagni*），就像锡耶纳（Siena）呢绒工业商人（the *lanajuoli*）的法规（参见前文）规定的那样。如果这些条件成立，人们就会产生这样一种观念：就像我们将要谈到的那样，只有在为了合伙的利益经营共同的企业并进行商业活动之时，连带责任才可能存在，不过，作为一项原则，它也是极其重要的。它之所以显得重要是因为，它是将合伙及其法律后

---

① "*botteghe*"或者"*bottega*"本意是意大利中世纪或文艺复兴时期的成名艺术家带助手搞创作的场所。本文是指"作坊、店铺"。——中译者注

果与共有商铺相联系的唯一结果。让两位除了商业事务以外彼此之间并不存在任何财产关系的合伙人相互承担对方家庭的债务责任等等，是荒唐可笑的。对于家户的家庭共同体而言，我们也发现了朝向坚持共同体仅仅对那些为了共同家户的利益而招致的债务承担责任这一趋向发展的肇端[78]。也许，与商业从家户共同体中分离出来一样古老的是这样一种想法：只有那些因共同的生意而招致的债务才毫无疑问地对全体合伙人具有影响。《普莱森提埃古代商业条例》（*Statuta antique mercatorum Placentiae*，c. 550）以及 1325 年的改革案（*Reformacio*，c. 6）均确立了这样一条原则："同一店铺的合伙人"（*socii ejusdem stacionis*）仅对那些因合伙的商业交易（*mercatum*）而招致的债务担负责任。《维罗纳商务住场条例》（*Statuta domus mercatum of Verona*，1. III c. 85）同样包含这一原则；至于洛迪（Lodi）与阿雷佐（Arezzo）条例，我们将在后文进一步讨论。

除了佛罗伦萨的法令以外——其内容将被单独讨论——与此有关的各种法令的内容都是相当粗略的。而在已引述过的法条片段中，法律条文的表述方式让人觉得，谈到这一点是形式上必要的，然而，除了佛罗伦萨的那些法律文献以外，其他的文献都没有阐述下列这些日益重要的问题：（1）合伙的债权人（也就是，在从事商业经营过程中招致的债务的债权人）与个人的债权人的关系；（2）个人的债权人与公司资产的关系。

十、合伙的独立基金

第二个问题对于公司资产的地位具有至关重要的意义。"合伙生意"与合伙人个人的债权人以及合伙人的个人财产之间具有怎样的关系呢？我们使用"合伙生意"一词是什么意思呢？我们能找到与我们今日构筑普通合伙资产类似的方式构筑资产的开端吗？

　　关于公司内部合伙人之间的关系，我们已经看到，《伦巴第法》早已在某些重要的层面上对家族共同体的无限连带性质给予了限制。下面这些法规重申了《伦巴第法》中相应的条款，某些部分甚至是逐字逐句抄录的：

　　　　1216 年的《米兰条例》（Statutes of Milan）rubr. XIV：如果兄弟们同居于一所宅院，在他们之间存在某种法定合伙关系，那么，无论他们共同获得了何物，都将由他们共同占有。[79]

　　　　1502 年的《米兰条例》（1502 年印刷于米兰）fol. 150：同样，如果兄弟们之间存在某种法定合伙关系，除了从遗产中继承来的财产、在某种场合下获得的礼物以及嫁妆以外，一切财产都应由他们共同持有；并且，一般认为，纵然发生了其中一位兄弟在涉及共同所有的财产问题上与其他兄弟争执而离家的情况，兄弟们依然应同居于一所庭院之中[80]。

　　　　《马萨条例》（Statutes of Massa，印刷于 1532 年）1. III c. 77：如果兄弟们仍然保留而未分割其父的遗产，同时，他们依旧居住于同一居所、同桌而食，那么，无论他们从劳动、从他们的工场中挣得何物，从属于他们自己的或者属于任何人的商业活动中或者来自遗产自身……或者来自其他，比如来自买卖货物，或者来自永久性租约（emphyteutic lease）或契约，所有这一切都应为集体共有……但是，每一位获得某些物品的兄弟可以以他自己的名义签约……以便他获得的物品在扣除债务后将不会再与其他人的那些物品混在一起。上述这类规则也应该能被应用于其他债务或者任何类型的契约中，只要它们是在共同受益而不是在其他的名义下签署的……（在此之后跟随着一些前文曾经引用过的、与基于委托假定基础之上的连带责任有关的片段）[81]。

《罗迪的旧条例》（*Stat. vecchi di Lodi*）c.16：这是司空见 117
惯的事情，即兄弟们、父辈的叔叔伯伯们以及其他一些人，如果
没有分配他们的财产，并依旧共同居住于一所庭院中，无论他们
将获得何物，都是他们共同收获之物。例外之物是：遗赠物、遗
产、礼物等等……而它们将来招致的债务应为大家共同承担。因
此，对于这类债务，置身于其中的兄弟们按比例分摊，依据法律
（*ipso iure*）采取行动赔付债款，除非它是担保人的债务、或者
不法行为者的债务、或者其他人自己的商业债务[82]。

《摩德纳条例》（Statutes of Modena，1327 年修订）1. III
rubr. 22：任何商人或者从事贸易的人如果愿以某物作抵押换取
对方的信任，即使愿意提供抵押物的人可能不在场，即使债务人
否认这一赔偿诉求，即使他声称他已经从不在场的合伙人那里将
该物品买了过来，各位合伙人依然可以提出赔偿诉求……其他人
不能提出索赔诉求，而且因为不在场的合伙人是为了合伙的利益
抵押财产，如果他们声明或者有证据证实，契约是代表合伙的利
益签署的，那么，其他合伙人可被要求赔付这笔债务……而合伙
人可以被认为有此义务（这里遵循前文引述过的作为家庭成员的
合伙人的定义）[83]。

这些文献片段反映了某些特定时期的发展。显而易见，《米兰条
例》仿效了《伦巴第法》。除了单独被记述的利润（*lucra*）外，其他
每一件事物都属于共同体[84]。比较而言，《马萨条例》更加明确地记述
了所有那些属于共同体的事物。除遗产外这还包括来自商务的全部收
益（*Ertragnisse lastiger Geschafte*）。应当指出，重要的是，人们通
常认为［r. "无论……他（一个获得财物的兄弟）多么强调是以他自
己的名义签署的契约（*quamvis … nominee proprio contraxisset*）"］

合伙人是在合伙的名义下签署了影响合伙的契约。依据《马萨条例》，这理应不会影响到合伙人之间的关系，但是人们最好还是思考一下，这里包含着对该影响的某种含蓄的提示，即它会影响到与第三方的关系以及他们的权益。这一假设得到前引《摩德纳条例》的片段的支持。由某一合伙人"以合伙的名义"（pro societate）签署的、由权利和义务构成的契约被认为出自共同体的意志，万一发生法律纠纷，每一位合伙人都有"提起诉讼或者独立地接受控诉"（legitimatio ad causam）的权利，并以此影响到共同体。前文已引用过的《马萨条例》强调下述直接后果：共同体并非依据罗马惯例——只有纯利润才应当交付给共同体——建立起来的；相反，现有的债务（既包括外债也包括他人所欠之债）正好就是共同体的债务。前引《阿雷佐条例》（Statutes of Arezzo）第 42 款更为清晰地表明了这一点：

> 如果某一合伙的一位合伙人在一次商务或者贸易中签订了有关义务、所有权、占有权、仅仅凭借法律执行能力甚至直接的行为的合同，都可能成为另一位合伙人之诉的客体。……对一位合伙人的补偿同时也满足了其他合伙人的索赔诉求……此外，每位以及所有合伙人都要为代表另一位合伙人、代表合伙、代表合伙的保证金及前文所诉的合伙财产订立的义务或契约负全责。这一点不言而喻，对所有人均有约束力。[85]

因此，无论是从形式上还是从内容上来看，为了"公司"的利益而开展的经营活动对合伙人之间的各种关系、对合伙与第三方的关系——正如我们在《摩德纳条例》和《阿雷佐条例》中所见——都具有特殊的法律后果。这些后果源于如下事实：这类商务不再被看作是合伙人的商务，而是"合伙"的商务。如果我们回想一下第一章中普

左侧页码：118

通合伙建立的独立基金，就会发现，在对"属于合伙"的权利和义务与那些属于个人的权利和义务进行区分时，独立基金的全部主要特征已显露无遗。正如我们所见，这一发展趋势早在海上合伙的实例中就可发现——也就是说，在合伙基金作为一项独立的实体建立的过程中，以及在考虑到与第三方关系而对其进行独立处理时——那么，对于更强固地奠基于与第三方的关系上的合伙而言，这必然更是事实。

以《摩德纳条例》为例，与"在合伙的名义下"处置它们的权利相比，个人对某些资产的权利是比较弱的。此外，还存在一种由某一合伙人招致的债务，对于这类债务，债权人可以直接向合伙索求。那么，不延及共同体的债务的债权人——也就是"个人债权人"——的地位又将如何呢？根据以合伙的名义（pro societate）订立的、影响合伙人共同责任的债约，一定与《罗迪条例》、《摩德纳条例》和《阿雷佐条例》中的这条规则存在某种关联。就像前文已谈到的那样，这些文献并未对合伙人负个人责任和原则上差别很大的另一种情况——债权人是否可以扣押共有财产——做区分。这样，我们就能够得出结论，即个人债权人不能直接扣押合伙资产。但是，他们对那些财产不拥有权利，这可能吗？几乎不可能，因为我们已经看到，儿子的债务被视为他自己的债务，而他的债务并不让共同体担负责任。但在"私犯之债"这一特殊实例中，债权人可以要求分配资产，可以索取债务人在这些共有财产中的份额。相应地，这些法令还提到下述情况下资产的分割，即债务不是以这种方式招致的，而是以所有人均对债务，特别是商业债务承担责任的方式呈现的。相反，正如早先引用的表单所显示的那样，"*patres*"、"*filii*"、"*fratres*"等都要对全部债务担负责任。

因此，下述两种债务存在区别：（1）共同体债务，它延及所有参与者的资产，并使参与者人人皆担负责任；（2）个人债务，这类债务

119

涉及分割资产、分配个人份额的权利和义务。如果这的确就是家族共同体的实际情况，那么，我们有理由认为，上述的区别也适用于其他类型的共同体。可是，佛罗伦萨以外的法令都没有提到这一点，鉴于此，我们将对佛罗伦萨的法令进行单独讨论。

十一、手工业（生产）和商业（贸易）中的合伙

我们已经看到，某一笔由某位合伙人不管是在本质上还是形式上为了合伙的利益或者以合伙的名义订立契约而导致的债务，都会使得合伙的资产以及个体合伙人担负责任。我们必须记住，当我们谈到为了合伙的利益或者为合伙经营商务期间签署的契约或索塞特时，我们仍未完全在商法领域进行运作。

这些团体已不再在家户共同体的基础上运作，这是事实；手工业合伙或者商务合伙（stacio，bottega）被赋予平等地位，且在某种程度上（这依赖成文法的发展程度）起源于它。然而，在某一个商务合伙中，不仅那些参与商业经营的人被认为应当担负责任，而且那些在商铺中工作的人——也就是卷入生产技术层面的、自我雇佣的以及受他人雇佣的合伙人——也要担负责任。在随后的一段时期，前引布雷西亚的摩坎兹亚（Mercanzia of Brescia）的成文法将责任仅限于独立自主的合伙人。然而，在此期间，另一种变化也出现了，它使得（源于商业经营或手工业制造领域的）连带责任在商业领域变得尤为重要。制造层面的因素被排除在外，只有那些作为某一贸易合伙的合伙人而被卷入商业经营活动的人才承担连带责任。我认为，这一进步在下述维罗纳（Verona）《商业条例》（Statuta domus mercatorum）的片段中得到了反映：

120

1. III c. 85. 同样，我们宣布，这座城市中的任何一名商人都

可以与来自维罗纳的另一个人一起结成合伙关系，反之亦然，尽管他们不属于同一个职业。并且，已经公开成为合伙人的人，当他们聚在一起并保持某种合伙关系之时，应当在有关债务、商品或者他们将要努力从事的职业方面相互担负责任。然而，倘若某人作为一名商人或从事其他职业，并不是一名公开的合伙人，他没有参加合伙或经营活动，上述规定不应损害其利益；而若某人参与经营且为公开的合伙人，但并未当场收货（与其他合伙人一起），他也并未承诺为货物付款，上述规定同样不应损害其利益[86]。

所以，依据商法，只有符合下述条件的人才被视为合伙人：(1)"公开"从事商业活动并且是"在同一个商铺中"（in eadem stacione）作为合伙人——排除了参股人（也就是，那些资本出资人），以及所有那些并未亲自参与商事企业的人；(2) 在上一点中提到的人中，只有那些在商事企业的商业层面拥有股份，并在与第三方的关系中代表商事企业的人——即在上面引文最后一句中成文法意图表达的意思[87]。因此，那些仅仅受雇于工场工作的人（也就是，那些与技术相关的人）被排除在外。正如上述片段中所揭示的那样，"上述的职业"（idem ministerium）是毫不相关的，并且"从事相同工艺生产"（eade martem exercere）的陈旧条件现已被淘汰掉了。连带责任从其最初的基础中被分离出来；也就是说，它已经完成了从共同经营某种工艺向共同经营某种商业企业转变。

十二、普通合伙的特征与合伙契约：合伙企业

在对下述问题的回答中反映了这一最终变化：决定某人是否真正成为此种意义上的合伙人的特征是什么，是否一纸契约就可以算作一项合伙事业？只要它是已组建起合伙关系的共有作坊和商铺，某种要

素——该要素由两个条件组成，即担负诸如此类的责任的合伙人以及那些必须被认为是合伙契约的契约——就会清晰地呈现出来：在共同的商铺中组成契约关系。但是，规模较大的商业中并不存在这类商铺。因而，《阿雷佐条例》（前文已引用过）仅以定义的形式提及这一问题："并且，合伙人被认为是这样一类人：他们相互之间以这种方式相关联并公开被视为合伙人"[88]，维罗纳的《商业条例》则在前文引用过的段落中"公开"（palam）谈到合伙人。《阿雷佐条例》则给出了企业作为合伙企业的下述特征及相应的法律后果："以上述合伙的名义"（pro dicta societate celebrate）运营，而且条例进一步规定，"如果有人以其他合伙人的名义组成契约关系，那么，（涉及的）款项应当属于那位被人冒用其名义组成契约的那个人"[89]（接在前引片段后）。

　　《摩德纳条例》以同样的方式将"以索塞特的名义"（pro societate）从事的商业事务与那些并非以合伙的名义从事的商业交易区别开来。而以索塞特（societas）的名义形成的契约使合伙担负责任。在此情况下，公司的共同的名字取代了共同的"店铺"。当需要决定谁将被视为"合伙人"时，这一过程也发生了。正如悬挂在"店铺"——小贸易商的售货场地——之前的业主营业招牌，正如在与外部当事人（outside party）① 的交易中外部当事人这一方通常认为，其名字被写在营业招牌上高高悬挂起来的那个人 [cujus nomen "expenditure"（他的名字"被悬挂起来"）]，因其名在此处被使用，就是一名合伙人，大规模的商业贸易也为自身创造了一个非物质的营业招牌，这就是合伙企业，它是各普通合伙人共同的名字。正像那些仅以索塞特的名义（nomine societatis）形成的契约才被认为是"索塞

<hr>

① outside party，指非诉讼、协议或其他交易之主要当事人，但却与之有某些关联，也称为third party。宋雷主编：《英汉法律用语大辞典》，第 834 页。——中译者注

特"（societas）的活动一样，只有当这个人作为一名合伙人并以他的名义签署了契约亲自承担责任时，他的名字才是合伙企业的一部分——即便是在此后热那亚教会法庭决议（Decisiones Rota Genuensis）和1588、1589年的《热那亚条例》中（参见最后一章），"他的名字被悬挂起来"（cujus nomen expenditure）这一短语仍在被继续使用。两者还都有些附加的标准——第一，作为一名合伙人，在公共注册本上登录，这是自13世纪以来许多共同体采用的形式；第二，如果一笔债务是合伙的债务，那么就应在合伙的记事本上有登记。关于在公共注册本上登录，这种说法——这类注册最初是为了向公众揭示每个公司的所有者是谁——还没有得到证实[90]，而其后注册被用来决定某人是否是一个既存企业的合伙人已成为无可辩驳的事实[91]。关于在合伙注册本上登记的问题，尽管这种登记的确是一种说明，但是它只能算作证据，而不能像登录到合伙注册本中的合伙债务那样，可能为债权人带来不利的后果[92]。然而，最为重要的是，在公共注册本上的登记以及记入合伙账户借方的账目也以同样的形式存在着，这与有限合伙人[93]有关，与海上合伙共同基金的债务有关，[94]然而，正是在此处，我们发现了以共同的名字为共同的企业利益而签署的契约；只有在普通合伙中，签署契约的那个合伙人才被视为他亲自签署了契约，并且因此，仅在此处，企业和个人契约才能在合伙人的名义下签署。当"合伙企业"赢得独立存在的地位之时，"以合伙的名义"（pro societate）签署契约也就发展成为"使用公司的名字"（usato nome delle compagnia）[95]签署契约——也就是，不再包含所有合伙人名字[96]的合伙企业[97]。

123

第十节　涉及合伙契约的文献

相应地，这一时期的许多文献以下述方式提到普通合伙与第三方的关系：在海上合伙中，行商合伙人只能以规定了利润的分配和旅行路径等事宜的合伙契约来表明自己的身份；但是在普通合伙中，权威也被授予代表合伙外出奔波的合伙人，他的合伙人指定他为"代理商和全权代表"（procurator et certus nuntius），并为他的契约所涉及的全部物品作担保。此外，就这类"代理人的权力"（instrumentum procurae）而言，契约是在该合伙人和他的合伙人的名义下签署的。在东正教区域（那里曾是国际贸易的中心之一），诸如此类的文献被大量保存下来[98]。

从这些文献出发，我们发现了最后一个主要问题。在我们提到的这些文献编写成文之时，即十字军东征的末期，事实上，连带责任原则是存在的——但是适合于它的法律形式数个世纪以来一直被人们使用着，难道这还不足以认定"成文法中"（in the law）的连带责任就是诸多文献中通常使用的承担全部责任的誓言的表达吗？难道我们还不能认为在各种文献中反复出现的连带责任之规定反映了这一假定，即人们希望合伙人承担全部责任，而相应的习惯法也是从其中发展而来的吗？[99]

人们应当注意的是，首先，在中世纪较早时期的许多文献中包含着某种协议这一事实根本不意味着协议明文规定的各种后果无论如何都会因它而起，依据法律——事实恰恰相反。那个时代的许多公证人文献通常都包含这样一些经过详细描述的法律条文[100]，并且，有充分的证据表明，这些文献包括有关连带责任的清晰条款。在此，我们涉及国际关系。正如佛罗伦萨14世纪的行会法规依然规定的那样，在当时的国际关系中，为了（保证）法律的确定性，在合伙人应负连带责任早已确立为法律原则之时，合伙必须以某种文献的形式赋予它们外出的代表以法定权威，同时在当时形势下，同样也需要有这样的文献以便能证实该代表确有权威。实际上，此时特别需要用文件表明确有权威，因为涉及海外贸易，而康曼达就是典型的合伙形式。因此，在这类事例中，如果缺少明文证实的权威以签署连带地约束其他合伙人的契约，一名行商"合伙人"（socius）就处在有限合伙中行商"代理人"（tractator）的位置上了。但是，我更倾向于认为，重要的是，本章提供的证据驳斥了对早先所提问题的肯定回答，因为有证据显示，就像我们需要依据事实设想商业实践已经导致连带责任的发展一样，成文法并未在连带责任原则进一步扩展的方向上，而是在限制这一原则的方向上获得发展，并将其应用仅限于某一项共同商务事业中。但这并不排除下述问题：在商业中连带责任得以规定的那些情形对成文法的成长也不具有重要意义。因为，许多公证人文献清晰地显示出，它们已受到罗马法学观念的影响，这类文献的草拟很可能也采用这类方法，依据该方法，法学家们使自己的观点更接近商业活动，从而创制法律。

关于这一问题，我们将在最后一章更为精炼地进行陈述。同时，我们也将在该章尝试说明，就法律所涉及的领域而言，我们还有某些更为丰富的但更为粗糙的资料，而我们在前两章中所作的叙述也仍然经得起这些资料的检验。这些资料对我们已经论及的各项制度具有更为广泛的参考价值，我们必须要对这些资料进行检测，尽管这些参考资料已经受到当地特殊环境的影响。

第四章　比萨：与《习惯法》相一致的合伙法

第一节　《习惯法》

我们在前文已提到，要专辟一章来描述比萨的合伙法。正是在这里，我们发现了这样一些成文法律文献，这些文献显示，它们已经掌握了罗马法的概念。我们之所以能够辨识出这一点，是因为为了达到编纂法典的目的，这些法律文献似乎已经得到决疑式地彻底修订[1]。同时，它们还展示出某种识别经济事务中具有重要法律意义的事物的非凡能力。使比萨有别于热那亚并对我们特别重要的是，比萨的立法能力能通过使法律专门化来应对经济活动发生的显著变化。使比萨的法律文献引人注目的另一个特征是，它们是那么古老。

《习惯法》（*Constitutum Usus*）——对我们而言，这是文献中的重中之重——文本标注的日期是比萨时代的 1161 年，这相当于公历的 1160 年。然而，最早编写《习惯法》当然不是从这一年开始的，此后编订工作也并未结束[2]。

128　　尽管此处不适于更深入地讨论该法令的性质，但是，以其他法律基础文献，特别是《基本法》（*Constitutum Legis*，比萨特别法规汇编）以及普通法（common law，许多成文法认为该法应用于辅助性的基础层面是理所当然的）为参照，评述一下这部法令的地位还是很有必要的（依据其前言所述，《习惯法》本身也意欲如此）。就某些层面而言，这种关系使我们想起了当代商法和民法之间的关系。

第二节　《习惯法》的适用区域

《习惯法》管理的区域是由如何界定被归入"习惯法"（*Usus*）的那些条件的明细决定的。从客体上（而不是主体上）看，这一领域被划入身份群体法（status group law）的范围——例如，针对商人们。正如德国的《商法典》（*Handelsgesetzbuch*）把所有商业案件划归商法规制一样，《习惯法》则将关于商业交易的诉讼案（*causae pertinentes ad usum*）划入习惯法的适用范围。一个特别法庭——"*Curia previsorum apud eccles. Si Ambrosii*"，1259 年之后被称作"习惯法法庭"（*the Curia Usus*）——负责审理这类属于习惯法管辖的案件。至于民事法庭上依据法律程序应接受习惯法调整的诉讼案，法庭的司法审判权是通过一张中间裁定申请书（a petition for an interlocutory decree）① 将司法审判权转给习惯法法庭而确立起来的。

在这些文献中，对接受习惯法[3] 调整的领域的描述表明，习惯法并非可用较为系统的方式加以描绘的一系列法律，而是零散地涉及整个私法领域。《习惯法》调整着不动产法、公路交通与河流法、婚姻物权法、遗产法、市场法、私有物权法、合伙法、贷款法以及私犯之债的某些层面。人们不可能在其中找到一条贯穿原则；（因为）这样的原则是不存在的。与习惯法相对的是实体法（*lex*）。正如《习惯法》导言解释的那样，这与《罗马法》[*lex Romana*，它通常管理着比萨城邦（*civitas Pisana*）]、《伦巴第法》["习惯法仍保留着其中某

---

① interlocutory decree 指一种衡平法裁定，即在诉讼进行中并非对全案件作最终裁判，而只是就某一方面的问题作出一种裁定，对案件的实质问题所作的最终判决为 final decnee。——中译者注

些特定要素"（*quaedam retinuit*）]、最后还有《基本法》中给出的某些法令有关联（这些法令意在对应用于辅助层面上的普通法进行补充）。

从当代的观点来看，习惯法必须展现并非以这些文献的任何一种为基础的惯例法的发展。就其符合海商法特别是合伙法而言，习惯法反映的是共同实践——部分是地区性的，部分是国际性的。它所包含的法律规则大部分都具有处分性。而那些不具有处分性的法律规则则具有更近的起源，并且它们仍处于不断变化中。[4] 此外，这些规则与接受源于处分权的诸多规范支配的各种条件有关，或者与那种受到处分权规范管理的假定有关。因此，在这里，贸易习惯变成了海上实践活动的普通法乃至成文法规的基础。

第三节　习惯法诸法律原则的性质

因此，在通常情况下，我们不能指望在《习惯法》中发现这些从一开始就注定只具有强制性而不具有处分性因此只能被视为特定情况的合法（*de jure*）结果的那些法律原则（尽管这并不总是事实）[5]。在前文描述过的连带责任形式就是这些条件之一。的确，文献中并没有直接提到包含这一条件，然而，这一制度有许多表现形式，我们将在下文讨论。无论如何，人们不能以《习惯法》中没有提到它为根据推断这一原则根本不存在。

比萨的情况类似于热那亚，其海上贸易占据着支配性地位。这就是为什么我们有望从中找到大量贴切的对规制海洋贸易的资本和劳力组织方式的法律形式的描述的原因。

第四节 论及合伙的法律协议的内容

事实的确如此。《习惯法》的这些章节是我们能够找到的关于这类条件的最丰富的文献证据。

一、海上合伙

我们在其中找到了大量关于海上合伙的阐述[6]，尤其是有关在热那亚也已发现的，并被称为"坐地投资人与行商代理人之间的合伙"（*societas inter stantem et in aliquod tassedium euntem*）的典型类型[7]，或者由一名出口商人与一名行商代理人组成的合伙类型（如果坐地投资人出资三分之二，行商代理人出资三分之一，他们就平等分享利润）。此处的利润分配比例，以及其他类型中的（如在康曼达中）"四分之一的利润"（*quarta proficui*）都是商事中常见的特征（*naturalia negotii*）。在热那亚，行商代理人仅仅作为代理商依附于坐地投资人，或者行商代理人完全是企业家，而坐地合伙人仅仅是参与投资的资本家。在比萨，记录上述这两种情形的法律协议也能找到，不过，它们使用"*capitaneus*"这一法律术语来表示，以示区别。

与该术语的含义相对应，"*capitaneus*"[8]就是我们以前曾称之为商业活动"领导"或者"经理"的合作人。依据《习惯法》，坐地合伙人或行商合伙人都可以成为"主管"（capitaneus）。所有经营活动都由那位担任"主管"的合伙人处理。不是"主管"的合伙人不能随心所欲地从合伙生意中撤出，坐地合伙人则不能撤回他投入的资金。行商合伙人不能中止自己的商务旅行，然而，主管有权这样做——只要他补偿他的合伙人有单据证明的损失。这是这类协议最为重要的层面；其他差别则是次要的。

1. 法律中的差别：主管的重要性

"主管"就是依据合伙协议在整体上管理合伙生意的那个人——其他合伙人的契约权利则是特殊权利。若坐地合伙人就是"主管"，则这可以由下述事实得到反映：在未得到允许之前，在同一次旅行中，行商合伙人不得为了自己的利益接受另外的"康曼达"。如果他自行其是——即在此情况下他捎带了自己的货物——那么，其所获利润（the *lucrum*）的四分之一应交给合伙；如果他在康曼达中捎带第三方的货物，那么，其所得全部利润交给合伙[9]。在相反的情况下，人们自然而然地会认为，行商合伙人能够随心所欲地允许更多的人为他的生意出资，而他仅仅[10]对因下述事实导致的利润下降承担责任：他在他的企业中使用了比他所签署的契约规定使用的数目更少的资金。

如果没有额外的协议，那么，该法规最终会将行商合伙人宣布为"主管"[11]，这一做法以一种更为常见的方式反映了前文已经讨论过的发展——作为一项规则，坐地合伙人是资本家，他以提供资本的形式参与了另外一个人的商业活动。当某位行商合伙人依据《习惯法》与几位留守驻地的合伙人共同做生意已成为一种惯常做法之时，就更是如此了。《习惯法》广泛地谈到"参与同一项投资的合伙人"（*socii ejusdem hentice*）[12]以及他们之间的相互关系——特别是关于分配利润、承担风险的方式。这就是我们在热那亚发现的情形，在某种特殊的形式下，它也适用于皮亚琴察。至于皮亚琴察，我们发现，几个投资者仍然都被视为参与经营的事实上的企业家。各位行商合伙人仅仅是他们共同的代理商，代表他们经营商业。依据《习惯法》，同样的情况也可能会出现，并且这种情形在"关于无亲属关系的人之间的合伙"（*societas inter extraneos facta*）这一章中受到了更多的关注。在此情况下，坐地合伙人之一就是公司的"主管"，而行商合伙人则依附于他[13]。主管审批账目，并在海上旅行结束后宣布解散合伙。然

131

而，正如该法规所宣称的那样，坐地合伙人担任主管并不是必然的规则。如果行商合伙人担任主管[14]，那么，就必然是由他解散合伙，并且，像前面已说到的，他并不受坐地合伙人的指令约束，尽管他有可能要对各种损失担负责任。相应地，一旦结成合伙关系，坐地合伙人就有义务将他们的出资交给行商合伙人。但是，他们的确拥有广泛的权利竭力控制商业经营[15]，并且他们是参与经营管理的主要企业家这一观念还没有彻底消失。尤其值得一提的是，坐地合伙人似乎可以宣称对某一事物拥有权利或资格（vindicatio），或者有权提起诉讼，以便阻止不公平的发财致富，反对财产所有者在获取了行商合伙人不诚实地出售给他们的货物时所采取的背信弃义之举。这反映了行商合伙人针对第三方的财产处理权的某些限制。

2. 海上合伙的物权法

首先，主要问题是，物权法是怎样支配这类合伙的，独立基金确实存在吗？如果是这样，那么其次，这种独立基金的发展建立起普通合伙的基础了吗？的确，《习惯法》包含有与热那亚的那些法规类似的法律准则，这些法律准则表述更为清晰、更加明确，管理着以某种分立的方式用资本出资组建的基金——"hentica"。

3. 独立基金

在习惯法中，描述了"参与同一项投资或者海上合伙的合伙人彼此之间"（inter socios ejusdem hentice seu societatis maris）以及这些合伙人和债权人之间的诸多差异的这条法规，补充了一条关于这些团体所享有的优先满足权的注释，正是依据该注释在文献中所处的位置（我们才得以）揭示其起源应较晚近[16]。（因而）其内容具有特别重要的意义。

（1）与个人债权人的关系

这条法令规定，如果"这些合伙人与那些并非属于同一基金的债权人的其他债权人，乃至那些在时间上更早一些的债权人"（他们在权益上也更强大）之间（inter socios et alios creditores, qui non sint creditores ejusdem hentice, licet creditores sint priores tempore）发生争执，那么，合伙人将"对合伙的资产"（*in rebus societatis*）提起诉讼，然而"就其他那些财物而言，法律规则仍应遵守"（*in aliis bonis secundum ordinem juris observetur*）。这意味着，合伙人可以干预并要求那些没有在独立基金应担负责任的协议上签字的债权人（我们可以指出来，即行商合伙人的个人债权人）交出合伙财物。

（2）合伙人与合伙资产的关系

此外，"在同一基金或者海上合伙的合伙人中间，即便某些合伙人在权益上更为强大，而且掌握着某种担保物权，涉及前述资产——即合伙资产——的担保物权，合伙资产仍应被共同分享，并且，他们依据账本上的记录按比例地进行分割。"（*inter socios ejusdem hentice seu societatis maris, licet aliqui socii sint priores tempore et habeant etiam hypotheca, tamen in praedictis bonis [scil. Societatis], ejus, quod quisque sociorum recipere habet, communiter admittantur et per libram dividant*）也就是说，如果几位坐地合伙人与一位行商合伙人组成合伙（因为这是一个假定的条件：*vv. Socii ejusdem hentice*），那么他们理应依据某一份额分割资产。因此，制定如下条款：

第一，合伙中的任何人不得以他的资本出资为基础，通过取消抵押品赎回权（foreclosure），宣称自己拥有某种优先满足权。

第二，合伙中的任何人不得要求归还他投入合伙、用于购买贸易货物（*natura*）的资本。当这项条款没有得到清晰说明时，则依据第一项条款拟定的相关原则或推论执行，并且遵循这一事实：如同热那亚海上合伙中的情形一样，合伙的主要职能是共同承担风险。合伙资产不再被认为是属于哪个人的资产；无论盈利还是亏本都应由大家共同分担。这些在《习惯法》中都有规定，在合伙拥有"未被分割的共有财产"（*havere mixtum*）的情况下，利润和损失都应当依据账本分担（*per libram*，例如，在分担比例上依据投资数量）[17]。

（3）与合伙的债权人的关系

行商合伙人的债权人（他与该合伙人签有涉及合伙资产的协议）并非坐地合伙人的个人债权人。虽然没有与此有关的明确表述，但是依我之见，毋庸置疑，它可顺如下规则得出：这类责任是在破产情况下某些债权人拥有优先满足权而建构起来的，它允许基金债权人（*credititores hentice*）没收债务人的基金抵债（正如其名所示）。至于该项基金（*hentice*），它们优先于合伙人，相应地，后者又优先于个人债权人。而一个建立在坐地合伙人的个人责任基础之上的合伙则不需要这种建构，显而易见，这种情况可以追溯到热那亚的海上合伙。在他们与坐地合伙人的关系中，合伙的债权人只指基金债权人。

（4）合伙资产的范围

当诸如此类的资产以合伙基金的形式聚集起来之后，独立基金就承担起了前文所述的职能。从法律上讲，在资产的货币价值得到认可（*aestimatio*）之后，它们的价值实际上已被聚集（*mixta*）起来，从而以特定的价值被用于"资本出资"，当此之时[18]合伙基金就诞生了。然而，如果它们的价值没有得到评估，这些财产就仍不能被认为是合伙资产的组成部分，因为，合伙人凭借出资而获得的股利无法得到评估。由于合伙账户里记录的是财产价值而不是财产本身，而且合伙资产中股利的资产价值是以这种方式来表达的，确定这类价值就成了某一法律程序（投入的资产换算成独立基金中的权益份额）的本质要

素[19]。（被用作资本投入的）财产（它的资产价值尚未得到评估）与
独立基金之间的关系仅仅是某种与事实相关的关系，因为独立账户主
要用于加入或减去由财产带来的盈利或者亏损，而只有在商品销售中
收取的现金才成为共有资产的组成部分。

4. 小结：有限合伙

考虑到我们目前所知——即在有人对《习惯法》中那些晦涩难懂
的习语提供某种更为可取的解释之前——在我看来，就物权法而言，
这些条件已为有限合伙奠定了基础。所有的构成要素都已出现或者正
在形成。这包括一名"个人担负责任"的合伙人——行商合伙人[20]。
它还包括颇有价值的但不能为个人债权人收取的资产，并且，只要合
伙还存在，合伙人就不能直接将其收回，全体合伙成员作为合伙人
（而不是债权人）对其拥有权利。这就建构起了一项独立资产，依靠
这笔资产，合伙的债权人按比例得到满足。此外，有一些合伙人只以
他们的资本出资为限承担责任。这就是已产生有限责任的合伙资产的
全部特征，尽管它在法律上还远未成熟。它之所以尚未完全成熟是因
为，合伙资产，至少就像诸多文献揭示的那样，只是在涉及取消抵押
品赎回权时才针对第三方证明了自身的存在。在这之前，只有行商合
伙人才与第三方存有契约关系，并为了经营生意代表合伙的利益签署
合同。他的债权人享有一些特殊的权利。但仅在万一有破产情况发生
时，这些债权人才可以直接扣押上述意义上组成合伙资产的那一部分
个人资产。这些要素反映了地地道道的罗马法学家的法律解释，因为
诸如此类的"合伙"不具有独立地位，不能独立签署协议。此外，关
于合伙单独破产的可能性尚未有人提出，因为依据有关文献，个别资
产的存在只有在对持有财产并且管理它们的合伙人——行商合伙
人——提出破产诉讼或者没收债务人财产抵债的情况下才能予以
讨论。

二、未设立独立基金的合伙

直到目前，我们仅仅描述了积聚数名合伙人的资本出资，创建一 **135**
项可以以多种方式履行独立资产职能的独立基金的情形。《习惯法》
也包含单边向某一合伙出资以换取分享利润的情形——经营者分享企
业利润的四分之一——就像热那亚的康曼达那样。对于这一被描绘为
"未设立独立基金的合伙"（*dare ad potandum in compagniam*）[21] 形
式，文献中仅零星提及，这表明，以这种方式投入的财产，在其价值
被评估以后，就与独立基金结合在一起——也就是说，与投资者或者
第三方的资本出资结合在一起。但是，就像该法规所显示的那样，这
并非有意损害合伙人的利益。这仅仅意味着，某人以这种方式向某一
合伙出资后，既没有成为这种意义上的基金合伙人（*socius
henticae*），也没有成为基金债权人（*creditor henticae*），而是获得了
另一种地位——一种可以向行商合伙人提供资金的行商合伙人的债权
人地位，就像今天的隐名合伙人①那样。正如该法规所规定的那样，
他不能成为一名合伙人（也就是一名有限合伙人），甚至他也不能主
动地参与商务经营（*tractatio*）。当他的资本出资与独立基金结合以
后，他有义务补偿各合伙人因此蒙受的损失。因此，这样看来，我们
前面使用的"资本出资"的含义并不是"未设有独立基金的合伙"的
本质特征。在康曼达中，行商合伙人可以自担风险加入投资——一项
他在海上合伙中无权实施的行动。

看来，主要的区别在于，这种资本出资在技术层面上并没有被视
为独立基金（*hentica*），因此，法规中为独立基金以及海上合伙规制

---

① "silent partner" 指仅出资分利益而不参与经营或者发言的合伙人，也称为 "dormant
partner"。参见《英汉法律用语大辞典》，第 1077 页。——中译者注

的种种责任是不存在的。鉴于此处不存在合伙资产，故这种类型的合伙与海上合伙之间的差别和在德国《商法典》中定义的隐名合伙（silent partnership）与有限合伙之间的差别是相似的。在法律的发展上，拥有合伙资产的有限合伙是更为先进的形式。对于拉斯蒂格而言，将那些合伙形式——分担公司的盈利和亏损，但没有发展独立资产、仅仅依靠参与者彼此之间的义务作支撑而存活——归入"*participatio*"的题目之下，并将它们与海上合伙相比较，应当是有原因的。与拉斯蒂格的解释不同，（我认为）随着劳动和资本的结合，这种解释应当在法律中表现出某种差异，而不仅仅是经济事务中的那种差异。

拥有独立基金的合伙与不具有独立基金的合伙之间的这类差别在一开始并不存在。在热那亚的例子中，我们只能间接地、以模糊不清的形式领会到这种差别。只有当信用制度——最初应用于使用现金交易的商业中——在国际商业中广泛使用，从而使得为康曼达与海上合伙确立对第三方的责任成为当务之急时，它才清晰地展示其自身。在热那亚，我们发现的只是朝向独立基金发展的开端，然而那些曾经为比萨带来成文法编纂的、得到精心表述的法律专业知识从早期开始就已导致这一制度向更深层面发展。西尔伯施密特宣称他已经在康曼达中发现有限合伙、在海上合伙中发现普通合伙的开端，这看来应是一个错误。恰恰相反，海上合伙是有限合伙的基础，而康曼达，只要它仍然是一种单边关系，就存在向一种简单参与形式发展的趋向。在《习惯法》中我们发现，康曼达已不再作为一种独立的制度存在，《习惯法》仅将其作为"未设立独立基金的合伙"约略带过。对此我们可用如下事实予以解释（也为我们有关康曼达的地位及其演变的观点进一步提供了证据）：《习惯法》包含关于另外一种更倾向于授予一笔贷款的形式的某些条款。这在"*dare ad proficuum de mari*"（分享固定股利的合伙）的条目下得到了详细的阐述[22]。

三、分享固定股利的合伙

依据该文献记载，这类合伙也是一种"为某一合伙接受资本以便在海上旅程中牟利，以及代表合伙外出旅行时盈利"的合伙（*accipere havere ad proficuum de mari in aliquo tassedio ad tractandum in hentica*）。此处使用的术语足以表明，康曼达是其历史基础。这一结论的得出还由于两者在诸多正式问题上有着相同的规定，以及这一事实：如果，不管出于何种原因，在此情形下分配利润的常规方式没有得到遵守，那么，"四分之一利润"原则就会成为辅助性契约条款（*lex contractus*）。例如，违反协定的一方将支付四分之一的利润——"如同他是一名正式的合伙人"（*ac si re vera socius esset*）。否则，这一制度与其前身相比，在外观上就几乎不再有任何类似之处。在比萨，将利润中最大的一份作为固定利率关税缴纳是司空见惯的事情，该比率由目的地港口来决定[23]。企业家必须支付这些税作为"资本租金"（rent on capital），而这些税并不与该企业创收的利润挂钩。如果有证据可以证实，企业在自身无咎的情况下，仅赚得少量利润甚至没有赚得任何利润，那么，依据某些条款可相应减少其税款，但只在有证据表明全部资本已毁于偶然事件的情况下，企业家才可免予归还所有资本。这一制度介于海事贷款（sea loan）与合伙之间，但是，我不想像施罗德（Richard Schröder）[24] 那样将它描绘为前者的变体，而想将其描绘为基于资本出资的合伙——康曼达——采纳了海洋贷款的原则而出现的特例。这构建了一类合伙，其形式是下述两种要素共同作用的结果：地中海西海岸的分类港口降低了商业交易的风险；在某一市场可获得多少利润的平均值已可估算出来，这提高了贸易中的确定性。从根本上看来，这类交易的目的似乎并不是为

137

提供贷款，而更有可能是分享利润。

我们对细节问题不感兴趣。在此，我们要讨论的是早先论及的参与类型（the type of participation）的进一步发展，诱因在于已知固定关税的港口间的常规化贸易日益发展，使得分享固定股利成为可能。既然这一情况立足于康曼达——《基本法》在海上合伙之后说到它也表明了这一点——在此，我们也发现，对其发展具有决定性意义的动机并不在于单边的劳动合伙与单边的资本合伙之间存在着明显差别，就像拉斯蒂格主张的那样。"分享固定股利的合伙"后来消失了，而且这些条例的附录还禁止采用资本出资的方式换取固定收益（*certum lucrum*）。《习惯法》中与此相应的章节受到冲击，而在"*usura*"一词出现的地方，它已被更为普通的术语所取代。

四、补论：高利贷学说对合伙法的重要意义

在这里，我们将简洁地讨论一种观点，该观点试图将中世纪合伙关系的发展追溯到教会法中的高利贷学说，这一观点是以恩德曼（Endemann）为代表的一些学者提出来的[25]。依据这一观点，在法规中被称作"劳动合伙"（*societas-opera*）的康曼达获得发展，因为它是资本试图绕过教会法中禁止为盈利目的放贷的法令的手段。有人认为，从经济学的观点看，即便是前文业已提到的贷款——以获取固定利息为前提的资本贷款——也是以某种合伙的形式被构建出来的。我们听说过类似的一些做法，即以抵押作担保，以一种隐蔽的有息贷款的方式来获取永久性租金，但是这种观点已经被抛弃了。例如，阿诺尔德（Arnold）的分析表明，在一些城镇中获取永久性租金的做法是从不动产出租逐渐演变而来的，它满足了特定的经济需求，并非有息贷款的临时替代者。即便当后来可用于投资的资本使用这一制度——但并非在它已经独立结出硕果之前——替代不存在的有息抵押贷款

后，这一分析仍然有效。我们已经充分地论证了合伙制度在法律和经济方面的独立发展。我们注意到，康曼达与海上合伙的确被用作投资的形式，甚至用于监护财产，但根据比萨法令，当时，这些合伙已经发展出它们在中世纪最先进的形式。因此，下述这种想法是极其夸张的：以这种方法投入的资本之所以选择这种投资形式是因为，它无法作为有息贷款用于投资。这种设想是没有任何事实根据的；实际上，相反的证据却是存在的。即使在人们认为教会发布高利贷禁令，认为其现实运作违背了（天主教）道德法庭（forum conscientiae，即关于道德问题的教会权威）之前，纯粹的有息贷款也并未发挥更大的作用。即使在我们这个时代，私人信贷（有息贷款是其中的一部分）也不是资本投资中的主要因素，而在过去则更为少见。能够满足潜在的资本家持久的投资需求的公共信用系统还不存在。如果没有冻结在不动产的购买和租赁中，正如在不动产方面资本主义商业的传统形式那样，我们关注的地区的可用资本就会转向海洋贸易。然而，纯粹贷款形式最不适用于海上贸易。在一个海上冒险遭受巨大损失的诉讼案例中，如何赔偿拿去资助冒险的贷款很成问题。这说明了为什么法令中会存在与康曼达竞争的罗马海运借款契约和海事贷款①。它同样说明了为什么资本投资会采用分担风险以换取分享利润的形式，而正在成长中的商业需要资本，也乐意以利润换取资本。就像早先提到的那样，这一制度与地中海贸易（最古老的大型商业贸易区之一）中盛行的观点相一致，它们除了认为用于海外冒险目的的资本投资应是一种参与——也分担风险外，不作他想。这些观念上的变化反映了冒险正变得更能为人预测这一事实。正是这一点，而并非试图巧妙地绕过高

139

---

① 19世纪末20世纪初，学者们对海事贷款的称呼。现代英语使用 Maritime loan。——中译者注

利贷禁令，解释了为什么部分风险会由资本家来承担。这也解释了为什么在经济上类似某种贷款的合伙形式在法律上依然作为以分享固定股利的合伙形式被构建出来的原因。

当高利贷学说——如果人们认同这种现象存在的话——在经济界出现之时，合伙形式的发展，就像拉斯蒂格强烈反对恩德曼的主张那样，早已有了定论。因此，在意大利以及其他一些地方，教会禁令所发挥的作用不可小视。几乎所有的成文法都曾谈及这一问题；但没有必要对此作进一步讨论。但是，人们也不要以为，一项新的法律制度的发展，或者仅仅只是某种现存制度的进一步发展，是由于实施了这类禁令才出现的。实施这一禁令导致了某些制度（例如"分享固定股利型合伙"）的终结；另外，它还起到限制作用，而不是建构作用。即便"分享固定股利型合伙"这种最不像合伙制度，而又更适合作为恩德曼理论的一个范例的形式，在高利贷学说占据主导地位之前，好像也已经获得了充分发展，后来，该学说完全占据主导地位，它也随即沦为该学说的牺牲品。它之所以被取代，不是因为人们分担风险的方式，而是由于特定利益（*certum lucrum*）。这些事实清楚地表明，高利贷禁令不能引发合伙形式。

五、海上合伙与家族共同体

现在，我们再回头讨论一下比萨的合伙法，因为海上合伙一般形式的某些特殊类型仍然需要讨论。这些特殊的类型对我们的研究具有特殊的意义；《习惯法》单独设立一章对其进行描述，标题为"关于在父子之间和兄弟之间缔结的合伙关系"（*de societate inter patrem et filium et inter fratres facta*）[26]。当这类合伙在家庭成员中间建立起来之时，海上合伙经历了某些修正，这就是接下来要讨论的问题。

1. 家族合伙中海上合伙的推定起源

西尔伯施密特认为人们可以从家事法中找到比萨合伙的起源，这一观点是错误的。他提出，当家庭中的某一成员，特别是儿子，用家里的钱财作为资金从事商业旅行时，这就引发了协议解决利润分配的需要，这种做法逐渐演变成习惯。他宣称，后来人们又将这种惯例用于经营由非家庭成员（*extraneus*）筹措资金开展的这类商业活动。

140

但有法规显示，事实并非如此。相反，适用于相互之间没有关联的诸人缔结的海上合伙的原则经修改后被应用于家庭成员之间建立的合伙。在谈到"父子之间和兄弟之间缔结的合伙"时，该法规将适用于"非家庭成员组建的合伙"（*societas inter extraneos facta*）的法律条款视为标准，而将前者看作是后者的一种特殊情况，这一点无论是谁读到这一章都会发现。将前后文连贯起来的分析表明，法规所述的确与实际情况相符。假设这就是事实，那么，家庭成员之间组建的合伙不仅包括那些一般要素，而且还包含一些它独有的因而使它的特征与一般情况有所不同的要素。我们必须对这些要素的内容进行分析，必须提出这样一个问题：它们的起源应当是怎样的。

首先，有必要声明，纯粹的亲属关系要素在这里并不重要。如果某一位并非处于父权之下（*in potestate*）的子嗣——并不与他的父亲或者兄弟在共同家户中生活的儿子或兄弟——加入了某一合伙，那么，这类合伙可被看作是"由非家庭成员组建的合伙"（*societas extraneorum*）[27]。在此情况下，基于共同家户的共同劳动也就成了家庭生活的经济基础。因此，法规授予父亲权利让他安排他的儿子们在他家里做工，并且由于这种原因，当儿子使用父亲的资本从事海上商业活动时，如果没有签署其他协议，则利润按照常例分配。当父亲外出旅行时，他总是能分得他儿子随身带去的资本所获利润的四分之一——（*quarta proficui*），"好像那是一名非家庭成员的出资"（*sicut havere esset extranei*），而且他还额外保留"所有那些他通过工作或者依靠其他方式已经获得的财物"（*totum quod per operam sive alio modo acquisiverit*）。在第一种情况下，儿子的劳动是得不到酬劳的；而父亲却可以无条件地拥有。在此情况下，父亲总是合伙的"主管"，这类合伙遵循非家庭成员间组建合伙的合伙原则，并依据通常规定的利润分配惯例分配利润。

2. 家族共同体的性质

就物权法而言，家户共同体的影响是在其他论述中已为我们所知的问题：家族资产不是被作为纯粹的个人财产来看待；它们旨在合起来共同赡养所有的参与者。依据法规，父亲不能由着自己的性子拉拢某几个儿子组建会对其他儿子不利的合伙关系。如果他还是想方设法地这样做，那么最终，全部利润都将归他而不能分给参与合作的几个儿子——也就是，要成为共有财产。尽管在事实上家庭财产未被分割，如果父亲与他的儿子们还是一起全都加入合伙，那么未能在财产中取得应得份额的儿子必定在法律上提出财产诉求；否则，他不能投入任何资本（因为他没有个人财产份额）。根据这一观念，出现了基于共同掌控的财产创建的多个个人账户，以便适应早期的发展。因此，当与第三方发生关系时，共有财产未被分割，但家庭成员中任何一个人都可以自负个人账户盈亏，自担风险，成为商事活动中的一名企业家或者参股人。下述事实就是明证：根据比萨法律，父亲有义务从共有财产中分出儿子在其遗产中应得的份额，以防其子万一犯罪而无以接受经济处罚。因此，儿子在共有财产中占有的份额被视为个人财产，（在其违法时）这笔财产可以被查封。对我们来说，在家庭中拥有份额（quota shares）的观念对于共同继承人——兄弟们或者其他类似人等——而言似乎并不陌生，但是，将上述观念适用于父亲和他的儿子们之间的关系，看起来绝非稀松平常。我们发现，在 14 世纪佛罗伦萨佩鲁兹和阿尔贝蒂家族的票据清单上（后文我们还要讨论），甚至在共同家户的财产尚未被分割、共同家庭依然存留、父亲尚且健在之时，通常已为儿子们建立起个人账户，以便让他们在商业性家族合伙中拥有股份。在针对第三方的活动中，如果存有疑问，父亲必须代表整个家族，因为他签署了合伙协议，并向合伙提供了资金。但是，在这类情形中，他的举动是为了"他自己和他儿子"（per se et filios suos）的利益。就像早先谈到的那样，家族成员具有共同权益的观念，但在共同掌控的财产中各占有一定份额，这种形式在某种程度上赋予家族以合伙的特征。此外，这样一种理解家族的观念只能——事实上，也只有在此情况下才能发展起来：家族资产通过代际关系与商业联系在了一起。

先前的讨论表明，在比萨，"父亲和儿子之间的合伙"包含有许多不同的要素。其中一些要素纯粹是习惯性的、在契约法的土壤里发展起来的。另一些则是从家族物权法中发展而来，这些要素表明，参与者的股份（包括儿子们的）决定着共有财产的各种关系，就像我们在其他各处尤其是意大利南部发现的那样。然而，我们必须将这两种类型的要素区分开来，因为第一种类型不是从家事法中发展出来的。在此情况下，因为父亲和儿子们是真正意义上的合伙人，许多文献总是强调，合伙是"*nominata*"（名义）上的——也就是，有明确规定的那种。否则，不得进行类似于合伙利润的分配——因此，它存在的唯一基础就是协议。

3. 比萨世代维继的继承人共同体

就法律术语所称谓的"兄弟之间的合伙"（*societas inter fraters facta*）这类合伙而言，这种结合也呈现出某种奇特的性质[28]。这是指几个尚未取得遗产份额的共同继承人组成的合伙。依据该条例，父亲可以凭借他临终时的意愿和遗嘱在他的继承人中间创建这样一个合伙，除非立即有人反对他这样做。继承人们也可以作为一个合伙来延续他们的共同体。除非有明确的终止声明，否则，（这两种选择中）任何一种都始终有效。尽管原则上这种合伙可在任何时候终止，但是，由此得出如下结论将是错误的，即此处提出的各种关系仅仅基于诸位合伙人的一致同意，因此完全是自愿之举（*gewillkürt*）。有权脱离合伙人与有权基于某种契约成立合伙差别很大。在如下事实中这是显而易见的：某一共同继承人受合伙关系的约束，直到他自愿放弃合伙人身份成为一名独立于某种专门的"意思表示"之外的合伙人；在不同情况下，可宣布脱离合伙的最后期限不太相同；并且，如果某一位共同继承人不能自行管理账户，他也无能力宣称脱离，（而其他人）也不能宣布终止他的成员资格。因此，倘要终止这些关系，这位共同继承人需要提交一份"意思声明"，但创建合伙时则不需要。对合伙的创立而言，共同继承人的"共同生活"（*communis vita*）的事实发挥着替代"意思表示"的作用。它遵循如下事实：法规规定，对于共同继承人而言，"即使他们并不生活在一起"（etiamsi non communiter vixerint），也没有签署划分利润的协定，某一共同继承人使用共同占有的流动资产经商获得的利润也必须按一定比例分配。然而，如果签有"明示协议"（*expressus consensus*），那么，损失和利润则应当在合伙人之间共同分担。就其影响而言，明示协定在此处是"共同生活"的等同物。

4. 共同生活

（1）前提

如果这反映了"共同生活"对合伙存在的影响，那么，我们就要问，假如不考虑这类影响，"生活"（*vita*）自身所具有的意义究竟是什么呢？《习惯法》在如下意义上确定了"共同生活"的法律特征[29]：

第一，"如果他们共同生活在一所宅院里"（Si de communi in una domo vixerint），也就是说，他们拥有共同的家宅，以及我们能想见的共同的家庭事务。离开共同家户（*absentia*）另起炉灶，则合伙解散。

第二，"一起签署一项协定或者诸如此类的某种文件"（Et contractus et similia communiter fecerint），这并不意味着，双方总是一起签署契约，而是说他们为了共同利益才签署了应该签署的契约，正如附件所言：无论他们双方是否都在场，或者一方缺席另一方在场（sive absentes sive praesentes sint，sive unus praesens alius absena）。

第三，有共同资产并非必要条件。同居足以影响共同体的地位，"就当时他们的既得利益而言"（de eo, quod tunc acquisiverint）。因而此处的合伙关系也并不建立在资本的基础上，而是建立在共同劳动的基础之上。只有当共同劳动"在男性成员之间"（inter masulos）继续存在时，这类合伙的各种成效才会显现出来。这使我们想起了威尼斯的"兄弟合伙"（compagnia fraterna），而且它证实了我们的观点。只有投入劳动的人才被视为合伙的一名成员。

(2) 功效

这种"集体协议"产生了如下功效：

第一，除了直接为个人使用的动产以外，一切所得均成为共同体的共有财产："至于当时他们已经获得的财产，如果留给他们的财物超出必要的衣物，就应当归属于共有财产"（de eo quod tunc acquisiverint si aliquid eis praeter convenientia vestimenta remanserit, de acquisitu eorum sit commune)[30]。如果一位合伙人用第三方的货币经营商业，那么所有因此获得的利润应一律上交共同体。除了家族共同体的财产之外，如果他还拥有独立资产，并使用这一资产或者他妻子的嫁妆（它通常不能成为家族共同体的财产）经商，那么，他应向家族共同体上交四分之一的利润。从法律的观点来看，这一惯例清晰明了、前后连贯，因为对其劳动力的全部补偿——依据合伙法，四分之一的利润所体现的价值——属于家族共同体，其余四分之三则作为资本所得[31]。

　　第二，每一位个体参与者都有权自主处理并且是为了自身利益去处置共有财产，用它进行商业交易。尽管该法规也为他人提供了权利，可在此人作出行动的两天内表示反对，但是，只要企业家是在他个人的名义下进行交易的，这一反对的结果就是，交易结果仅与他自己的私人账户挂钩。如果为达到这一目的还使用了其他手段，提出抗议的这个人可以获得一份与从他账户中取走的资本数目相等的利润分红，但是，他并不与其他合伙人一起分担风险。因此，每一位合伙人都有权以超出他自己账户的共有财产经营商业，只要其他人不解散共同体，他们就不能阻止这样做。其他合伙人拥有对该合伙人为了自己的利益进行买卖（comperae）的代位求偿权（这与今天的普通合伙相似）。

　　第三，共有财产为诸合伙人的私人需求付费，只要这种私人需求被视为本身所需。对于异常高的消费支出，该法规规定，其他人有权抗议。当合伙中有人提出这类抗议时，依据衡平法的权益观念，被认为超额的消费数目此后将由消费者个人的账户承担。这一尤为特殊的原则清晰地证明，先前表述的观点是正确的：发展通常是朝向限制诸合伙人的处分权迈进的，从法律的观点看，对于这一权利尚没有设置重大限制。

　　至此，我们对比萨法中的"共同生活"这一现象的分析就可告一段落了。我们已经看到，如果存在"共同生活"则在某些依据某人临终时的意愿和遗嘱建构起来的合伙中，或者在共同继承人以海上合伙的形式经营的商业活动中，它可取代创设合伙的意思明示协定。"共同生活"证明了合伙的意图（*animus associandi*）。共同继承人组建的合伙因此并不完全建立在契约的基础上。然而，契约的特征也是现实存在的。该文献强调，这种类型的合伙也是在"参与者明确商定后达成的合伙"（*societas nominata*）。利润分配方式采取海上合伙契约法规定的原则进行。然而在"共同生活"中，所有收入都均等地记入所有账户，但假如在那些共同生活的人们中间存在着某种合伙关系，那么利润的分配依据康曼达中的原则执行。这一特征显然不源于家族物权法，而源于以容许法（*ius dispositivum*）为基础支配海上合伙的法律原则。

5. 共有合伙

直到目前，我们只是考察了由全体家庭成员组成的家族共同体。在涉及共有合伙（*Societas Omnium Bonorum*）[①] 和营利合伙（*societas lucri*）的有关内容时，《习惯法》中只就相互之间没有关联的人们之间的类似关系有一些零星的评论[32]。就基于营利（*Errungenschaftsgemeinschaft*）的共同体的特征而言，后者不同于前者；在共有合伙中，所有定期结算的资产按人头进行分配。对于共有合伙而言，只有"*feudum*"（土地使用权，土地获益权）和"*libellaria*"（土地出租权，租给自由人）被从共同体财产中排除出去，这使我们想起《伦巴第法》中有关兄弟共同体的某些条款。（但

145

---

① "*Societas Omnium Bonorum*"又称概括合伙，指合伙人以各自现有的和未来的全部财产参加合伙，他们按照一定的比例分摊产生于合伙的盈利和亏损。在罗马法中，此种合伙最初表现为儿子在父亲死亡后联合在一起的不分遗产共同体。参见黄风编著：《罗马法词典》，法律出版社 2002 年版，第 232 页。——中译者注

是）我们仍未弄清与这些术语相对应的其他情况究竟有哪些，我们只能猜测这些术语适用于非家庭成员与家庭成员间的"共同生活"相似的关系。

6. 比萨的连带责任原则

在讨论完各项制度以后，最后，我们可能会问，这些制度与连带责任原则的关系怎样呢。我们应该再次强调，在比萨，制度的不存在不能仅从一点也没有提到它的事实中推断出来，因为，家户共同体的结构以及早先分析过的成员间的连带责任似乎已表明，应当以其全部共有财产对第三方承担责任。如果这一观点是正确的，那么，对比萨法规中没有提到连带责任的事实的解释可能就是，在比萨这一原则对海洋贸易来说并不重要，就像热那亚的情形那样，在这两地，作为主要商业形式的海洋贸易采用康曼达的法律形式。因此，《习惯法》中的合伙法不但与连带责任无关，而且实际上正与其相反。

六、陆上合伙

如同热那亚和皮亚琴察的事例那样，海上贸易合伙的法律形式被复制到了内陆贸易中。"分享固定股利的合伙"与"内陆贸易中投资商铺或者其他形式获利的合伙"（*dare ad proficuum de terra in bottega vel alio loco*）基本是对应的[33]。二者的不同之处在于：（后一种合伙）资本使用的补偿比率是不确定的，并且这种形式的合伙在形式上更像贷款，因为行商合伙人只能以提供证据证实"神罚"（act of god）已经出现的方式来逃避责任。

陆上合伙（*compagnia de terra*）[34]可以呈现为不同的形式。它可以指商业旅行，就像海上合伙中的情形那样，只不过此处是在陆上；它也可以指在一个店铺、一个作坊中经营商业（只有在此处它才具有某些特色）。在后一种情况下，根据规定，企业家收取三分之一的利润，反映了资本家所担风险更小。如果行商合伙人出资四分之一，而资本家出资四分之三，其结果是对分利润。法律条款对以下两种情况做了区分。在第一种情况下，当某人确定准备为自己或为他人经营商业时，行商合伙人是一个独立的企业家，出资纯粹是单边行为，因为行商合伙人放弃了按照三分之二比三分之一这一比例来分配利润的惯例，但取得了完全的独立自主权，资本家在其中只是一名参与者。在第二种情况下，行商合伙人充其量只是一名依附于资本家的代理人。此时，行商合伙人通常受某一确定的店铺的约束，这与该合伙人同资本家签署的契约有关。行商合伙人在他的四分之一股份以外不能接受第三方的出资。一个较晚的附加条款禁绝考虑行商合伙人可能被迫受单店约束的情况，这使我们得出结论：也许这在最初是得到法律准许的。这还使下列情况可能存在：正如"代理人"、"帮工"与文员是继无自由的奴仆之后产生的，而旅行商人是继无自由的运工（cargado）之后产生的，单店行商合伙人（tractato in bottega）的依附程度如此之高，或许只是店中终身服务的手工匠的替代品。尽管我们不可能找到更多与此有关的证据，但是，这一情况表明，涉及依附性行商合伙人的陆上合伙在其方式上具有与大工业家和劳工之间关系相似的法律结构，我们称之为"外放分工制"（Hausindustrie）①。《习惯法》揭示，在这类合伙中，工业资本家以分享利润为诱饵，以禁止接受来自第三方的出资为条件，对行商合伙人劳动的产品保持某种形式的垄断。工业资本家为行商合伙人提供生产工具或者从事贸易旅行的生活用具，通常还有——以某种家庭手工设备的形式存在的———一所住宅或者"商铺"[35]。

---

① "Hausindustrie"，或称"散工制"，16—18世纪盛行于西欧的一种家庭工业制度。即由包买商向分散的小手工业者贷放或供应原材料乃至工具，让他们从事加工、制造并给予一定的酬金和工钱，然后收取成品转向市场销售。——中译者注

第五节　有限合伙与普通合伙的主要区别

如果这的确是事实，那么，我们有更多的证据支持下面这个有趣的主张——它更接近拉斯蒂格的观点——康曼达及其衍生形式（包括后来发展的有限合伙），起源于经济和社会地位不平等的人们之间的合伙。而连带责任则是从地位对等者以及那些拥有平等的财产处置权的人们之间的合伙发展而来的。我们可以看到，比萨的合伙不能孕育出那条原则。一个遗留问题则是，勾勒合伙资产的方式对一般情况下独立基金（包括普通合伙）的构建是否具有某些反作用。

正如前文所论，可能正是对商铺以及那些隶属于商铺的事务承担的限制性责任——与海上合伙相似，在陆上合伙的实例中必定会产生这类责任（文献并未言及此事），促进了在普通合伙的实例中对合伙资产承担有限责任的发展。它必然也会对开设独立账户的合伙资产产生影响，这既与热那亚文献一致，也符合海洋合伙的本质特征。然而，由于缺乏必需的文献我们无法作进一步讨论。

第六节　合伙文献

正如分析所显示，尽管比萨成文法[36]包含有大量可供探究合伙法的历史的相关资料，但是涉及合伙的文献却极为少见。印刷于博纳伊内（Bonaini）的两种文献记载着"陆上合伙"的实例，以及它对下列两方面的不同重要性：第一，"出租劳动"（*Arbeitsmiete*）以换取分享利润；第二，"出租资本"（*Kapitalmiete*）以换取分享利润。下面是 1337 年的文献对第一种类型的描绘：

　　蹄铁匠陶休斯（Tocius）栖身于西娅（Cia）女士家里，与她以及她的家人一同在西娅女士店里（也接店外生意，只要能获利）做蹄铁及其他铁器活。自现在开始的未来一年中，他将作为西娅女士和她家人的一位仆人[37]。——利润仍将由西娅女士掌管。陶休斯每月得到 45 索里达（solidi）的薪水和四分之一的利润。

在上述事例中，西娅是一名投资合伙人（*capitanea societatis*），而陶休斯从某种程度上来说是一名奴仆，因为他获得薪水，在某种程度上他又作为一名"行商合伙人"打理生意，正因如此他得以分享利润。

1384 年的文献描绘了第二种情形：

　　卡波恩（Carbone）是一位来自佛罗伦萨的金属打包工……约翰（John），前述卡波恩的儿子，一位废金属经销商，是合伙的一方；柏休斯（Berthus），一位熔炉操作工，是合伙的另一方；他们已经在废金属处理生意上组成合伙，并以较小的数量对外销售，同时，由前文提及的约翰在比萨城中租用某一固定商铺经营其他生意。在这一合伙中，上述的约翰献出他的劳力和工场。上述的柏休斯将出资……价值 200 弗罗林（florins）的黄金……以弗罗林（现金）、商品等形式（参与投资）……由上述的约翰投资到商品等中去……上述的约翰应是上述租赁来的店铺的领导和总经理[38]。——扣除店铺租金（*pensio apothecae*）、约翰一家及其仆人的生活开支以及其他类似合伙中一般会扣减掉的常规开支（*alia que solent detrehy de similibus societatibus*）以后，剩余的利润再加上四年后结算时的总资产在他们之间均等分配。

148

正如我们在热那亚曾经看到的那样，比萨的一份档案——*Ricordi of Miliadusso Baldiccione de Casalberti of Pisa*——披露了一位资本家将其资本长期地、同时性地投诸不同的海上和陆上事业，大多数投资采用合伙形式[39]。在比尼（Bini）发现的一部涉及一名工业资本家和一名劳工合伙[40] 的文献（*I Lucchesi a Venezia* I，p. 50）证实了上面叙述的这类合伙对城镇发展具有经济意义的观点。除此之外，再没有发现留存下来的资料。

第七节　小　结

我们对比萨法的分析结果是，我们在《习惯法》论述合伙的每一处描述中都能找到与有限合伙存在亲缘关系的情况。从历史的角度看，存在于这些法律形式与普通合伙[41] 之间的显著差别现在变得越来越明显了。

第五章　佛罗伦萨

第一节　佛罗伦萨的工业财富

　　拉斯蒂格不断地将佛罗伦萨商法的发展与意大利航海城市商法的发展进行对比研究和阐述。正当独立自主的成文法创制在各城市公社逐步展开之时，佛罗伦萨还只是一个内陆城市，它出入大海的门户——唯一没有通行税障碍的贸易通道——也被位于其间的比萨控制区拦腰截断。大规模的长途贸易未能在此地发挥创生资本的基础性作用，而调控贸易的法律形式也没有导致新奇的法律创制[1]。更确切地说，经济活动仰赖商业劳动；巨大的工业财富是城市经济发展动力的支柱。中世纪规模巨大的行业协会机构，尤其是与纺织业相关的行会，创生了实力强大的国际财团，它们共同组成了扶持英王爱德华、那不勒斯的安茹家族（the Anjou in Naples）、希腊的拉廷斯家族（the Latins in Grece）以及意大利圭尔夫党（the Guelf party in Italy）的金融支柱。毛织品公会（*Arte di Calimala*，加工和出售北方织物的商业公会）孕育了佩鲁兹、阿尔贝蒂、巴尔迪（the Bardi）以及阿恰约里（the Acciajuoli）等世家。如何使这类工业财富能跨越代际维继下去的经济难题也一直困扰着中世纪行业协会的立法。毋庸置疑，在其发展的最初阶段，相对于工业生产而言，商品销售居于次要地位，因此，我们可想见劳动共同体——特别是家族共同体——的巨大发展；也就是说，家族是这类工业合伙的天然基础。只有子孙后代把那些从其父辈创业者手中继承来的大量资本积聚起来，才能维继他们的实力地位。这正是我们此处讨论的议题。

第二节 制定法文献：研究计划

拉斯蒂格已经说明了 1309 年佛罗伦萨"巴利阿委员会"① 在制定法律方面所取得的成就——即 1320 年、1321 年、1324 年以及 1355 年法令的编写，《毛织品公会条例》与 1393 年《商法》（*Statuta mercatorum*）的编写——并通过一份原始资料大纲对其加以说明。这反映了前文已经提及的一般变化，下述事实也可以予以证明：作为连带责任的先决条件，除了在较为古老的文献中的"共同生活"以外，"经营同一商业贸易和手工工艺"（eandem mercantiam et artem exercere）的商业组织也出现了。在此，我们没有必要再次开列文献引用一览表。

一、亲属承担连带责任

早期编写的文献主要谈到血脉相连、共同生活的兄弟们（"fratres carnales" *communiter viventes*）的连带责任问题。由此出发，拉斯蒂格[2] 提出一种对于家庭层面的优先权确乎是相当重要的论点。现简要地复述如下：有清晰而毫不含糊的证据表明，在某些情形下，亲属相互承担责任的连带责任是一种较为古老的制度，但是，人们不应过于极端乃至由此得出结论说，以家户共同体以及后来出现的

---

① the *Generalis balia*，是佛罗伦萨城市政权设立的一种特别权力机构，由特别选举的公民组成，任期 5 年，该委员会有权修改法令或者颁布新法规。——中译者注

共同体为基础的各种连带责任形式正是由此"起源"的。就佛罗伦萨而言，即便那些最早编写的、被拉斯蒂格引用过的法令文献也都认可合伙人的连带责任：香槟市集警卫队（*Custodes nundinarum Campanie et Brie*）1278 年写信给佛罗伦萨市政当局，说有一位名叫拉波·鲁斯提吉（Lapo Rustichi）的人负债潜逃至佛罗伦萨，请求市政当局在人力和物力方面给予支持，协助捉拿鲁斯提吉和"他的同伙"（*ejus socii*）[3]。1300 年，同样也是这个警卫队请求法国法庭以"出售债务人及其合伙的货物的方式"（*per suorum et dicte societatis venditionem bonorum*），协助他们讨回斯卡利（the Scali）家族的佛罗伦萨合伙一位名叫圭多·帕齐（Guido Pazzi）的人所欠的债务，这位债务人因在香槟市集上"使用他和他的合伙人的名义"（*nominee suo et dictorum sociorum suorum*）与他人签署契约而招致债务[4]。1303 年，一个自称是佛罗伦萨市民的人，因没有偿还合伙的债务而遭到佛罗伦萨城市公社的放逐，他用如下言论表示抗议：他早已不是一名合伙人[5]，并声称，

> 所有的账本和档案均表明，上述的弗兰考兹（Francoiz）来到巴黎……依据档案记录，没有发现他曾经是一名合伙人……而上述佛罗伦萨城的法律是这样的：无论从事何种生意的合伙人，他的名字都要保留在城市的档案中；否则，他就不能被看作一名合伙人[6]。

斯卡利的合伙（the *compagnia* of the Scali）——依据维兰尼（Villani）的报道，解散于 1362 年——仍然像它 100 多年以前那样继续存在着，而阿尔贝蒂-佩鲁兹家族的合伙也以它们后来存在的同一种形式存在于 13 世纪。因此，即便当后来的一些法令依然将血脉相

153

连的兄弟们的连带责任摆放在重要位置，或者专门提到它时，也总会带有一个"前提"（a potiori）：佛罗伦萨合伙主要是家族合伙。有一个充分的经济理由可以对此作出解释：所有古代的乃至我们当前的、在非亲属关系的人们当中组建起来的合伙企业的"阿基里斯之踵"就是，它们随着某位合伙人的死亡而终结，因而，它们早晚有一天必定会解散，并且鲜有不发生重大损失的。然而，家族合伙仰赖家户联合，在代代相传的家族合伙中发生这种危险的概率大大降低了，因为工业财富的延续有了一种天然的基础。不过，即便是在家族合伙中也有这样一条原则，即家族（合伙的商号由它而来）成员以外还存在其他合伙人，而家族成员与这些合伙人的法律地位是相同的，阿尔贝蒂和佩鲁兹家族的文献明白无误地表明了这一点。

154　　就像前文所强调的那样，此处所讨论的每一类合伙全都带有某种家族形态的特征。这类特征可以追溯到基于诚信的合伙人之间的亲密的私人关系，而这种关系又被最初与它一直连在一起的家户共同体所强化。合伙人和家族成员类似的待遇在佛罗伦萨一以贯之。

1. 家族与合伙之间的相似性

（1）仲裁

在这座城市中，就像在其他任何地方一样，家族成员之间发生的争吵与合伙人中间的争吵一样，都不是通过正常的法定程序来平息的（很明显，当时人们认为，采用正常的法定程序来平息这类纠纷是不合适的），而是通过强制性的仲裁（arbitria）和权威（ex officilo）的认可来裁定的[7]。

（2）责任与个人资产的分离

《佛罗伦萨城邦法规》（Statuta Populi et Communis Florentiae 1. II c. 110）与行业协会法规——拉斯蒂格曾经引述过其中的某些片段——同样认可共同家户的责任，这包括合伙的主管以及家族的父辈，分别为合伙中的帮工与学徒、家族中的儿子们承担责任，反过来，后者也对合伙主管和家中长辈承担责任。在家族成员的责任方面，该法规通过规定家族应当承担的特殊职责（前文已有描述）及其应当享受到的相应权利，通过授予破产的家族成员遗产份额这种方式来分割财产，取缔了无限责任，《毛织品公会条例》中的规定也适用于这类合伙，依据该规定，债务的追讨指向

> 合伙人、合伙企业以及其他当事一方……除非是主要合伙人或者合伙企业的办事员宣誓，被追讨债务的合伙人与合伙没有任何牵连，因而，他们没有义务替他偿还债务。如果……他们承认该合伙人没有那么多的钱（与他被索讨的债务数额相比）……那么，追讨的债务数额就以该合伙人现有的全部家当为限[8]。

人们应当不会忘记，这种情况是适合于"个人债权人"的，这恰恰证实了我们前文在这类发展的最初阶段的解释：对于合伙而言，无限责任和向共同体征讨债务正被以授予成员资产份额的方式来分割财产的义务以及拥有资产结算权的债权人的权利所取代[9]。

155

（3）合伙人的私人关系

就像家庭中的成员一样，在合伙人当中，组成共同体的影响波及所有的事务、所有重要的私人关系。如果没有合伙（compagnia）允许，某一合伙的合伙人、帮工抑或学徒均不得与佛罗伦萨城以外的某人联姻，（因为）佛罗伦萨城邦无法对这些地区实行控制[10]。只要他们还是属于某个行会范围内的某一合伙[11]，他们就不得擅自脱离该行会，而且他们也不得经营属于他们自己的、与合伙事业接近的生意[12]。

（4）儿子和职员

根据有关规定，帮工（fattore，或称为 clerk）以及学徒

（*discepolo*，或称为 apprentice）的地位在某种程度上与家庭中儿子的地位是相似的。就像家庭中的儿子一样，帮工主要从他作为一名依附性成员而置身于其中的共同体中取得生计所需[13]。帮工以及学徒都对合伙的债务承担责任，而债权人也可以直接让他们承担责任。一旦出现了这类情况，条例规定，只能由公司的主管对债务承担责任，而让帮工或者学徒置身事外[14]。这类职员的个人责任在 1393 年之前就已被废止了[15]。将主管的权限与帮工和学徒的权限统一起来是有必要的[16]。关于帮工使合伙承担责任的职权我们在前文已经提到过。尽管我们在此处尚不能对学徒和职员地位问题作更为深入的讨论，但是，就诸如此类的共同体依附性成员彼此之间的关系而言，合伙与家族联合体之间的相似性是明白无误的。

2. *被看作合伙的家族的特征与被看作家族的合伙的特征*

然而，由此产生了这样一个问题：这是否意味着我们可以就此作出结论——合伙企业采用家事法处理合伙事务？当然，合伙企业具有某种不只在一个层面上是特殊的形式，具有某种并非从合伙本身的各种关系中得出的特性。反思一下合伙在手工业中的起源，这种形式也可以从它与家户共同体之间的关系来解释，而这种关系涉及某种在成员之中影响所有私人关系的特别信托。相比而言，支配家庭合伙的法律原则包含有许多差别很大的条款。这些条款只能由那种将家庭中新生的儿子视为未来的职员，并在此后在其父亲和祖父的商业中投资入股的合伙人的观念来解释。

劳动共同体以及在稍后数年间发展壮大的工业合伙吸收了一种家族独有的特色（包括其所有的影响）：共同家户。于是家族就形成了某种形式的合伙。看起来这也是表达劳动共同体和家族之间关系的恰当方式，并且，在我看来，拉斯蒂格的观点必须作出相应的调整。

二、合伙物权法：合伙债务和私人债务

在佛罗伦萨，关于成员责任的最早的法律文献已经展示出进一步发展的证据，即并不存在与某一合伙人的每一种债务类型相应的连带责任。连带责任仅仅存在于特定类型的债务——合伙债务中。因而，第二个问题就是：用来决定某一笔债务是否是合伙债务的标准是什么？

1309 年的"巴利阿委员会"认为，当债务"关涉"他们时，各合伙人就负有责任（in quantum socios tangeret）。那么，何种债务才关涉他们呢？为此，必须制定某种在商业上被证明是切实可行的标准。

1. 合伙债务的特征

（1）在账簿中登记

从一开始，簿记就是非常重要的记账手段。就海上合伙而言，我们曾经强调过为合伙资产专门记账的必要性，在此，为商业事务单独做一个簿记显得尤为必要。业已出版并保存至今的阿尔贝蒂和佩鲁兹家族的账簿摘编表明，这样的簿记是存在的[17]。1324 年的法令就已定下这样一条原则："无论是谁只要接收在合伙分类账户上登记过的若干数量的金钱，合伙人中的任何一个都应对全部合伙资产担负责任。"[18]《毛织品公会条例》（Arte di Calimala，I，88）也作过类似规定："偿还他或他所在合伙的某一个人被认为拖欠他人的每一笔债务，这些债务已被记录在合伙的分类账户上。"[19] 而已经失传的 1393 年的《商法》（Statuta mercatorum von 1393）规定："如果某人的确已经做出承诺，即便没有合伙人知道……并且这笔债务的账目……被发现记录在这些合伙人某一专属的分类账户上……这批合伙人中的每一位……都应当对全部债务承担责任。"[20] 由此可见，这项原则一直得到

157

贯彻执行。

　　然而，这一原则自身并不完善。对第三方承担责任（债权人的权益）不能仅靠债务人如何清算账目来解决。账目清算也具有证据的属性，除了这类次要的指示器以外，必定还有另外一种方法——本质的方法，即何种债务才应当被记入会计账簿，最终成为合伙债务。

　　（2）以合伙的名义签署协议

　　如果商品交易是在营业所外进行的（就像较早时代的情形那样，当时条件比较原始、落后），那么，在营业所签署的或者来自营业所的契约形式自然就成为一种指示器。之后，随着商业的进一步扩展，这种形式已不再能满足商业的需要。尽管官员（*officiales*）可以依据"关于对逃亡者与亡命者的处罚"（the *Tractatus de cessantibus et fugitivis*）中的一节（rubr. 14）判决某一笔债务是否是合伙债务，但是，拉斯蒂格书中引用的 1324 年法令的一节、其后的许多修订以及《毛织品公会条例》的条文中都表明，在一名合伙人签署了一项契约后，只要他宣称他是在合伙的名义下签署契约的，一般认为这就足以使全体合伙人对第三方承担责任。除了记入合伙账簿的交易以外，该"举动"被认为足以确立起债权人对合伙人的各项权益。这种"宣称代表他自身和他的合伙人的签约形式"（*asserere se facere pro se et sociis suis*）后来演化为代表合伙企业的签约形式，就像 1509 年博洛尼亚的"*Statuti della honoranda università de' mercatanti*"（fol. 67）所表明的那样。依据这些法令，合伙人对彼此的账单所担负的责任只限于以下两种场合：（1）债务人有文件可以证明，债务已被记入合伙账簿；或者（2）"通常为公司所特有的名称"（*proprio e usato nome della compagnia*）在账单上被使用；在这两者之中，后一场合是"代表他自己和他的合伙人"（*pro se et sociis suis*）签署契约的等同物。

　　因此，在佛罗伦萨，我们也发现了后来将在合伙企业的名义下签 158
署契约作为合伙义务的正式特征的基本要素，不过，这些要素的发展
仍然是初步的。譬如说，还没有清楚地界定公司的概念。法令规定：
"通过宣称……他正代表他自己和他的合伙人行事（asserendo ... se
facere pro se et sociis suis）。"既然拥有共同家户或者共有店铺这一特
征不再被认为是充分条件，那么，谁是他的合伙人呢？使用同一商号
与他一起经营商业的人们这种简单的定义方式尚不存在[21]。然而，
1324 年和 1355 年的法令都指出了下述特征来确定合伙人："公众知
道他们是合伙人"（publica fama ipsos socios esse），即与合伙相关的
人会在对第三方采取的行动中表现得像一名合伙人，后来的修订本不
再提及这一特征。

　　但是，仅仅将连带责任奠立在该合伙人对其代表合伙签署的合同
发表的声明上，并因此要求一个或数个合伙人同意，以便使某一合同
可以影响到合伙，人们对此还是留有谨慎的——也许这部分地受到罗
马法学家法律观点的影响[22]。这类规定可以在许多法令中找到，它并
不是在较早、较为有限的程度上使用的连带责任的遗迹，而是反映了
后来才出现的与法律监督有关的某种限制[23]。合伙以某种文件的形式
授予行商合伙人在经营商业时不受限制的权利，这是正式的法规，与
《毛织品公会条例》的规定相似[24]。但这并不是要将之前不存在的某
种形式的合法性授予该合伙人，让他能约束他的合伙人，而是考虑到
国际商业活动有必要具有确定性。1393 年的《商法》以及在 1415 年
的法令汇编中发现的该法的修订版再次记录了这一限制。但它们仅仅
要求"这类契约应该或者本来就应涉及与该类合伙有关的或者属于这
类合伙的合伙人的某一笔交易的物品或事件"[25]。因此，只要它涉及
一笔交易，而这笔交易又是商务的一部分，那么，他们就会将如何裁
决它的问题留给法官处理。这种发展贯穿佛罗伦萨历史的始终。这项 159

原则的权威性表述——属于某一"其名字被悬挂起来"的合伙企业的这个人，要对在合伙企业的名义下经营的全部商务承担责任——是在国际背景下发生的、早先已经粗略地描绘过的某种发展的组成部分。

2. 阻止个人债权人扣押合伙资产

因此，如果只有某位合伙人招致的某些债务才能由合伙资产为其承担责任，那么，作为一种推论，这位合伙人所招致的其他债务则不能由合伙资产承担。这一推论——代表了独立基金最终的解释——在《毛织品公会条例》中得到陈述，请看以下片段（I c. 56）：

> ［如果某位合伙人］在他特殊的职业中，依据由他亲手签署的协议或者依据担保人的证实（它们都没有提及他作为一名合伙人、职员抑或是学徒所属的公司）［负有债务］……这笔债务只能是属于那个人的个人债务，并应由其个人资产承担责任……而属于该公司的其他任何成员都不能为此承担债务，或者为之担负责任……如果他在公司中持有一些资产，该公司仅仅以其投资的最高额为标准承担相应债务，或者担负相应责任[26]。

对该段末尾处提到的这种情况的处理——通过分离该合伙人（也就是，将他的财产与合伙资产分离开来）——我们在前文中也已提到。前文中没有提到的是，合伙资产是否应受某一个别破产程序的支配，但是这种可能性几乎不被考虑。如果某一合伙走向破产，个人债权人几乎不能置身于破产程序之外，而且破产往往直接波及合伙人的私人财产。菲尔利（Fierli）始终认为[27]，合伙债权人各项权益的满足来自被称为"sportello"的优先权。在有关大型公司财政崩溃的文献中，例如1326年的斯卡利家族（the Scali）、1345年的巴尔迪家族、佩鲁兹家族以及其他家族的文献[28]，它们都将合伙

（*Compagnia*）视为破产者，宣布它"已不再开展业务并已被解散"
（*cessante e fugitiva*）。

第三节　文献来源：阿尔贝蒂家族和
佩鲁兹家族的分类账

　　我们需要简要地谈一谈在早先一些场合提到过的有关大型合伙的
那些文献最引人注意的是什么。我们发现的文献并不太多：在我们已
搞清楚的文献中，大多数来自对阿尔贝蒂和佩鲁兹这两个大银行家家
族（二者都隶属于毛织品公会）的分类账户的摘编。它们不是以法律
观点为基础组织起来的，而是以分散的部分公之于众，而就佩鲁兹家
族而言，它们没有经过专业或业余的主题编撰[29]。尽管如此，我们还
是发现了一些发展的要素，在此，就以它们为例进行粗略描绘。

一、共同家户

　　首先，作为公司的本质特征，共同预算出现了。乔托·佩鲁兹
（Giotto Peruzzi）1308 年全年的秘密账册（*libro segreto*）以及其他一
些票据均包含有合伙人在共同账户[30]的支出情况以及私人消费情况的
账目结算：消耗的面包、食盐、肉食、葡萄酒；使用马匹、蜡烛照明
的费用、发放的零用钱（*danari borsinghi*）以及仆人的工资。租借营
业所和商品储藏室的费用、做羊皮纸文档以及合伙账册的材料、密封
蜡、文具等的花销始终都没有分开。这些花费都从担任出纳员的合伙
人掌管的合伙现金账户中支出，然后分给各个小家使用[31]。这反映了
某种变化。在 1313 年，除了买衣服的钱和零用钱之外，就像（前文）
明确提到的那样，上述支出是共同的；零用钱被登录到使用这笔开支

160

161

的人的单独的账单上[32]。我在阿尔贝蒂家族1334年5月1日所立的一份遗书中也发现了类似的变化。依据这份文件，尽管直到那时全部开支在某种程度上还都被视作佩鲁兹家族所经手的，但是此后，所有参与者据说都已开始为他们自己家庭的日用品消费买单。共餐以及其他一些相应的项目费用本应当被排除在外，因为，这些是由大家共同造成的，并由各方分摊。然而，由于参与其中的家庭规模大小明显不同，所以，每个家庭被指定交纳固定数量的费用，只有剩余的部分才在他们之间平等地分摊[33]。这些变化使我们回想起在比萨发现的那些情况，它们清晰地反映出早些时候我们以某种常见的方式描述的法律发展中的趋向：依据这些情况，个别合伙人最初所具有的不受限制的处置权受到了限制。

二、作为共同体基础的合伙协议

从形式上看，共同体的基础是契约性质的。尽管共同家户持续了一代又一代，参与这一共同体的人总是上述这些人以及他们的子孙；但每次合伙建立时都会正式签署协议，确定以若干年为期限[34]，而且，每一次重新签署合伙协议以后，合伙人的股份都会有所改变。

三、资产净值与合伙人的资本出资

所有合伙人的资本出资共同构成合伙的产权资本（*il corpo della compagnia*，合伙资本）。这些股份，看起来都是整数，它们随着商业盈利或者亏损而上升或者下跌。在总的账目结算（*saldamento della compagnia*，一般每两年进行一次）[35]之前，合伙人不得增加或者减少他的股份。即使在此期间合伙人死亡，股份仍然是既定的，仍然决定着盈利和亏损的归属。一旦进行总账结算，股份的价值就会改变，从那时起，作为一名合伙人，他的股份在数额上得到增加或者减少，他的新账户以此时的资本数额为起点重新开始。鉴于潜在的利润在总账结算之前是不能实现的，因此，从合伙人的资本账户中退出无疑是不被允许的[36]。相反，就像我们早先看到的那样，满足个人和共同需要的开支都由合伙的现金账户支付，稍后在当事双方之间分摊。（也许，乃至很有可能是，家户共有的现金账户后来与合伙的现金账户分立）因此，合伙的财产在形式上属于封闭性财产。

四、合伙人在合伙之外的独立财产

1. 不动产

一位合伙人的出资并不包括他的全部财产。不动产就不包括在合伙资产之内。属于共同所有的不动产是存在的，对于佛罗伦萨而言，房屋——合伙的主要居所——就在共同所有的不动产之列。但是，合伙的协议和结算似乎表明，只有资本出资才被计算在内，并记入账簿，结算和股本记账只包括可流动资产。这与先前的陈述是一致的。显而易见，当时普遍的情况是，数目较大的不动产的主要部分分别属于合伙人而不被考虑为合伙财产。在佛罗伦萨城，家庭拥有大量房产。合伙协议没有提到单个合伙人不动产方面的财富。

2. 个人流动财产

实际上，合伙人在合伙基金之外也拥有可流动的财产，这笔财产包括投向合伙的资本，然而它并非资本中作为合伙股份的那一部分。几乎所有的合伙协议都包括关于那些被某一合伙人拥有、而又"处于合伙资本之外"（*fuori del corpo della compagnia*）的那些钱财的规定[37]。既然合伙人在结算之前不能更改他在其中的份额是合伙资本的主要特征，那么，我们必可认定，这些其他财产并未按照这种方式投入合伙中。否则，它们将以某种该合伙人能够随时而不是在全部资产进行结算之时予以改变的方式归属于该合伙人的账户。相应地，这种

163

形式的资本——合伙协议的确对此作出了明确的规定——与合伙人用来分享利润或者承担亏空的出资有所不同。通常，合伙似乎为了它们向合伙人支付了利息，就像当今为了一笔能够立即收回的存款一样[38]。

五、1336 年阿尔贝蒂家族的遗产档案

164 这些文献描述了卡罗西奥（Carroccio）、杜西奥（Duccio）、阿尔贝托·迪·拉波·戴尔·朱迪切·德·阿尔贝蒂（Alberto di Lapo del Giudice dei Alberti）诸兄弟是如何在 1336 年分割从他们死去的父亲——他们的父亲死于 1319 年——那里继承来的遗产的，这些描述为我们提供了了解这种状况的最佳途径。这笔遗产起初一直保持完整，直到（他们的父亲去世）17 年后才开始分割。这里简要提供了几条主要条款[39]。在去世之前，拉波·戴尔·朱迪切在合伙中有一份价值 1 200 里拉的份额作为他的合伙出资。在 1336 年这笔遗产开始分割时，共有：

l. 22300   合伙资本（*dentro il corpo della compagnia*）

l. 10308 sol. 18 den. 6   合伙资本以外的财产（*fuori del corpo della compagnia*），共计

l. 32608 sol. 18 den. 6   动产（前两项相加）

l. 4785   不动产（按照其税后价值），共计

l. 37393 sol. 18 den. 6   应分配的财产

165 在这一数额中，4 008 里拉 18 索里达 6 第纳尔（denarii）应当"适时"（in *Accomandigia*）以兄弟共有的账户交给合伙，存入兄弟

们的共同账户。其用意可能是，作为一笔有息存款或者作为一项准康曼达（quasi-*commenda*）——也就是说，以利润的形式入股。就此而言，前者似乎可能性更大，但是，除了出资以外有可能还存在一项康曼达，就像在热那亚，除了合伙财产以外还存在一项康曼达一样。因而，合伙人应当既是一名参与出资的普通合伙人，同时也是一名隐名合伙人（a dormant partner），而各自分得的利润份额也将有所不同。但在父亲的遗嘱中存在一项约定，依据这项约定，儿子们应当以个人名义向合伙各交纳 200 弗罗林。因此，这里指的有可能是后一种情况，其方式是将这笔共同的钱财提供给康曼达。[40]

总数为	l. 37393 sol. 18 den. 6
扣除那些之后	l. 4008 sol. 18 den. 6
剩余额	l. 33385 sol. 0 den. 0

剩余数额应当在兄弟们之间分配。卡罗西奥应当比杜西奥多分得 500 里拉，杜西奥比阿尔贝托多分得 1 000 里拉，因为，年长兄弟的妻子的嫁妆已经成为共有资产的一部分，现在也被包括在这些兄弟的股份中。因此，这些数字为：

卡罗西奥	l. 11795
杜西奥	l. 11295
阿尔贝托	l. 10295
总计	l. 33385

这意味着上面列出的财产被分配了。
遗产分割的份额如下[41]：

	卡罗西奥	杜西奥	阿尔贝托	合　计
1. 不动产	l. 725 s. 0 d. 0	l. 2030 s. 0 d. 0	l. 2030 s. 0 d. 0	l. 4785 s. 0 d. 0
2. 资本资产 (Dentro il corpo della compagnia)	l. 7766 s. 13 d. 4	l. 7766 s. 13 d. 4	l. 6776 s. 13 d. 4	l. 22300 s. 0 d. 0
3. 资本外财产 (Fuori del corpo della compagnia)	l. 3303 s. 6 d. 8	l. 1498 s. 6 d. 8	l. 1498 s. 6 d. 8	l. 6300 s. 0 d. 0
合计	l. 11795 s. 0 d. 0	l. 11295 s. 0 d. 0	l. 10295 s. 0 d. 0	l. 33385 s. 0 d. 0
		在康曼达中进一步的投资		l. 4008 s. 18 d. 6
		全部财产总额（参见上文）		l. 37393 s. 18 d. 6

166　因此，我们看到，每位合伙人拥有：

1. 不动产，它与合伙没有任何关系；

2. 动产，就我们所知，它与合伙也没有关系；

3. 动产，合伙以存款的方式收到的，要么偿付利息，要么给付利润份额的财产（但不同于用益权所提到的免息保证金）；

4. 合伙资产中的财产。

第四节　小　结

与"*corpo della compagnia*"（合伙资产）这一术语相对应的拉丁文是"*corpus societatis*"。根据法学家的说法（比如说，巴尔杜斯）[42]，在与第三方的关系中，后者具有"合伙资产"的含义——也就是说，普通合伙的独立资产。在此，上述术语是指合伙人彼此关系中的独立基金，就像我们以前看到的那样。正如这些法规为处理与第三方的关系而构建的独立基金那样，合伙协议也在合伙人中建构了一种独立基金，毋庸置疑，公司资产在跟第三方的关系中与合伙人彼此的财产是同一的[43]。在此毋需强调，从法律的观点来看，这种同一不是偶然的，也是不能被忽视的。的确，它是普通合伙发展的一种必要因素，并且，它仅仅与公司作为财产权益持有者的地位相一致。这就是独立分析佛罗伦萨原始资料以说明这一点的目的。分析的结果对于从历史的视角评定拉邦德的观点是重要的。

当人们集中研究投资于独立基金（依据这里的讨论，从法律上讲这是必要的）与单纯进行资本投资这两种观念之间的区别时，这种观点的正确性尤为凸显。就像在阿尔贝蒂遗产处理的实例中所表明的那样，一名合伙人为了获得更多钱财在某一公司中的资本投资在合伙基金中并不给他带来利息。这种独立基金存在于参与式加入（participatory involvement）之外。尽管拉邦德声明，一种独立的合伙基金的存在对于今天的普通合伙观念而言不具有重要意义，因为其存在是偶然性的；他同时还宣称，合伙人彼此的关系也能呈现为参与式加入或者一笔贷款的形式，但是，我们还是反对这一观点，我们的出发点是，尽管合伙人彼此的关系是以参与式加入为特征的，但是合伙的独立基金是存在的。就像在导言中陈述的那样，从法律上讲，它确实存在于与第三方的关系中，即使它不具有经济意义。但是，我们也必须声明，合伙人彼此的关系对第三方的关系有着决定性的影响：合伙人中所有被视为公司资产的事物，在合伙人与债权人的关系中也应被视为公司资产。

第六章　法律著述：结论

第一节　司法著述及其与合伙的关系

　　我们已经探究了本研究所论及的各项制度的发展，一直追踪到普通合伙所具有的全部重要特征均已出现。它们是：合伙企业[①]、连带责任以及独立基金。作为比照，我们考察了相反的情形——有限合伙，研究时限从其开始出现到就法律结构而言其重要性已与今日相去不远的时期。这为晚近法律的形成提供了司法观点，关于这一点，我们在此处就不再详加叙述了。通过对这些司法观点进行整合和发展，司法界能够构建出对应于现代条件的合伙类型。在此，我们将仅再叙说为数不多的几个问题：首先是当时的法学与前文已经论及的各项制度的关系。

一、有限合伙

　　关于有限合伙，它本不应当让罗马法学家的法律理论面临任何挑战，因为它是以合同法为基础建立起来的。然而，事实却偏偏如此，并且，在对当时的法律著述进行的考察中，人们需要认可拉斯蒂格针对恩德曼所作的评论，即这类著述的重要意义在于，它显示了罗马法

---

① "Firm" 传统上指合伙性质的企业、商行、商号、事务所等，尽管现在美国它逐渐也扩大适用于某些 liability company 等。参见宋雷主编：《英汉法律用语大辞典》，第 413 页。——中译者注

学家是如何试图——并不总是成功地——在法理上慢慢适应这些与其历史形态毫无关系的各项制度的。巴尔杜斯的《建议》（*Consilia*）以及其他有关著述为此提供了充足的证据。有人认为，这些著述中提到的牟利合伙［the *societas penunia-opera*，in qua alter imposuit pecuniam，alter operam（其中一人为它投入资金，另一人提供劳动力）］应该表示康曼达[1]。但这并不能说明后者在海洋贸易中最初的历史用途。在学说方面，法学家以下述假定为基础展开研究工作：行商合伙人向合伙捐献出"他自己"，即他的劳动力，就像投资者向合伙提供资本那样——显而易见，他们继续追随罗马法学家的观点，即在原则上全体合伙人必须是具有平等地位并且拥有平等权利的股东。与资本家的利息一样，代理商的劳动就是他的收益（*fructus*）[2]。这种观点没有认识到，为了说明问题而绘制出的上述图景虽然有趣，但如果将其用作某种法律解释的基础，则行不通。正如恩德曼已经指出的那样，禁止高利贷是否适用以及何时适用于这类合伙的问题，让后来的著者大伤脑筋。我们已经看到，由于禁止高利贷，康曼达的某些形式确实已被打断[3]，然而在其他方面，高利贷的禁止与其说给那些从业者带来了麻烦，毋宁说更使理论家感到不安。法学家处理这类问题的方式表明，他们并不是在经过有意识的慎重考虑之后得出结论的，也决不是在有目的地建构和组织经济理论或者社会理论，而只是将他们的决断描绘为对某些抽象解释的某种推论。而我们更关心的是，罗马法学家是如何论述普通合伙的。

二、普通合伙

1. 独立基金

就我们所知，法律著述并没有以某种特殊的方式专门论述独立基金的问题。在法律上，某一合伙的债权人的各项权益以及他们与这些

合伙人的个人债权人之间的关系将以优先偿付权的形式在合伙破产时
得到体现，就像我们在比萨一章中所看到的那样。最初，合伙人与全
体合伙人的债权人相比，以及合伙的债权人与合伙人相比，若享受优
先偿付权，那也仅是法令上说说而已。帕多瓦的弗兰西斯库斯·德·
包斯里尼斯（Franciscus de Porcellinis of Padua）[4] 于是得出结论：罗
马习惯用语"货物按照销售地价格出售，售价依据货物销售地价格规
定"（*res succedit in locum pretii et pretium in locum re*）也可适用于
合伙人（投资者）的资本出资问题，这与热那亚法令的规定是一致
的[5]。依据这一观点，就合伙资产而言，合伙人应当被视为"共有人"
（*una persona*）。因此，尽管独立基金没有发展，但是合伙基金却被安
置在与罗马人的嫁妆相同的位置上。然而，当巴尔杜斯提到"合伙资
本"（*corpus societatis*）时[6]，完全对立的观点出现了。在他以及其他
那些人看来，热那亚教会法庭（*Rota of Genoa*）的一些决议将"合
伙"称作"*corpus mysticum*"（神秘主体、虚拟主体）[7]，或者法人，
因而，合伙基金就作为一种独立的基金诞生了，但它不是作为某一合
伙的资产而是作为某一法人的资产诞生的。尽管可能正是巴尔杜斯在
关于权利的承担者（公司）或者法律的客体（公司的财产——那种后
者具有重大意义的说法更加似是而非）[8] 方面使用了"合伙资产"这
样一种表达形式，但是，十分明显，对于法律而言，合伙法人资格的
推动力来自于这样一种认识：在破产状况下，借助于特权作出的法律
解释是不充分的。人们普遍认为，合伙基金必须表现出某种资产的特
征，因为在当时，人们相信只有在将"合伙"视为法人的前提下，才
能指定持有人。这意味着，一方面"它并不对合伙业务范围之外的交
易承担义务，这只是签约方自己的事"[9]，然而另一方面，当一名合伙
人以合伙人的身份签署一项法律协议时，"有一个人受到约束（担负
义务），也就有第二个人，即合伙自身（也就是，合伙的资产）担负

责任"，因为"无论一名有权使用该名字的合伙人在协议上认同了什么，都将证明是公司或者合伙企业自身签署的，而不被当作是作为个体的合伙人签署的"[10]。合伙作为一种由数个"*nomina*"组成的法人的表达方式证明，合伙企业的人格化是独立存在的（属于全部合伙人的）公司确立的一种手段。从历史的和学说的观点来看，毋庸置疑，"合伙"（*societas*）作为一种法人的概念不能被证明是正当的；但是，对于法律的发展而言，当时的法学大大促进了合伙基金作为一种独立基金从合伙人的个人资产中分立出来，因为它无法求助于其他范畴。

2. 连带责任：委托假定与经理

因此，如果说罗马法学家对合伙资产的解释还不算是特别困难的话，一旦法人的范畴得以使用，这些法学家们就会发现，论述连带责任的问题才是所有这些问题中更难的。对于这类问题，最通常的处理方式就是，将那位与第三方签署协议的合伙人视为其他合伙人假定的代表。这意味着假定存在某种委托管理，意味着将这位合伙人视为其他合伙人的一名"代理人"（*procurator*）[11]或者"受委托人"（*mandatarius exigendi*）[12]。这一尝试将影响呈递一份文献，即"明文"（*expressis verbis*）给予相互授权委托书[13]。然而，这种解释与实际情况并不完全一致，因为，在没有获得明确授权的情况下——这正是问题的症结所在——去假定这样一种授权真实存在，并具有决定性影响，这样处理必定会导致严重的紊乱。合伙人作为相互保证人[14]这一不太常见的观点，不足以解释他们作为保证人可能会被直接起诉的责任[15]。谈到罗马"银行业者"（*argentarii*）的连带责任，同样是不太令人满意的，彼得鲁斯·德·乌巴尔迪斯（Petrus de Ubaldis）曾经明确表示[16]，在罗马，依靠连带责任联合在一起的这类合伙操纵着银行业务，然而，这些合伙在银行业中无论如何都是没有主要商务的。此外，有人认为，罗马时期的"经理"（*institor*，主管）

173

为这一制度提供了法律规则。就像《学说汇纂》中有关"经理"的案例一样，这与为了一笔生意而签署的契约所规定的义务有关，这笔生意由参与协议并在实质上代表其他人签署协议的人管理。这些其他人就是负有连带责任的合伙人，但是，它也包括签约者本人；然而，对后者的包含开创了与罗马法背离的先河。就"经理"而言，其他人对该"合伙人"单独承担全额资产的责任仅仅基于这一事实，即该"合伙人"在没有得到专门授权的情况下从事商业交易。最后，如果——看来也是尤为重要的——数人共有一位共同的"经理"，那么，这些人中的每一个人都要对他担负全部资产数额的责任。因此，"合伙人"的某种相互代理关系（*praepositio institoria*）就被人们用作假定，众所周知，这种观点被保存下来并依然（在学界）占据着主导地位[17]。无论罗马概念在何处真正地得到使用，这都会导致令人惊骇的后果：在对《米兰条例》的注释中，卡尔帕诺得出结论说，只有当某一位合伙人在合伙的名义下签署协议时，连带责任才会有效，然而，就一项在合伙的名义下签署的协议而言，所有牵连其中的合伙人都是以个人身份加入的，他们并不负担连带责任，而只承担一种按比例分配的责任，因为，在这种情况下，每一位当事人为了他自己的利益才签署协议；因此，不存在"经理"的问题，而且也不存在连带责任的法律基础[18]。然而，这是另外一例说明，法律决疑术（legal casuistry）的发展是如何演变为法律决定论（legal decisions）的基础的，微不足道的正当理由又是如何为了下面这种观点而存在的：这是更为深奥的哲学理论或者社会理论的成果。总而言之，似乎没有人再受到卡尔帕诺所提出的问题的影响了，尽管其他学者也提到了它[19]。

三、连带责任的现实基础

尽管这些尝试全都瞄准了罗马法学家的解释，但是，法学

（jurisprudence）不能忽视这样一种观点，即事实上，连带责任在其存在之所，与先前提到的法律解释无关，而与具体的、现存的条件有关。因此，这些条件和解释必须相互之间存在联系，必须与某项并不总是成功的事业相关联。法律著述总是强调，这一发展的新起点是家族共同体。在大部头的法律著作中，"两个一起生活的兄弟"（*duo fratres communiter viventes*）这一主题得到反复探究，并且它也是许多专论的主题[20]。如果可能的话，"共有合伙"（*societas omnium bonorum*）中的罗马模式（Roman schema）就会得到应用，但是它的真正基础——共同家庭却只能发挥证明（前文某些片段提到的）某种委托管理或者"经理"关系的假定正当化的作用。这种观点几乎没有反映出真实的情形，但它对其进一步发展仍是重要的。由于法学将家族共同体以及稍后的"商铺"或者"店铺"共同体仅作为合伙存在的某种征兆，它已被引向对于某种合伙的存在极为重要的那些因素的分析，于是，它的存在也将从法律上赋予它以合法的形式。最初，法学家们强调，诸如此类的同居并没有什么意义。重要的是，为了共同做生意而一起生活。就像佛罗伦萨宗教法庭第 65 条决议（Rota Florentina Dec. 65）中解释的那样，一名与她的丈夫生活在一起的妻子，因为它的缘故并不是丈夫的"合伙人"（*socia*），因为，他们生活在一起的目的并不是为了共同做生意，而是基于与此不同的一项法律原则。同样的道理也适用于那些如此生活在一起的兄弟们。也就在此处，连带责任的法律基础并没有在简单的同居（*cohabitatio*）[21]中找到，而是在共同工作和一起做生意的相应意向中发现的。法学（研究）发现，这种意向是在兄弟们中间缺乏记账和结算的情况下表现出来的。[22]正如我们看到的那样，法律间接提到的（共同商务所具有的）所有这些特征在现实中也是存在的。

如果最重要的层面是共同做生意的意向，那么，这种意向必须表达从而证明它本身。巴尔杜斯想知道，共同"做生意者"
（negociatio）[23] 同时还有那些参与其中的每一个人，不管他们是该家族
的成员还是外来人（extranei），是否确实正在作为"做生意者"进行
工作，并坚持将他自己视为"做生意者"[24]。人们马上会得出这一结
175　论：只有从这类典型的唯利是图的活动中获得的利润才属于共同体；
而另一种类型的"利润"（lucrum）则被视为"额外的获利"
（Adventizgut）[25]。这一结论更深一层的影响是，为了合伙利益所从事
的各项活动在形式上也必须与其他活动区分开来。法学在表达方式上
确定了这样一种外形特征，即只有"以共同体名义"（nomine
communi）从事的、在形式上代表着合伙利益的各项活动才与它——
某种由委托管理的假定以及"经理"的假定促成的观点——有关[26]。
随着人们对这一特征的认可，法学再次在法律实践的基础上运行起
来，就像我们已经看到的那样，这导致了上述的结果。也许，这已有
的结果在某种程度上应归功于那些负责成文法编纂、法律实践以及已
经明确地认可这些结果的法学家们。

第二节　对国际发展的法律影响：合伙企业

罗马法学家的这种法律观点——连带责任的基础奠立于名义存在
的诸如此类的共同体上——是不太令人满意的。尽管全都是从不同方
面阐释了它的特征，但是它依然不符合罗马法学家的理论模式。巴尔
杜斯认识到，它的存在与现有的法律相对，但是他的某些个别决断却
具有某种明显的动机，即在证明各方确有动机将他们的共同体看作某
种"合伙"方面夸大了困难，以便限制这一他并不怎么喜欢的制
度[27]。在对《米兰条例》的注释中，卡尔帕诺不能确定，1498 年条例

的第 415 款（该款提到，父亲有责任向儿子的债权人移交儿子在其遗产中应得的份额）是否违背神法和人法（contra divina et humana jura）[28]。因此，他试图使这一证明更加困难——一种在他看来值得拥有的困难。他评论说，关于 1502 年条例的第 481 款（该条例提到在一起生活、共同占有财产的兄弟们），人们应当留心这种类型的共同体，"就如同留心火一样"[29]，因为它能导致所有的参与者破产。不管怎样，这类法律观点意在使人接受：协议明确地提到了负有责任的合伙人（包括他们的名字），同时，在协议中也提到合伙协议本身。这种法律观点进一步认为，名字的这种阐释——"以合伙的名义"（nomine societatis）签署协议，是将它与各种私人义务区分开来的最佳标准之一。它的意义深远。作为责任更为古老的基础，即共同的家庭、共同的"商铺"、"作坊"、"店铺"，都已失去了它们在国际商业中的实质作用，因而，有必要总结一下约束这类合伙的那些协议，以及对那些协议承担连带责任的那些个人的不同特征，由法律制度奠立的基础才具有实际意义。首先，它只在如下这一原则的基础上运作：只有那些为了合伙的利益而签署的契约才对全体合伙人具有约束力。其次，它使合伙作为人的整体——"法人"（corpus）——而人格化了。最后，它成功地在为了所有合伙人的利益才得以签署的这类协议中确立起对惯例的强调，以便在与第三方的关系中，合伙可以在集体的名义（全部合伙人的名义）下作为一个整体出现[30]，或者换句话说，作为一个合伙企业出现[31]。因此，加入一个具有连带责任的合伙的意向能够从这一事实——卷入其中的人们采用一个集体名字并以这个名字签署协议——中推断出来。一个其名字是合伙企业的集体名字的组成部分的人（"cujus nomen expenditur"）是一名承担连带责任的合伙人，而为了合伙企业的集体利益而签署的契约是合伙的契约。这些原则以及因此清楚地区分普通合伙和有限合伙的可能性，正如我们已经看到的那样，的确已经确定了通往商法的路。我个人认为，促成这种情况的发生是法学的成就。对于在这一章刚刚开始时所介绍的观点而言，它创建了一个法学和当代法之间关系的保留条款。然而，法学经常与这一法律制度的经济意义和历史发展遥遥相望。这一看法在此仍然有效，因为不期望在这方面从一名在博洛尼亚（Bologna）和帕多瓦（Padua）的讲堂上受过培训的法学家那里得到过多的东西是唯一公平的。但是罗马法律观点的明确作用甚至在这里——在外国领土上——也显示了它自身的能力。我在此粗略地叙述法律著述的总的观点，目的就是要阐明这一点，但我并未宣称我在此已经绘制出一幅近乎完美的图画，也未试图完整地描绘法律学说的全部发展历程[32]。

177

第三节　热那亚教会法庭的决议与 1588—1589 年的《热那亚条例》：发展的结论

　　这篇法学学位论文的成果在热那亚教会法庭（这些教会法庭拥有大批当时国际认可的、学识渊博的法官）的决议（the decisions of the Rota of Genoa）中是最清晰明了的[33]。正如我们所见，热那亚是"康曼达"（accomandita）的发源地之一，在该地，在法人法（corporate law）的实践层面，一个极其重要的问题是，普通合伙与那种承担有限责任的合伙之间，以及个人担负责任的合伙人（socii）与那些承担有限责任的合伙人（partners）之间的界定问题。这种界定的确已经迅速地得到贯彻实施。尤其是在百万富翁的法庭判例——Pallavicini c/a. grimaldi（Decis. 14）——中，教会法庭占据了主导地位。它强调，"经理"的假定并不总是适用于商人在合伙中彼此联合的那些案例（与巴托鲁斯的认识相反）[34]。特别是在下述情况下，"经理"的假定是不适用的：当只有一名合伙人在协议中被授权管理公司，并且是在一定程度上管理公司，以至在面对第三方时，他是出来签署契约的唯一的人。因此，当契约并未以其他合伙人的名义签署时[35]，它并不适用，而那些第三方当事人因此也不去"寻求合伙人的信任"（fidem eorum secuti sunt）[36]——更确切地说，他们私人的贷款并不是基于投向合伙的一笔贷款。因此，只有以他的名义契约才得以签署的合伙人，并且只有他自己被授权以全体合伙人的名义签署契约的人，才是普通合伙人。只有那些在合伙的名义下签署的契约才对全体合伙人具有约束力，他们的名义才会得到支持（quorum nomina expenduntur），其他的则是签约者的私人事务（propria negotia）[37]。于是，众所周知的合伙人的双重人格（duplex persona）出现了[38]。

正如教会法庭所强调的那样，这一法律处境起源于普通法。尽管1567年的法规没有包含任何与此有关的信息，但是1588/1589年的法规（lib. IV cap. 12 and 13）却对此饶有记述[39]。这一发展的成果可以在下述法律形式中体现出来：

178

1. 由几个在他们共同的名义下从事商业活动的人组成的合伙，所有合伙人对合伙的债权人共同承担责任，而且仅对他们（普通合伙）负责。

2. 由几个人共同组成的合伙，其中，有一个人以他自己的名义从事商业活动，而其他人则以提供资本的方式参与商业活动。其他这些人并不亲自对此承担责任；他们的责任仅仅扩展到他们投入的资金。依据热那亚教会法庭第14条决议（该法条与这类合伙有关）的规定，好像那些投入资本的人对商业运作发挥

着 特 别 巨 大 的 影 响 力。否 则，管 理 商 务 的 合 伙 人［is qui
complementum dat（是 他 提 供 了 "补 足 物"）——Dec. R. G.
18——普 通 合 伙 人］是 否 必 须 被 视 为 它 的 "经 理" 这 一 问 题 将 不
会 出 现。这 就 是 对 当 初 投 入 资 本 的 合 伙 人（而 不 是 普 通 合 伙 人）
必 须 被 视 为 企 业 家 的 那 一 时 代 的 回 顾。显 而 易 见，这 是 有 限 合 伙。

179

对于这两种类型的合伙而言，合伙资产在此间所述的意义上是存
在的。只要将这些法令（c. 12 1. IV）与过去编纂的那些法令（Stat.
Perae 207）作一番比较，显而易见，在前者的章节中包含的进一步发
展的开端早已包含在后者之中，如果再进一步检查 cap. 12 的内容，
毫无疑问，在那里所描述的没有连带责任的合伙是海上合伙的结果。
随后的一章对过去的单边康曼达作了处理，显然，它来自于末尾处给
出的定义，在那里，它已经转变为基于委托管理的代理。从而，康曼
达这一旧时统一的法律制度在两个不同的方向上获得发展：在其中一
个方向上，它发展成为海上合伙和有限合伙；在另外一个方向上，它
发展成为委托代理（commission agency）[40]。既然，在 cap. 12 中，正
如我们所料，对于普通合伙与有限合伙而言，合伙独立基金的设立同
样源于这一制度在康曼达中更为古老的开端，那么，就像早先我们作
为一种可能性所暗示过的那样，对于康曼达而言，独立基金的发展的
确影响了普通合伙条件下合伙资产的发展和形成。在这里，1588/
1589 年的《热那亚条例》得到讨论——首先，因为它们同时清晰地
描绘了有限合伙与普通合伙之间的差异；其次，因为这些制度反映了
法学的影响，就此而言，这些法律条款包含着关于普通合伙的普通法
实践，就像以前描述过的那样。在研究了地方法规中的这些制度之
后，我们的这项研究得出以下结论：首先，在科学的基础上，国际化
180 的发展取向已经开始，同时，法律的形成也不再是地方习惯法的问

题。相应地，进一步探究这一国际发展的成果是如何被并入现代区域立法的，则已非本研究的目的。

第四节　结论：该成果对法律原理的潜在意义

现在，如果有人要追问此项分析对法律原理和实践的意义的话，我将不得不承认，其意义不在于某些个别的发现。如果该分析解决了一个虽已提出但未曾得到解答的问题——即"共同占有"（gesamten Hand）制度与作为普通合伙基础的各种制度之间的关系问题，或许就另当别论了。这一问题必须被提出，因为，一些杰出的学者已经论证"共同占有"制度就是普通合伙的基础[41]，他们处理得非常果断，的确这一问题应当在以下层面引起人们的重视：根据其历史和司法原则，"共同占有"制度究竟是以普通合伙为基础还是以别的什么东西为基础呢？并且，只有那时我们才会问，它究竟还以何为基础呢？这一问题一直未得到解答，原因有以下几个方面：首先，因为该问题属于术语学范畴，在"共同占有"的概念方面，当其被用于债权人和债务人之间的关系时，通常并不限制"共有权"（communi manu）契约的形成——但是这一术语学的问题属于日耳曼法，不可能在罗马法的范畴内得到解答。但不管前一问题的答案是什么，这里还牵涉到另一个相关的问题，即，那一概念是否适用于在意大利被看作普通合伙前身的那些制度。"共同占有"概念是一个纯粹的日耳曼概念。但是，即便在这次调研过程中，我们已经发掘出了一些关于日耳曼法律思想影响当前正在考量中的各项发展的程度，或者说这些发展是否具有不同的起源的线索，在未曾确认与其相应的、存在于纯日耳曼法律土壤中的各项制度的情况下，我们此时试图得出明确的结论是底气不足的。但是，如果缺少某种与日耳曼法相应的范围的概念，那么，这里探究的各项制度之间的关系以及关于"共同占有"的日耳曼法律思想依然不明朗。然而由于当这一制度的法律原理问题得到讨论之时，这一问题也将立刻变得紧迫起来，因此相关讨论只有等到在日耳曼法律土壤中得到培养的类似的各项制度已为人所知，并得到讨论之时，这一讨论才不会再遭搁置。《萨克森之镜》（*Saxon Mirror*）中的片段（参见 chap. 3，n. 16）显示，这样的制度的的确确存在。关于这一问题，我们将在一项独立的研究中给予表述。

不过，这里就另一个问题取得了一些发现。从历史的观点看，我们不能将普通合伙和有限合伙视为依赖同一原则（仅依赖程度不相同）的两种不同企业形式进行讨论。尽管它们二者都设有独立基金，但是，这两种制度在历史上是从两个完全不同的起点走到一起来的，并且，拥有独立资产的能力不是为这些合伙形式预留的某些物件，也不是它们所具有的相关特征，尽管它也很重要。真正的特征是社会连带关系（*Vergesellschaftung*）的法律本性，就此而言，这两种合伙类型是完全不同的。有限合伙拥有一个与普通合伙完全不同的历史。有限合伙人的所谓的责任无论如何也不能与普通合伙人的责任相比，或者被视为那种责任的削弱和限制。因为，依据历史发展，谈论有限合伙人的"责任"是完全没有道理的[42]。他是不"负责任的"，只是在其资本投资范围内参与另一商业活动的盈亏——这是意大利档案文献的立场——因此他只能够在扣除债务后收回他的投资，或者不得不提供资金以便清偿债务。根据物权法，普通合伙具有全体合伙人的集体人格，然而，在这一点上，有限合伙人的人格不受有限合伙的影响。信用的基础是完全不同的。普通合伙是合伙人的联合体，而有限合伙只是一种参与投资的关系。

注　释

题记

1. 他发表在 *Zeitschrift für Handelsrecht* 第34卷中的论文是这项工作的开端。[有误，该卷期刊中并不包含拉斯蒂格所著的那篇论文。古斯塔夫·拉斯蒂格（Gustav Lastig）的主要论文都在 *Zeitschrift für das Gesamte Handelsrecht* 杂志中，"Beiträge zur Geschichte des Handelsrechts" 一文在 Vol. 23（1878）：138 - 178，Vol. 24（1879）：387 - 449。]

2. 由于这一原因，我并未对这些资料作出批评性分析。我将要描绘的是根据已经印刷出版的资料中得出的图景。

第一章

1. Decisions of the ROHG（帝国高等商事法庭），vol. 5, p. 206。

2. 拉邦德 [Paul Laband（1838—1918），德国法学家，先后就学于布雷斯劳（波兰弗罗茨瓦夫市）、海德堡、柏林，1858年在柏林大学获得博士学位，1861年任海德堡大学讲师，1864年起任哥尼斯堡大学非教席教授（außerordenflicher Professor，不拥有一个教学科研部门领导权的教授），1866年起晋升为教席教授。主要著作 *Die Stellvertretung bei dem Abschluß von Rechtsgeshäften nach dem Allgemeinen deutschen Handelsgesetzbuch*（《论德国普通商法典中的代理》，1866年发表于《商法杂志》）、*Das Staatsrecht des deutschen Reiches*（《德意志帝国国家法》，三卷本，

1876—1882）。——中译者注］在《商法杂志》（*Zeitschrift für Handelsrecht*）的第 30 卷和 31 卷中，基本上以早先已经概述过的普通合伙为起点展开研究。他认为特别基金发挥着某项资产的功能，但他的阐述似乎不太充分。由于他反对在法律学说中使用的区分"外部"关系层面和"内部"关系层面之间的相互影响的观点——一种他不能完全忽视其用途的区分（参见第 30 卷第 5 页）——因而，他只将对第三方的责任作为普通合伙的根本特征加以探讨。他认为，作为一种独立资产，合伙基金的分立只与合伙人之间（*inter socios*）的法律关系有关，而且，某一合伙人对于基金的强制性权利限制了另一合伙人对自己拥有的资产的全权处理。作为证据，拉邦德指出：合伙资产的规模并非其他人的权利标的，尤其不是那些债权人的权利标的。

即使有人同意这种观点，也应当注意，其他人权利的标的并非合伙资产的规模，而是这类资产本身的存在。合伙资产可能经济价值为零，但是，从法律上讲，它是存在的，而且对经济状况并非没有重要的影响。合伙人不能阻止它们的存在以及随之而来的法律影响。

拉邦德试图论证，单一个体的个人债权人被剥夺（索取）合伙财产（的权利），因为某一个体合伙人的债权人不能拥有比合伙人自己更多的权利（*nemo plus juris transferre potest quam habet ipse*），这是由于其他合伙人的强制性主张对其权利是一种限制。然而，尽管某一个体的个人债权人有可能是所有个体合伙人的共同的个人债权人，但他也绝不可能是合伙的债权人。此外，其他合伙人的强制性权利如何能产生前文已谈及的、剥夺某一合伙人的个人债权人索取其在合伙资产中的份额的权利这一现实后果还是一个问题。如果个人债权人面对的只是其他个体合伙人的权利，那只要他们没有确认这些权利，该个人债权人就能成为合伙的债权人，并使他能够处理它们——但这不是事实。

在罗马的索塞特中，合伙人在单一个案（例如，作为担保人）中共同承担责任这一事实并不意味着合伙资产存在。即使是就银行家（*argentarii*）——其责任是法律确切会执行的——而言，这类制度也并不为其所知。

我们将有机会考察共有资产的存在对商业发展的重大历史作用。众所周知，这项研究的真正价值在于，普通合伙与其他一些合伙形式都具有"拥有独立基金"这一特征，而且这类独立基金的地位与责任由谁承担的状况密切相关。反对拉邦德的观点，可以参见 Gierke, *Die Genossenschaftstheorie und die deutsche Rechtssprechung*, p. 438。

3. ［韦伯在此处标注的参考书是指《学说汇纂》（*Digest of Justinian*. 17. 2. 63. 5）。该节的表述是："有三个合伙人。其中之一向一名同伴提起诉讼并全部收回其资金份额。于是，第三位合伙人也对同一位合伙人提起诉讼，但他却不能收回他的全部资金份额，因为全部债务无法得到赔偿。那么，为了均衡，也就是平分他们应得的份额，那位其所得比他应得份额少了许多的合伙人能否对那位全部收回其资金份额的共同合伙人提起诉讼呢？人们的观点可能是，对于那位收回份额少于另一个来自同一合伙的合伙人的合伙人而言，这是不公平的。更为妥善的处理方式是，借助对合伙的一次诉讼来实现在他们二者之间进行平等的分配，而这才不失为一种公平的判决。"Alan Watson, ed. *The Digest of Justinian*, trans. Alan Watson, rev. ed. （Philadelphia：University of Pennsylvania Press，1998. ）］

4. *Zeitschrift für Handelsrecht*, vol. 4.

5. ［韦伯给出的原文资料如下：“Proponitur actio ex hoc Edicto in eum，cujus maxima pars in venditione fuit，quia plerumque venaliciarii ita societatem coëunt，ut quidquid agant，in commune videantur agree；aequum enim Aedilibus visum est，vel in unum ex his，cujus major pars，aut nulla parte minor esset，aedilicias actiones competere，ne cogatur emptor cum singulis litigare.” 至于翻译，参见 Watson, *Digest*。］

6. D. *9 pr. de pactis*：“Si plures sint，qui eandem actionem habent，unius loco habentur. Ut uta plures sunt rei stipulandi vel plures argentarii，quorum nomina simul facta sunt … unum debitum est.”（Watson, *Digest*）［（*Digest* 2. 14. 9）：“如果数人卷入了同一诉讼，那么，他们应作为一个法人被法庭追究。例如，有数人对一项契约承担义务或者某人已经同时向数名银行家借下债务……产生的将是同一笔债务。”］

　　以及 D. *34 pr. de recept*（III，8）：“Si duo rei sunt taut credendi aut debendi et unus compromiserit … videndum est，an si alius petat，vel ab alio petatur，poena committatur. Idem est in duobus argentaiis，quorum nomina simul eunt（erunt Hal.）.”（Watson, *Digest*）［（*Digest* 4. 8. 34）：“如果有两名债权人或者两名债务人，其中一名为某事提请仲裁……如果另一个人提起诉讼或者被人起诉，是否必然会产生处罚。同样的处理方式也可以运用到处理共同账户的银行家们的事例中。”］

7. 下面引用的片段可参见 Mommsen, *Stadtrechte*。

8. ［韦伯给出的原文如下：“ut ei qui eos praedes cognitores ea praedia mercati erunt praedes socii heredesque eorum i［i］ que ad quos ea res pertinebit de is rebus agere easque res petere persequi recte

posit”（*Lex municipii Malacitani*，law 65）。至于译文，参见
Alan Chester Johnson，Paul Robinson Coleman-Norton and Frank
Card Bourne：*Ancient Roman Statutes*（Austin：University of
Texas Press，1961），pp. 157 - 58。]

9. 参见 Heyrowsky，*Die leges contractus*。

10. 但在帝国时代也出现了一些与此相应的法规，参见 *lex Metalli*
    Vipascensis（《维帕斯卡矿业团体规章》），1. 5（Bruns，Fontes，
    p. 247. ）："conductori socio actorive ejus. "（关于承租人、他的合
    伙人或者代理人）（英文文本，参见 Johnson et al. ，*Roman*
    Statutes，p. 163。）及其他各处。我对共和国时期类似的文件不太
    清楚。《凯撒自治城市法》（*lex Iulia municipalis*，1. 49，Bruns，
    Fontes，p. 104. ）在有关的案例中仅仅提到 "redemptorei，quoi e
    lege locationis dari oportebit"（签约人或者他的继承人，必须完全
    依据契约的有关条款判授）。（英译文参见 Johnson et al. ，*Roman*
    Statutes，p. 94。）

11. 我们既没有充分的理由也没有足够的篇幅去关注前文中提到的拉
    斯蒂格以及他所作的历史发展概略。他所言及的授予一项圣俸
    （*Kollationsrecht*）的法律是否是一种偶然的思想仍然值得研究；
    众所周知，那项制度相较而言并不太陈旧。

12. 就像后来意大利的情况那样，看来值得注意的是，其中的"索塞
    特"也有"共有钱柜"这一合伙基金的内涵。然而，这一被删节
    的术语已被发现，例如，在《学说汇纂》［*Digest*，17. 2. 63. 3］
    中就有记载。

第二章

1. 参见 the Visigothic Code，book XII，title III，论 *transmarini*

negotiatores（海商）部分。

2. 参见 Goldschmidt, "Lex Rhodia und Agermanament," *Zeitschrift für Handelsrecht*, vol. 35。

3. 《西哥特法典》在同一题目下提到"*depositum*"［托管］和用于出售的财产委托："*de rebus praestitis*"［关于贷出物］（the visigothic code, book V, title V, law III）。寄托和借款在 law Ⅷ 中（出处同上）接合在一起。这里主要是指海上贸易，在 law V（出处同上）的标题［v. *naufragium*（"海上偶然事件中的财产损失"）］中这一事实更为清晰，该条款包含着使我们直接联想到更晚一些的与康曼达有关的某些规章。《伦巴第法》——为内陆居民制——将风险分配给贷款人，也就是说，依据贷款法则，他必须偿还贷款，而不管它为之提供贷款的这项事业是否能带来利润（*Lombard Laws*, Laws of King Luitprand, 131）。《西哥特法典》——主要涉及海上贸易——有其自身分配安全、保全财产委托和销售财产委托风险的方式，与罗马法中的诸原则不相同（book V, title V, law III）。该法典在谈及投机营利性贷款时则表现出更大的原创性（vv. *sub condicione receperit*，也就是说，它规定使用贷款以实现事业的目的）［同上书，law Ⅳ：关于损失的金钱以及同时损失的利息（*de pecunia perdita et usuries ejus*）］。存款人、委托代理商、债权人以及他们各自的伙伴总是共同分担事业风险。

4. Goldschmidt, *De societate en commandite*（1851）；Silberschmidt, *Die Kommenda in ihrer frühesten Entwicklung*.

5. 正如前文所引，Goldschmidt, in *Zeitschrift für Handelsrecht*, vol. 35, pp. 90 and 107。至于支持他观点的证据，我们将在论述某些个别层面的适当位置提及。

6. 正如西尔伯施密特为 10 世纪时威尼斯的合伙（collegantia）提供的证据那样；根据戈尔德施密特的说法（前引著作，vol. 35，pp. 80，81），它甚至比伪罗地安海商法（pseudo-Rhodian maritime law）中的"χρεωκοινωνία"[chreôkoinônia，一种拜占庭合伙形式，在这种合伙中，一方提供资金而另一方提供劳动力]还要早一些。

7. 将特拉尼条例（见 Pardessus，*Collection des lois maritimes*）和《托尔托萨惯例》（*Costums de Tortosa*，见 Oliver，*El derecho de Cataluña*）相比较。然而，众所周知，前者所处的时代并非确凿无疑；此处所考量的制度的发展尚处在一个较早的时段。

8. 参见 *Consolato del mare*。*Arch. de l'Orient latin* I，p. 431 的文献资料也认为船舶公司是存在的。

9. 热那亚乔万尼·斯克里巴（Giovanni Scriba）的公证人文献（*Histor. Patriae Monum.* Chartarum tom. II）第 261、328、329、306 号以及 1155 年及其后的文献多处都提供了所有这些形态的例证。在第 329 和 306 号文献中，承运人和委托代理商并不是同一的。在特拉尼条例和《托尔托萨惯例》中，由于缺少代理人，承运人依照法律成为委托代理商。参见 *Decis. Rotae Genuensis* XX。

10. 在已经引用过的热那亚公证人文献（在此，举例来说，就像早先引用的 1155 年文献的第 243 号）中，有关"康曼达"的标准文献宣称："Ego ... profiteor me accepisse in societatem a te ... lib. 50，quas debeo portare laboratum usque Alexandriam et de proficuo quod ibi Deus debeo dederit habere quartam et post reditum debeo mittere in tua potestate totam prescriptam societatem."[我……承认我从你处收到 50 镑，我有义务带着它

远走亚历山大经营商业，并且，我将从上帝恩赐的利润中取回我应得的四分之一，在我返回以后我有义务交还给你早已商定好的、你在合伙全过程中应得的权利（收益）。]支付代理商开支的花费通常是委托人的责任；其他花费是代理商的责任。——契约的单边性质，也即此项契约的基础，在文献中以一张收据的形式充分地表达出来。

11. 关于中间人贸易商，Chart. Ⅱ no. 306（1156）："Nos M. et A. Profietemur nos accepisse a te w. 8 pecias sagie et volgia que constant tibi lib. 24. has debemus Portare laboratum apud Palermum et inde quo voluerimus dun insimul erimus etc."［1156 年文献的第 2 章第 306 条："我们，M. 和 A.，承认我们已经从你 W. 处收到 8 匹呢绒（该处英文为 say，英译者标注了问号，联系上下文猜想 say 应为 saxony，即呢绒。——中译者注）和布，这使你花费 24 镑。我们有义务将它们带至巴勒莫（Palermo，意大利城市）换取制成品，并从该地到我们希望去的地方，只要我们仍将在一起。"]

12. 如早些时候引用的 1156 年文献的第 337 号［no. 337（1156）］所述："Ego . . . profiteor me accepisse a te . . .（the merchandise follows）unde debeo tibi bizantios 100 . . . et eos debeo portare ad tuum resicum apud Babiloniam et implicare in lecca et brazili . . . et adducere ad tuum resicum etc."［我……承认我从你处收到（商品）……无论在何处我都欠你 100 拜占庭先令……并且我有义务带着它去你设在巴比伦尼亚（Babylonia）的分店，将这笔收益投资于染料（商品）……并将它们最终带回你的办事处。]

　　莱帕（Lepa）的立场为（*Zeitschrift für Handelsrecht*, vol. 26，p. 448）*accommenda* 和 *implicita* 彼此不同依据如下事

实：在前一种情况下，行商合伙人通过分享"一份利润"获得补偿；在后一种情况下，行商合伙人是通过获得物品价值的一定比率得到补偿的——可能在他引用的卡萨热基斯（Casaregis，Disc. 29，9）资料中不太明确。更确切地说，*implicare*，至少与较早时期的热那亚文献是一致的，它具有原文中给出的意义；也就是说，这是一个在商业中使用并与我们现代的"投资"相一致的术语，等于今天的 *impiegare*。由于缺少除卡萨热基斯文献中引用部分之外的更有力的证据资料，特尔（Thöl）也认为，依据 *accommenda* 取得委托的一方分享到一份利润，而依据 *implicita* 被委托的人收到一份佣金。至于更早期的情况，如前所述，我们有必要对该问题进行质疑，直到发现更为有力的证据。

13. 如前文所引述，第 340 号文献显示，康曼达委托已经变成银行家的工作。——参见 1374 年 9 月 28 日和 1403 年 11 月 21 日的那几组禁止银行委托康曼达的威尼斯法律（出版于 Lattes，*La libertà delle branche a Venezia*）。

14. ［韦伯给出的拉丁原文如下：　"W. et J. professi fuerunt se ad invicem societatem contraxisse 200 librarum，in qua quidem duas partes W. et terciam J. contulisse partier confessi fuerunt. Hanc omnem societatem nominatus J. laboratum debet portare Bugiam et hinc ubi voluerit. In reditu utriusque capitali extracto proficuum debet per medium dividere etc."］

15. 浏览一下文献我们就会明白，与康曼达（若有疑问，可以认为其形式是若有所指的）相比，海上合伙具有专门协议的特征。通常，海上合伙仅仅适合于一部分随身携带的货物（比如 chart. Ⅱ 348，当然还有许多其他例证）。*Consolato del mare*（14 世纪地中海的《海事法典》，参见《英汉法律用语大辞典》，第 1354

页。——中译者注）认为提供一种专门的辩护是必要的，随行携带自己商品的合伙人应该具有与行商合伙人一样的地位。其理由是，它提供了更为广泛的担保："perço com comendataris van per lo mon mults qui en tot co que portan ne an algun acosa. Encora mas si aquelles comandes no eran que hom los fa，irien à onta. Encora mas si aquelles comandes se perden，ells no y en res，perco car à ells no costarà res del lur ne y perden res … è en axi lo senyor de la nau ò leny no pot ne deu esser de pijor condiciò que un alter comendatari. "［因为许多接受航船控制权的人在他们去世界各地旅行期间不会在船上夹带任何私人货物。而且，如果他们没有被委托以航船控制权，意味着他们将一无所获。此外，如果船货丢失，他们并没有任何损失，因为在船货中没有任何物品属于他们……因此，这将是不公正的：一艘航船的一名赞助人应当处于比任何其他当事人更有利的位置］。［英译文，参见 Stanley S. Jados，*Consulate of the Sea and Related Documents*，Tuscaloosa：University of Alabama Press，1975，p. 114。］

16. Chart. II. 428：A 出资 200，B 出资 100 以及他的劳动。利润被分成两个相等的部分，文件声明，"cum ista societas nominatur"［因为这种（安排）被称为合伙］。如果两位当事人的商品不能反映三分之二比三分之一的关系，那么，合伙人被假定为仅仅在体现这类关系的数量上加入这个合伙；超越这一界限的部分就被视为康曼达，单独进行结算（Chart. II. 348 以及其他章节）。

17. 通常也被视为一个理所当然的文件；偶尔也被提及；参见 Chart. II. 340。

18. ［正是根据这一点，韦伯使用了"*Kommendatar*"这一术语。］

19. 参见 Chart. II 576（陆上合伙的一例；参见稍后的讨论）。

20. *Constitutum legis Pisanae civitatis*（见 Bonaini，*Statuti inediti della città di Pisa*，vol. II），C. 21. Statutes of Pera c. 108. 参见热那亚市民联合会成员的誓言，*Compagna communis* 接受任何非成员携带资金参与合伙（*Breve della compagna of 1157*）。

21. 拉斯蒂格想把康曼达中的两种情形界定为"单边劳动合伙"与"单边资本合伙"的区分，他称之为"*participatio*"。但是，这两种情形中哪一种是发生的仍是一个经济问题，包括海上合伙的情形。问题的答案取决于谁能在经济上被视为企业的"主管"，或者企业家——有可能哪一个都不是——也就是说，两者都在同一起点上。拉斯蒂格以犀利的辩术（也许这样做是正当的）反驳恩德曼的"合伙资产运作"（the *societas pecunia-opera*）等理论（恩德曼的研究涉及罗马规范的经济与法律学说），他认为这是将经济观点插入法律考量之中。但是，拉斯蒂格的范畴，包括"*participatio*"，也是经济学的。这种形式的参与能够呈现出各种各样的法律形式，但是，某种法律技术的重要性——它将排斥海上合伙——就我看来，在已经刊印出的资料中是不明显的。拉斯蒂格自己也承认在稍后的时代有"混淆"；我们将特别关注比萨，在其全盛时期，海上合伙可以以各种方式运行，包括作为一种参与模式，就这一点而言，在比萨，更具体的法律特征确立起来，而这些特性在其他地方正在消失。"参与"在本质上不是一个法律概念，而是经济概念。

22. 1118 年的阿格罗蒙特法院（*Cortes de Agromont*）与《瓜达拉哈拉法规》（*Fuero de Guadalajara*）干脆将商人一律视为外国人；《海事法典》（*Consolato del mare*）第 172、175 章包含有热那亚法的内容。在巴塞罗那，1258 年的法规完全是热那亚法的翻版。《法律汇编》（*Leyes de Recopilacion* 1. VII 1 X 1. 3）包含有禁止

外国人海上冒险的规章，在其控制下，大规模的贸易看来尤其是
如此。

23. *Costums de València von* 1258（《1258 年以来的瓦伦西亚惯例》）
应用了 *receptum*［保释］原则；在马略卡（Mallorca，西班牙东
部巴利阿里群岛中最大的岛屿——中译者注），纯粹的罗马法支
配了 1433 年的法令。《托尔托萨惯例》则显示出对委托的某些变
动（1. IX r. 23，*Encomienda*，西班牙语，意为"委托"。——中
译者注）。

24. 与此有关的法律条款可以在帕德索斯（这里提到的 Pardessus 是
Jean Marie Pardessus，1772—1853，法国著名法学家和法官，撰
有《商法教程》以及《17 世纪以前的海洋法汇编》等。——中译
者注）*Collection des lois maritimes*（《海洋法汇编》）中的 1271
年、1283 年、1304 年和 1343 年的法令以及卡普马尼（Antonio
de Capmany）的 *Memorias historicas sobre la marina，comercioy
artes de la Antigua ciudad de Barcelona*（Madrid：1779）中找到。

25. 有人有可能是依据巴勒莫成文法第 76 条款之规定得出结论：大
规模的商业贸易掌控在外国人手中。在撒萨里（Sassari 即
Sardinia，撒丁尼亚），据说外国人委托当地人管理"康曼达"。
所有这些来自西班牙、南意大利以及这一区域的一些岛屿上的少
量文献资料都支持这一结论：这一制度为当地所知晓，但找不到
它在当地原生性发展的证据。

26. （依据帕德索斯的说法）有可能是 1063 年出版的商法。众所周
知，（学界对于）这一年代是有争议的。安考那（Ancona）1397
年的法规沿用特拉尼条例的某些原则。

27. 参见拉邦德发表在 *Zeitschrift für Handelsrecht*，vol. 7 的 *Tavola
de Amalfa* 一文，以及前引西尔伯施密特的著作。［Kolonna 应为

Colonna，意大利语，意为"船上开支，船舶费用"，此处指某种形式的合伙——船舶合伙（societas vascelli），参见下一注释。——中译者注〕

28. 1274 年的 *Consuetudines civitatis Amalphiae*（ed. Volpicella），c. 14 将 *societas vascelli*（= *Colonna*）排在海上合伙之后，但其并不具有后者的原则特征。尤其应当指出的是，（在这种合伙中）如果（有人）心存疑虑，利润可以依据出资多少（按比例）进行分配。该法规认为有必要发表一项特别声明，声明资本家为某一次合伙承担风险，因此很可能海上合伙是被引入的，而并非当地自主发展出来的。

29. 参见 1081 年的契约文献（*Archivio Veneto* VI p. 318），文献中提到"*rogadia*"、"*transmissum*"、"*commendacio*"以及"*collegantia*"。在这些术语中，"*transmissum*"可能是一种涉及货运的冒险，也许涉及与发货人的康曼达。"*Commendacio*"可能是一种保证金（而事实上往往就是如此）。"*Collegantia*"意指一种海上合伙。然而，依据西尔伯施密特的说法，"*rogadia*"是否意指一种单边的康曼达仍存在疑问。威尼斯法令的 1. III c. 3 显示，"*collegantia*"既包括海上合伙形式——外出旅行商人也可以参与投资，也包括单边的康曼达。"*Rogadia*"有可能指一种冒险，其中被托管的货物被赋予一种固定的风险赔偿；因此，它成为康曼达的先驱。"roga communis"这一术语也可以在威尼斯法令（*Promissiones maleficii* c. 22）中找到，其中规定：如果一名接受公众代理或者航海代理的人（*communis rogam vel marinarium acceperit*）违反了契约，那么，他就会受到双重惩罚的威胁。帕德索斯（Collect. V p. 19）宣称，"communis roga"作为"保证金承担着为了城市国家的利益使用国家的船只经营事业的职责"

(*arrhes payees au nom de la ville pour engagement sur le navire de l'état*)。在前文引用过的法律片段中，这种对海上冒险的记载也是清晰可见的。此外，威尼斯法规（众所周知，其主要部分的编写开始于13世纪初）中1. III c. 2清晰地指出，商品的销售是"rogadia"的目的。但其1. I c. 48没有揭示任何事情，其关系仍然不明。

30. 参见1150年的 Arch. Veneto XX p. 75；也可参见1191年的第76页以及第325页的文献记录。1403年11月21日的银行法表明，银行也使用"collegantia"作为一种投资方式。也可参见1235年的 *Stat. navium* (Pardessus V pp. 20f)。

31. 参见 *Hist. Pat. Mon. Leg. Munic*. T. I中尼斯的法令，帕德索斯谈到的1253年的马赛（Marseille）法令及蒙彼利埃（Montpellier）法令。

32. 参见13世纪档案 *de l'Orient latin vols*. I, II中尼古拉斯·邓斯（Nikolaus Dens）与亚美尼亚的阿拉斯的安东尼乌斯·德·夸托（Antoninus de Quarto in Aïas in Armenia）以及塞浦路斯的法马古斯塔的拉姆博图斯·德·塞姆布瑟图（Lambertus de Sambuseto in Famagusta on Cyprus）的公证，在这些文献中，所有的地中海国家都有记录。从字面上看，这些文献几乎完全追随热那亚乔万尼·斯克里巴（Giovanni Scriba）的形式。一个具有东方特色的"海上合伙"的术语"*iatenum*"被发现，它起源于"*tchaten*"，意思是"汇集、组合"（= *collegantia*）。[关于"*iatenum*"，或者保证金，参见 Robert S. Lopez Irving W. Raymond，*Medieval Trade in the Mediterranean World*，New York：Columbia University Press，1990，224，n10。]

33. 参见最后一章。

34. 将前文提到的文献与下文中公元 167 年特兰西瓦尼亚的三幅相联的合伙文献相对照（Corpus Inscript. Lat. III 950）："Inter Cassium Frontinum et Julium/Alexandrum societas dani［st］ariae（＝business of a banker）ex/X kal. Januarias q. p. f. Pudente e［t］Polione cos. in prid［i］e idus Apriles proximas venturas ita conve／n［i］t, ut quidq［ui］d in ea societati arre/natum fuerit lucrum damnumve acciderit/aequis portionibus s（uscip）ere debebunt. /In qua societate intuli［t Juli］us Alexander nume/ratos sive in fructo X［qu］ingentos，et Secundus Cassi Palumbi servus a［ctor］intulit X ducentos/sexaginta septem pr . . . tiu . . . ssum Alburno . . . d［ebe］bit. /In qua societ［ate］siquis d［olo ma］lo fraudem fec［isse de/prehensus fue［rit］in a［sse］uno X unum . . . ／［denarium］unum XXX, . . . alio inferred deb［ebit］/ et tempore perac［t］o de［ducto］aere alieno sive／summam s［upra］s［criptam］s［ibi recipere sive］, si quod superfuerit, / dividere d［ebebunt］pp. "［卡修斯·弗朗提乌斯与朱利叶斯·亚历山大两人同意签署协议自 12 月 23 日起组建一个银行合伙，当时普登斯和伯利奥正担任执政官（166 年），直到第二年 4 月 12 日为止，在这次合伙中，无论是盈利还是亏损，他们必须对等分担责任。在这一合伙中，朱利叶斯·亚历山大提供 500 德纳里作为现款或者收入款，名叫塞昆都斯的奴隶，作为卡修斯·帕鲁姆布斯的代理商提供 267 德纳里（？）……将归阿尔布努斯所有。在这次合伙中，如果有人被发现隐瞒他的财产而欺骗他人，他将为每一德纳里赔偿他人 30 德纳里（？）……当（合伙）期限终止时，在扣除了债务之后，他们需要收回上文开列的数目，如果还有某些盈余的话，他们就分享。］术语 "*arrenatum*" 的语源至今

尚不清楚。蒙森［在 Bruns，*Fontes*，p. 269（ed. 5）中］认为，它的意思是"相互间支付的保证金"（*sub arrha mutuo datum*）。但它似乎更有可能为以盈利或者亏损的形式"产生于"资本投资的每样事物承担普通债务赔偿"再生"（*ad-re-nasci*）的职能。这将与那些惯用于康曼达的观点相适应——在比萨一章中进行估算讨论时我们将再次回头讨论这一主题。此外，这种个案与中世纪的（尤其是比萨的）海上合伙有一个共同的本质特征，即不是以现金的形式考虑投资。整条文献为罗马平民法中的海上合伙的基础提供了一个可能的案例。

35. 在热那亚条例不同的修订版本中均相同。达塔 IV（Datta IV）的碎片记录：*de pecunia ad statutum terminum accepta*［涉及按照法律规定应当收取的货币］，Stat. *Perae* 1. V c. 211：... der socius hat den Vorzug，"et praesumatur ... pecuniam vel rem illam quae inventa fuerit in ejus（scil. Of the traveling socius）mobili a tempore quo pecuniam illam acceperit ... processisse vel comparata esse de pecunia illa vel societate aut accomendacione accepta."［……合伙人拥有特权，"从他收到钱开始，从他（行商合伙人）旅程中将会获得的钱或财物……都是靠 societas 或 accomenda 合伙企业的钱才赚到的……这一点是理所当然的"。］因此，"pretium succedit in locun rei"［价格仅表出售物］这项原则得以实施，反之亦能成立。类似的规定在 *Statuta et Decreta Communis Genuae* 1567 1. IV c. 43 中也可找到。

　　这使我们想起了涉及婚嫁财产的"utilis rei vindicatio"［物品所有权的公正法律诉求］；嫁妆（dos）这种制度也是如此，它在发展为妇女所有制的中途也受到阻碍。

36. 参见较早的描述："possit petere totum debitum de quanto sibi

contigerit per quantitatem sue societatis vel accomendacionis"［依据债务通过他参与的索塞特或康曼达延及他的程度，他应该能够为一项债务（向合伙）提出诉讼。］——此处预设为，几个康曼达被交付给了同一个行商。Stat. *Perae* 216 显示具有类似的表述。

这一法律处理方式使我们想起，在委托代理商破产的情况下，在解决针对他的账户的索赔诉求前，委托人被赋予优先满足权。参见破产法第 38 款。也可参见这部书的最后一章，这一章已经涉及从康曼达到委托代理机构的变化。

37. 如同以前提到的那样，在这里，比萨没有被考虑在内。

38. 阿尔本加法令规定："et tunc presumam et habebo pecuniam et rem illam in ejus bonis ... processisse et comparatam esse de pecunia illa vel societatis vel accomendacionis excepta re illa, de qua venditor nondum sit pretium consecutus, in qua venditor habeat vendicationem rei venditae donec sibi de pretio fuerit satisfactum."［那么，我将理所当然地认为他货物中所包容的资金和财物……来自或者赚自 societas 或 accomenda 合伙的钱，那些售货者还没有确定其价格的物品除外，对于这些物品，受货人拥有所有权，直到售货者在价格方面得到满足后它们才成为已售货物。］

39. 对比萨已不再适用。

40. Chart. II 545："J. magister de antelamo（arte lane?）et G. mag. De antelamo（arte lane?）contraxerunt societatem in quam J. 1. 10 et G. contulit 1. 30. Ex his ueque 5 annos debet facere pred. G. calcionarios ... et de proficuo ... IVam habere debet J. et 3/4 G., pro fideli tamen cura ... ab ipso G. adhibenda vel sol. 20 de proficuo primum habere debet ante divisionem vel sol. 5 de parte

ipsius J." ［J. 是毛纺织工业行会（*Arte di Lana*）的一名师傅，G. 也是毛纺织工业行会的一名师傅，他俩已经签约组建一个合伙，在合伙中，J. 出资 10 镑，G. 出资 30 镑。使用前述的这一基金经营 5 年，G. 负责制作毛质的鞋靴，从利润中……J. 应当获得四分之一，G. 应当得到四分之三；此外，作为忠诚地经营商业的回报……G. 应当在分配利润之前首先从全部利润中获得 20 索里达，或者从 J. 自己分得的份额中获得 5 索里达。］（这一事例清楚地表明，合伙是通过分担风险而不是分享利润建立起来的。）

　　Chart. II 325："L. dedit in societatem B. lib. 50 quas idem se accepisse confessus est. has idem B. debet tenere usque 5 annos expletos et laborare cum eis in Janua unde eas removere non debet sine licencia ipsius L. De omni proficuo quod dues in eis dederit L. duas partes et B. terciam habere debet." ［L. 交给 B. 50 镑参与合伙，B. 承认他已经收到这 50 镑。B. 负责用这笔钱去热那亚经营商业，并在 5 年期满之时有义务归还这笔钱。在没有得到 L. 的允许之前，他不能将它们从热那亚转移出去。从上帝赐予他们这次活动的全部利润中，L. 应当分得三分之二，B. 分得三分之一。］L. 将 *stacio* 与商业联系起来。

　　Chart. II 576："Ego … accepi a te … lib. 8 in socirtatem de quibus debeo facere laborare in confeccione nepotem meum … et de proficuo quod inde consequitur medietatem tibi debeo. Capitale tuum super me salvum erit et illud tibi restiuam … usque prox. Fest. S. Michaël." ［我……已经从你处收到……8 镑参与合伙，对此，我有责任安排我的侄子从事生产……从商业所得的利润中，我支付你一半。你的投资在我手中是安全的，我还将把它归

还给你……在下一个圣米迦勒节。]

41. 依据前一注中的第 325 号文献。

42. 依据注 40 中的第 576 号文献。

43. 从 13 世纪初开始。

44. *Stat. Perae* c. 211.

45. 参见戈尔德施密特在前引文中关于 *lex Rhodia* 以及 agermanament 的论述。

46. 正如情境所示，这里仅提到合伙者之间的关系，而并不像拉斯蒂格所论，提到某项交流外地行情变化的义务，以便阻止违法的投机买卖。

47. 关于 *parabola*，参见 Lopez and Raymond 1990：257，n. 13。——英译者注

48. 在商人 "pecunium communem cum fratribus penes se" ［拥有的钱财是与他的兄弟们一起拥有的］案例中，财产报告的责任让人印象深刻。

49. Disc. 29 Nr. 4，6，7，19，24 - 28，在特尔（Thöl）的著作［HR. (1879) I § 102 n. 11］中得到解释。然而，就这一术语在有关合伙法的学说中所具有的重要意义来看，特尔（Thöl）使用术语 "*institor*" 表示行商合伙人是一种误导。

50. Fierli，*Della società chiamata Accomandita.*

51. *Constit. us.* rubr. XXVI. Vgl. *Consuetud. civ. Amalfiae* a. 1274 c. 14.："*salvum in terra*"［陆上安全］这个词语，对于海上合伙来说，它显示出了行商一项扩展的责任（例如 Stat. Perae c. 214），似乎表明除了 "*vis major*"［上帝的指令］以外的责任（参见 Goldschmidt，*Festgabe für Beseler*，pp. 210ff.）。［*salvum in terra* 意味着投入的资本必须完整归还而不考虑事业的成败，

关于它的重要性，参见 Max Weber, *General Economic History*, trans. Frank Knight（New Brunswick, N. J.：Transaction），270。]

52. 在马赛条例（the statutes of Marseille，参见帕德索斯的著作）第 24 章有清晰的表述。

53. 参见注 40 里面的有关文献。

54. 参见本书的最后一章。

第三章

1. ［德语词汇"haushalt"有两层含义，第一层含义是指一种社会文化和实体单位，第二层含义是指经济和预算单位。尽管此文中使用的是主要反映第一层含义的英文"household"，但希望读者牢记其实它还同时指代第二层意义。]

2. 较早期的法规的确包含分家时应当遵循的程序的详细规定。例如，参见 *Breve Curiae Arbitrorum* of Pisa c. 4（见 Bonaini, *Statuti della città di Pisa*）。

3. 迟至在他为佛罗伦萨一桩涉及财产分割的法庭诉讼案提供的法律意见中，安萨尔杜斯·德·安萨尔迪斯（Ansaldus de Ansaldis, *Discursus legales de commuciis et cambio*, Genoa, 1698, Disc. 49.）仍然证实"societatis omnium bonorum"存在。当时他提到下述特征，它们被称为"notissima illa societas omnium bonorun reauisita"："communis habitatio, Lucrorum communicatio et nunquam ratio reddita"［一个合伙全部动产的那些最司空见惯的必需品：一个公共住所、分享利润以及一本从来没有汇报过的清算账目]。账户缺少损益记录同样都在前引文 Disc. 50 得到评论。根据相似的观点，也可以比较一下在前引文 Disc. 52 的"societas

particularis" 与 " universalis " 之 间 的 区 别，即 " societas universalis"应依据下列内容来认识："contractus actic et passivi，dispend et emolumenta pen consocios omnium bonorum facta et acquisata non curantur，sed habita dumtaxat contemplatione bon de tempore divisionis faciendae，partitio fieri debet aequaliter." ［不要考虑订立积极的或消极的契约，协作中处理全部货物所招致的耗费与盈利也不需要考虑，而要考虑物品分割的时刻如何使物品能得到公平的分割。］

4. ［韦伯给出的原文如下：*Lex Longobardorum*，1. II rubr. *de successionibus*：Rex Rothar："Si fraters post mortem patris in casa communi remanserint，et unus ex ipsis in obsequio Regis aut cum judice aliquas res acquisierit，habeat in antea absque portione fratrum，et que foris in exercitu acquisierit commune sit cum fratribus quos in communi casa dimiserit，et si quis alicui de suprascriptis fratribus garathinx（Boherius = donatio）fecerit，habeat in antea ille cui factum fuerit，et si quis ex ipsis duxerit uxorem et de rebus communibus meta data fuerit：quando alter uxorem tulerit aut quando ad divisionem faciendam venerint，simili modo de communibus rebus ei refundat aliud tantum quantum ille alter frater in meta dederit. paterna autem vel materna substantia quod reliquum fuerit inter se equaliter dividant." 至于译文，参见 the *Lombard Law*，trans. Katherine Fisher Drew（Philadelphia：University of Pennsylvania Press，1973），81。］

5. 这段话一字不差地收进了《伦巴第法》。12 世纪《伦巴第法》的评论家阿里普兰德（Ariprand）与艾伯塔斯（Albertus）（ed. Anschütz，*Die Lombardakommentare des Ariprand und Albertus*，

Heidelberg，1855）未对它进行评论。

6. 参见 *Breve Pisan*，Comm. Of 1286 1. I c. 118 中儿子有义务从事家务劳动的规定，以及《伦巴第法》中"rubr. De eo quod pater filiis vel filiabus necesse habet relinquere"［关于父亲有义务为他的子女留下遗产］的规定：允许在临终意愿和遗嘱中授予在家务劳动（bene servientes）中表现出色的那些儿子以特权。下文我们将看到更多类似的观点。

7. Gierke，*Genossenschaftsrecht* I，pp. 14ff. 吉尔克在讨论与此处不同的问题时也指出了这一点（特别是参见第 23 页）。——吉尔克探讨了家户与血缘群体之间的关系，他将二者之间本质的差异定位于血缘群体是"首领专制的家户共同体"。然而，应当指出的是，家庭，即便在那些没有家族首领而由平等成员组成的家庭中，也具有其独特的重要性，而且在此背景下主要是如此。在意大利，至少依据《伦巴第法》，父亲专制的内在权利观念对于家庭的组织并不是决定性的，而依据南部意大利的法律甚至更缺少这种东西。

8. Baldus，Consilia IV 472："cohabitatio sola non facit societatem"［仅仅同居一室并不构成合伙］与 Cons. II 74 结合起来，据此可知，一起生活的兄弟们应当平分用他们的勤奋劳动创造的成果。也可参见 Cons. II 451，以及 III 30：继承性的共有财产应在血缘群体中分配；通过工作获得的财富，按人均分。Cons. I 19 严格地遵行罗马的观点，要求人们出具索塞特已经订立的证据，否则当人们一起生活、共同工作时，它就被认为是存在的。II 260 否定了 I 19 成文法，它宣称：如果一位合伙人不能提供他获取财物方式的证据，人们应当认为，他是以"ex communi"［共同体为手段］获得的，这样做可以确保共同的所有权，尽管还没有证据证明财务是为了共同体而获取的。

9. Bonaini, *Statuti inediti della città di Pisa*, vol. II, p. 880.

10. 因必须设立账户而造成的决疑困境在巴尔杜斯的很多判定中都体现得很明显，这些判定均与共同家户中到底什么东西应为共有这一问题有关。参见 Cons. I 21，97，260，II 87，347，IV 189，239，335，461，V 40，65，234，259，284，372 等等。而如何对待妻子因婚姻获得的财产以及她的嫁妆的问题——它曾促成《伦巴第法》一项专门的条款（见上文）——也是此处主要考虑的对象。

11. 与此类似的例子也可以在古老的弗里西亚人（the Frisian）的法律以及来自波罗的海沿岸的勃艮第人（the Burgundian）的法律中发现。参见 Brünneck, *Siziliens mittelalterliche Stadtrechte*；Pappenheim, *Launegild und Garethinx*，把 c. 51，1 lib. leg. Gundob. 与 Westgötalagen I Arfpaer b. 9 pr 放到了一起。

12. 在索伦托（Sorrento, *Consuetudines* rubr. 43），父亲仅仅获得他自己的劳动所得，但是只要孩子还生活在大家族中，他就主管着来自遗产继承的财产收入以供养全家。然而，当孩子们成长到法定年龄以后（rubr. 43 cit.），他们一旦不与父亲生活在一起（rubr. 7；也可参见 *Consuet. Of Neapel* r. 7），在父亲、母亲与他们的孩子之间家族财产收入按照公平的份额（Virilportionen）进行分配，儿子们可以为要求实行这种分配形式而提起诉讼（rubr. 43）。因此，［我们据此得出］这是一种家族成员共同体。1345 年的卡塔尼亚（Catania）法规（Tit. III Consuet. unica）表达了如下相同的关系：家族成员的财产变成了"一个整体"（unum corpus）。墨西拿（Messina）法令［从霍亨斯陶芬王朝（*the Hohenstaufen*）统治时期开始］、1299 年的卡尔塔吉罗内（Caltagirone）法令，以及 *Ordinaciones terrae Noti* 进一步确定了父亲的分配限额：父亲与家族中的任何一名成员只能依法支配属于他自己的份额，但其他的限制就没有了。墨西拿法令 c. 33 认为，只要父亲还活着，有必要明确地排除为了财产的分配提起诉讼的可能性，而卡尔塔吉罗内的法令设定了一个例外："nisi pater emancipet eum vel eam"[除非父亲放弃他对他的儿子或者女儿的权威]。就我们所知，司法文献中最早提到这种情况是 1150 年的 Novella Rogerii si genitor in vita habuerit 3 liberos … consuetudo est ex omni substantia eorum ipsum obtinere duas partes，id est 8 uncias，filios autem terciam [希腊语和拉丁语："如果一位父亲在他一生中有三个子嗣……通常他会保有他们全部财产的两份，也就是 8/12，而孩子们获得 1/3。"]。法令中体现的 *Part disponible* 原则已经应用于处理仍然活着的那些人（inter vivos）的关系。

　　在西西里，在皇帝腓特烈二世（Emperor Frederic II）的 *Constitutiones Regni Siciliae*（1. II t. 17）之前，私法原则并没有被抛弃——1286 年，在阿马尔菲的一份文献中，"vivens lege Romana"[按照罗马法生活]的说法仍然存在（Volpicella，*Consuet. d'Amalfi*）——在这里，未经调和的诺曼法律与拜占庭法律并存，这可能促进了罗马 "*communio*" 观念移入日耳曼家庭财产观念。参见西西里法令（the Sicilian statutes）有关此问题的论述（Brünneck，*Siziliens mittelaterliche Stadtrechte*）。

13. 伦巴第法也有一种按成员各占多少份额的原则来组织家产结构的倾向，在 the *Registrum Farfense*（*Il Regesto di Farfa pubbl. della Soc. rom. di stor. pat.* Vol. II，Roma 1879；也可参见 Brunner 在 the *Mitteilungen des Instituts der österreichischen Geschichtsforschung*，vol. 2，pp. 10f. 的论述）文献中，这些都是

显而易见的。正如我们将要看到的，城市共享在这种发展中只是局部的。

14. Lastig, *Entwicklungswege und Quellen des Handelsrechte* 清晰地描绘出海洋贸易场所与工业生产场所的差别。戈尔德施密特反对过分强调这种区分，反对过分概化这种结果（*Zeitschrift für Handelsrecht*，vol. 23，pp. 309ff. ）。拉特斯（Lattes, *Il diritto commerciale nella legisl. Stat.* ）虽然追随拉斯蒂格的观点但更集中于概述现存法律原则而不是描述历史发展。这样，他的描述不太适合我们处理法律史的目的，尽管它对于制定法（statutory law）是一篇极好的导言。

15. 在本书有关比萨法的章节中，我们将简明扼要地叙述一下康曼达作为一种处于外放状态下的工人和雇主之间关系的法律形式的应用问题。

16. 参见 Baldus，Consilia V 25，他描绘了一个由在一个 banca（一种公众售货台或者货摊，屠户在此展示他们的产品）的屠宰者组成的社团。以下片段的更全版参见《萨克森之镜》（the *Saxon Mirror*，book 1，chapter 12）中的以下片段："Swô brudere oder andere lûte ir gut zu samene habn, erhôen si daz mit ire kost oder irme dînste, der vrome ist ir aller gemeine, dazselbe ist der schade. Swaz aber ein man mit sîme wîbe nimt, das en teilt he mit sinen brûdern nicht. (Cf. the passage in the Lombard Laws.) Verspilt aber ein man sîn gût oder verhûret erz oder vergufter erz mit gift oder mit kost, dâ sîne brûdere oder die ir gût mit ime gemeine habn, nicht zûphlicht en habn, der schade den her daran nimet, sol sînes eines sîn, und nicht sîner brûdere noch sîner gewerken, die ir gût mit ime gemeine habn. "〔当几位兄弟或者其

他一些人共同拥有财产时，他们通过支出或者他们的劳动来改善
他们的财产，所得之物为他们共同占有。对于他们的损失，也按
照这种方式处理。但是，无论一个人从他的妻子那里得到什么
（在结婚以后），他都不能和他的兄弟们一道分享。如果一个人赌
博输掉了他的财产，或者游手好闲、挥霍浪费；或者出手豪阔花
钱花在他的兄弟们或者那些对财物具有共同所有权的人不同意的
支出或赠礼上，那么，最终的结果——损失是他自己的，而不是
他的兄弟们或者那些与他共同占有财富的同伴的]。[至于译文，
参见 the *Saxon Mirror: A Sachsenspiegel of the Fourteenth
Century*，trans. Maria Dobozy（Philadelphia：University of
Philadelphia Press，1999），72。]奠基于一种几乎是最常规的基础
上，意大利法令约束着"mercatores"中的手工业者，并控制着
他们在此地的生意。

17. [韦伯在同一个数码下又提了一次前一个脚注。]

18. 在论佛罗伦萨的一章中，我们还将专门重新谈论这一问题。

19. 参见注 16 中《萨克森之镜》的有关片段。依据《萨克森之镜》，
显而易见，人们认为，同辈人拥有共同的财产。

20. 至于其他情况，参见 Lamprecht，*Deutsches Wirtschaftsleben im
Mittelalter I*，p. 288，n. 3，以及 v. Inama-Sternegg，*Deutsche
Wirtschaftsgeschichte*，p. 75，n. 1。霍伊斯勒（Heusler）的评论
（*Institutionen*，vol. 2，pp. 304ff.）也是很重要的。如果财产主要
是由不动产组成的，那么，就会出现一种拥有独立财产和个人所
有权的趋向；而如果财产主要是由流动资产和商业劳动组成的，
那么这种趋向就会朝向共有财产。

21. 参见 Ansaldus de Ansaldis，*Discursus legalis de commercio et
mercatura*（Genoa：1698），Disc. 49，据此，姐妹们的股份问题在

普通法中引起争论。

22. *Constitutum Usus Pisanae Civitatis* in Bonaini，rubr. "Desocietate inter extraneos facta"［关于非亲属间的合伙］；"inter laicos et masculos"［存在于共同体的男性成员之中］进一步的例证将在以后的论述中列举，特别是威尼斯的例证。此外，《伦巴第法》仅仅提到"fratres"，而《勃艮第法》则知父亲和他的儿子们组成的共同体，尽管它也不了解夫妻间的共有财产。

23. Stat. *Perae* c. 20.

24. 这些片段被收录到拉特斯（Lattes）编著的选集 *Diritto commerciale* § 6 nn. 5 and 6，它包含有如下规定：商法不适用于不动产。在佛罗伦萨一章中，我们将再回来探讨这一问题。

25. 它不受合伙人拥有的对合伙的特定处置权的控制。正如现在，任何一名合伙人都不能简单地卖掉公司一样，那时，共同体的基础——共同的房屋——也不能用来抵押贷款或者出卖。

26. Passerini，*Gli Alberti di Firenze*. 也可参见"佛罗伦萨"一章的论述。

27. 参见"佛罗伦萨"一章的论述。

28. 比较佛罗伦萨阿尔贝蒂家族与佩鲁兹家族的文献。

29. 就像 *Registrum Farfense* 中第 36 号文献（参见注 13）所显示的那样，家族共同体是依据某种契约创建的。在已引用过的文献中，生活在一起的两个兄弟将他们的叔父引入家户共同体："te . . . affratamus et in tertia portione . . . heredem esse volumes"。（我们与你合伙，想使你成为三分之一份额的继承人）这种情形属于家户共同体。布伦纳（前文曾引用过，Brunner，pp. 12f.）指出亲属间为了商业目的合伙时的情况与此类似。

30. 参见 *Const. Legis Pisan.* civ. 1. II c. 77 中针对以不正当的一方

为目标进行报复的案例而制定的惩罚性规则。

31. Rubr. *De debitis et guadimoniis et que liceat pignorare vel non.*
Rex Rothar："Nulli liceat alium pro alio pignorare，excepto illo qui gaphans esse invenitur id est coheres ejus proximior qui ad illius hereditatem si casus evenerit venturus est"[《罗退尔敕令》：（247. 一个人不应当为了另一个人的利益提供担保。）任何人都不应当为了其他人的利益提供担保，除非有人发现他是一名"gafans"；也就是说，他是一名关系亲密的继承人，正如通常所见，他很可能继承遗产。参见《伦巴第法》，英译者 K. Drew，101]。——艾伯塔斯说，"id est proximior qui ad illius hereditatem venturus est."["Gafans"是很可能继承遗产的近亲]。因此，债务的连带仅限于近亲，但是这已经开始应用于债务人依然活着的情况；与遗产（hereditas）的关系是最主要的。这里仍有一个需要讨论的问题，即继承人的责任在多大程度上以这种条件为依据。其他参见前引文。利特普兰国王［利特普兰（Liutprand，712—744 年在位），中世纪伦巴第王国的国王。他在位期间重建了伦巴第王国的和平，颁布一系列法律，有意识和系统地更新前国王罗退尔的《敕令》，将相当一部分罗马法纳入了伦巴第的法律体系，巩固了他的王国。——中译者注］法典（Laws of King Liutprand）："Si quis debitum fecerit et res suas vendiderit et tale fuerit illud debitum，quod solver non posit et filius ejus per uxorem suam aliquid acquisiverit vel pro debito suo creditoribus suis dederit：aut a public intromissus fuerint；non habeant facundiam creditors res ejus quas filius ejus de conjuge sua habere videtur vel postea conquisivit aut laboravit ... distrahendi ... sie tame nut ... prebeat sacramentum quod de rebus patris vel matris sue si ipsa in

mundio patris mortua fuerit nihil apud se habeat nec alicui commendaverit. ——参见 the Lombard Laws，trans. K. Drew，167 - 168。"［（关于招致债务、出卖财产的人）在某人招致债务、出卖财产而债务依然无力偿还时，他的儿子通过他的妻子或者凭借从事某种形式的工作获得了财富，在父亲变卖了他所有的财产，或者将它交付于他的债权人以便偿还债务，或者财产被官府以罚款的形式充公之后，债权人无权以暴力索要儿子从其妻子或通过劳动获得的那些财富……然而……他需要发誓他从未接受或藏匿他父亲或者他母亲（……如果她母亲是在他父亲的监护下去世的）的财产。］阿里普兰德（Ariprand）将此精简为一个短句，即未从遗产中受益的这个人也没有责任以继承人的身份偿还债务。然而，正如帕彭海姆（Pappenheim）也曾强调指出的那样（*Launegild und Garethinx*，p. 70），《伦巴第法》并未提到立遗嘱之人去世之后继承人的责任，但它提到当那个人仍然活着的时候，这属于继承人的责任。在接下来的一段中，《伦巴第法》提到儿子的某些财产无须为其父负连带责任，但他与父亲财产（res patris）的关系仍然是最重要的。彼得勒斯（Petrus，Except. LL. RR. 1. IV C. 53）著作中说父亲有义务对仆人（servus）和儿子（filius）之间签署的契约承担责任——"si in rem patris versum est，in solidum"［如果他为了父亲的利益、承担全部责任］——这个片段究竟要表达什么意思仍然未弄清楚。也许它意味着，如果他们就家庭事务中的一些问题签署过契约的话，就存在这类责任。

32. 《克雷莫纳条例》（The *Statute of Cremona*，1388 rubr. 495）以及《马萨条例》（The *Statute* of Massa，1592；其中的资料更古老，1. IV c. 17）规定，由家仆或者是儿子们招致的损失全部由

家户的主人和父亲承担。在西西里，1282 年的一项制度
(Pardessus V, p. 255) 摒弃了儿子们、父亲们和兄弟们之间因某
人犯法而产生的连带责任，"cun poena suos tenere debeat authores"
〔因为惩罚应当约束犯罪的人〕。其他条例〔Stat. Bono. of the
years 1255ff. 1. II c. 8，Pisa，Const. Usus 45 （一部较近的补充
资料），Vicenza，stat. of 1264 III c. quod dominus，Modena stat.
of 1327 ref. 1. IV c. 10〕则引入了为不法行为承担连带责任的各
种限制——主要针对儿子所犯的罪行——因此在较早时期就有全
部责任这一说法的存在。佛罗伦萨条例与此相关，我们稍后再详
细讨论它。

33. 在其他地方：在维琴察，民事负担由各家族共同分担（stat. of
    1264 1. II c. ult.）；而在米兰，该项费用仅在家族成员之间分
    担，其所有成员共同担负责任〔stat. of 1502 fol. 81；compare
    stat. of 1217 I because of the *bannus*（由于未支付债款而被驱
    逐）〕；在摩德纳（Modena，stat. of 1327 ref. I 165），家族中的
    每一位成员都可以分配家族军事义务；在锡耶纳（Siena，stat. of
    1292），由每个商业组织而不是个人向行会缴纳捐献；在蒙卡列
    里（Moncalieri，stat. of 1388 H. P. M. 1. Mon. I vol. 1450），生
    活在一起的兄弟们（*fratres communiter viventes*）的诉求不包括
    旨在评估个人收入所得税的个人财产。对佛罗伦萨《毛纺织公会
    条例》（the Stat. dell' Arte di Calimala）的一番考察显示，单个
    商铺与单个索塞特可被视为那一带的行会组织的地方基础。

34. 在罗马法中，条件更加宽松。对于**家长**而言，整个家户都是有责
    任的；对于**家中的儿子**而言，儿子自负其责。对儿子的人身拘禁
    （manus injectio，由捉拿债务人引发的一项法律活动）促使他的
    父亲偿付他的债务，然而，中世纪法律并不相信缺乏拥有财产能

力的人的自我约束能力。依据罗马法，在遗产分配中尚有得到他应得份额的共同继承人（那一份额之所以是可以磋商的），也要承担责任，而这种抽象概念与中世纪的法律格格不入。

35. ［韦伯给出的原文如下："de emancipationibus；… quicquid filius habet，hoc totum praesumatur de bonis parentum habere，nisi expressim et liquide possint probare … se acquisivisse ex officio vel successione vel … alia … justa causa."］

36. ［ "… quod patres et filii masculi … et fratres stantes ad unum panem et vinum … talium fugitivorum teneantur et obligati sint creditoribus in solidum et contra eos procedi possit … realiter tantum … sed si intromiserint se de negociatione，tunc … teneantur sicut eorum ascendentes pp." ］

37. "Die deeutsche Genossenschaft," in the *Festgabe für Windscheid*.

38. 参见最后一章。

39. 参见 Sohm，p. 30："die Gewalt，über die Vermögensanteile auch dieser（der anderen）Mitglieder zu verfügen."［另外，处理这些（其他）合伙人在全部合伙财产中的股份的权威。］

40. 这也是当代法律文献所表达的观点。Baldus，*Consilia* III 451.

41. 关于这一发展，我并不完全同意拉斯蒂格与他的明确表述。

42. *Constitutum Usus Pisanae Civitatis* 给家内共同体所下的定义如下："si de communi in una domo vixerint et contractus et similia communiter fecerint，sive absentes sive praesentes，sive uno absente，altero praesente etc."［如果他们一起居住在同一所房子里，并一起缔结了契约和类似的协议，不管他们是否在场，不管是否一个缺席而另一个在场，等等。］

43. 只要与此有关的法律观念存在，后者（就会）被视为前者的法律后果。Baldus, *Consilia* V 125：合伙人是受到约束的，因为"corpus societatis"，即合伙的财产（资本）受到约束。

44. 此事被交托给父亲处理（Muñoz, *Colleccion de fueros municipales*，Madrid 1847）："Si quis habuerit filium prodigum vel lusorem ... desafillet illum si voluerit in consilio et si non receperit illum postea non respondeat pro illo."〔如果某人有一个挥霍无度、放荡不羁的儿子……如果他（父亲）在议事会上做出决定，就让他赶走他吧，而且事后如果他并未将他召回，他将不对他担负任何责任。〕——因此"Desafillare"意为将某人逐出家户共同体（p. 534 in Muñoz）。

45. *fueros de Medinacoeli*（in Muñoz p. 435），（该法规）可能源于12世纪初〔可能是由威武的"阿方索一世（Alfonso I "e Batallador"）制定的〕，它认为包含明确的、涉及责任缺失的准则是有必要的。1118 年，阿方索七世颁赐给托莱多（Toledo，西班牙有名的世界文化遗产城市，位于马德里西南 70 多公里处，是卡斯蒂利亚—拉曼恰自治区首府和托莱多省会。从 8 世纪阿拉伯开始统治以来，穆斯林、基督徒和犹太人共居此城，托莱多成为"三种文化之都"。基督徒、穆斯林和犹太人几百年生活在一起，给托莱多留下了伟大而珍贵的艺术和文化遗产。——中译者注）的特权以同样的方式专门排除了妻子和孩子在分享母亲财产中属于被驱逐者（*fugitivi*）的财产方面的责任。Fuero of Peralta of 1144（p. 546）包含着类似的条款。The Fuero Viejo de Castiella of 1250，1395 年在原有法律资料的基础上得到重新编译（从"Emperodor" Alfonso Ⅶ, the Cortes of Najera 的时代开始），明确地规定了共同继承人对继承来的债务承担连带责任的原则。比如 1. V t. Ⅲ："Todo ome o mugger que muer, dejan fijos que

redden lo suo de 5 sueldos en ariba，e deve el muerto debda manifiesta a otro ome，aquel a quien deve la debda，puede prendar los fijos e coger la debda si fallara en que e aquel fijo que pagara la debda puede mandar a los otros riedes que lo ayuden a pechar aquella debda quel pagò por suo padre，pues eredaron suos bienes tambien como el.”［任何人去世之后留有子嗣，他们从他或者她那里继承来超过5索里达的遗产，如果其父欠另外一人未偿还的债务，而且债务的债权人发现作为赔偿之物可以从他或她孩子们那儿获取偿还债务的保证，那么原本将要赔偿债务的那个孩子可以向其他继承人要求帮助，偿还为他们父亲付清了债务的孩子的债务，因为，像他一样，他们也从父亲那里继承了财产。］

46. In Muñoz.

47. 参见注 45。

48. ［韦伯给出的原文如下："compania que fazen los mercaders y los otros omes para poder gañar algo mas de ligaro ayuntado ssu aver en uno."］

49. 在巴塞罗那，此后依据法律为他人承担责任的规定不再出现，正如 the Marquilles De usaticis barchinonensibus（刊印于 1491 年，第 337 页）——为此也受到强调——的注释中指只有封建法起作用时才属例外，更强调了这一点。就马略卡而言，唯一可能的遗迹是 emancipation in frauden creditorum［禁止免除欺骗债权人的责任］(Ordinac. Novae v. 1413)。

The Costums de Tortosa（见 Oliver, *El derecho de Cataluña*）中的某些部分以某种特殊的方式展示了旧有法律的一些特例。它们包含着关于合伙的仅仅是某些稀疏的罗马法领域使用的习语；它们包含着一种特殊的要素，即由资本产生的（*extractis capitalibus*）利润不是按照与出资成正比，而是依据"对半分"（mig par mig）的形式均分的限度内。关于继承人共同体，涉及遗产分配诉讼的特殊规则有一为期 30 年限制的条例，此后遗产的分割不再强制执行——1. II，rubr. XIII，c. XV："de XXXans avant los uns no poden forcar los altros que venguen daquela cosa a parcio"［在这段为期 30 年的期限过去之后，任何一方不得强制其他方分割这类物品］——表明，较为陈旧的规则适用于不能被完全理解的较为陈旧的环境中。在存在于兄弟们之中的继承人共同体中，兄弟之间的财产分割在某种程度上可能就是较为古老的共同继承这一特殊原则的残迹。较晚的地方条例的内容更多地专注于监督工匠［就像布尔戈斯（Burgos）条例和萨拉曼卡条例（the fuero de Salamanca）中的情形一样］。就我们所知西班牙并没有对合伙法的发展做出独创性的贡献。冈佐拉·苏亚雷斯·德·帕斯（Gonzola Suarez de Paz）的《教会实践与世俗主义》（the *Praxis ecclesiastica et secularis*，ed. Frankfurt，1613）仅仅知道在合伙成员中有一种诉讼形式——the actio pro socio（合伙之诉）。就"诉状即是指定法官做出决断"而言，这让我们想到意大利法。参见后文对佛罗伦萨的讨论。

50. ［韦伯给出的原文如下："de fraterna compagnia. Volumus quod fratres mortuo patre remaneant in fraterna compagnia quamdiu divisi non fuerint. Idem in germanis consanguineis filiis fratrum inter se et cum patruis. Et non procedat ultra fraternal compagnia. Sorores autem inter se et cum fratribus non sint in frat. Cia, sed faciant inter se sorores rationes eorum tantum que habuerint a patre vel avo vel aliquo alio de superioribus . . . et etiam cum fratribus si fratres inter se remaneant in frat. Cia nisi et ipsi

divisionem fecerint. Si pater ... aliqua specialiter dimiserit filio ...
illud non erit de frat. Cia. "]

51. 参见 *Monum. spect. hist. Slavor. meridional*，vol. I （Zagrab，
1868），no. 696。

52. ［韦伯给出的原文如下："Item quod fratres，existentes in fraterna
societate，teneantur cuilibet debito facto per aliquem ipsorum，cum
hoc condicione，quod ille frater qui noluerit teneri debito fratris sui，
ante debitum contractum debeat fecisse cridari per riparium dicte
terre in platea et scribi per notarium in quatreno communis se nolle
teneri ad debitum fratris，et taliter ... minime teneatur. —Item
quod socii，habentes societatem，ad invicem teneantur ad debitum
factum per aliquem ipsorum，quod si fecerit cridari et scribi se nolle
teneri，ut de fratribus proxime scriptum est superius etc. ... frater
sive socius habens societatem fraternam cum illo. "]

53. 马南 （Manin） 的观点 （Giurisprudenza Veneta） ——只有一致同
意，兄弟间才互担责任，对于较早时期是不正确的。

54. *Pratica del foro Veneto*，p. 35.

55. ［韦伯给出的原文如下： "1619. 7. Luglio. Nel Magg. Cons.
Essendo per Legge nello Statuto nostro deciso che la fraterna Cia
sintenda，quando li fratelli non sono tra di essi divisi nelle faccoltà e
occorrendo ch'alcuno，ò per mal giorno ò per altro contraza debiti，
li Beni di tutta la facoltà sono sottoposti e così ne rimane il danno e
pregiudizio anco à quelli che non ne hanno havuto colpa ... andarà
parte：che nell'avvenire non possa il fratello di fraterna in alcuna
maniera senza l'assenso espresso dell'altro fratello，obbligarlo ...
ma ogni obbligazione ... s'intenda sempre propria e sola di quel

fratello che l'havesse contratta, e i Beni della sua specialità e della sua porzione di fraternal a lui spettanti obbligati à pegno, non quelli d'altri fratelli. " 〕

56. Passerini, *Gli Alberti di Firenze*; Peruzzi, *Storia del commercio e dei banchieri di Firenze.* 参见后文对佛罗伦萨的讨论。

57. 威尼斯条例的其他内容是微不足道的。对它们而言唯一值得注意的事情就是：在 1. I c. 37 中，父亲尤其不再为儿子所欠的有文献可查的债务承担责任。由成文法律文献规定的大型信贷交易很可能引发了朝向限制责任的发展，就像前文早已描述的那样。

58. 〔韦伯给出的原文如下："fratres dictorum mercatorum campsorum vel qui in communi cum eis vixerint. " 〕

59. 〔 " (I) n eadem familia vel communione vel societate. " 〕

60. 〔 " (P) atres, fratres, filii . . . socii . . . et qui cum eis stant ad unum panem et vinum. " 〕

61. 〔 "Si fratres paternam hereditatem indivisam retinuerint et simul in eadem habitatione et mensa vitam duxerint. " 〕

62. 〔 " (F) ilii et fratres qui cum eis stant ad unum panem et vinum et fratres et socii ejusdem negotiationis ipsum negocium exercentes et omnes alii descendentes talium fugitivorum. " 〕

63. 〔 " (S) i plures permaneant in una stacione et unus eorum mercatum fecerit . . . quod quilibet ipsorum teneatur in totum . . . si fuerint socii in illa stacione. " 〕

64. 〔 " (E) t intelligantur socii quantum ad predicta qui in eadem stacione vel negociatione morentur vel mercantur ad invicem. " 〕

65. *Stat. domus mercator. of Verona* 1. III c. 12.

66. 最初，如我们所见，某些责任因犯罪而存在。关于契约，某些条例宣称家庭承担责任。在皮亚琴察（c. 201 vv. patres，etc）和维苏（Visso）情况就是如此。在其他地方，比如布雷西亚（Brescia，Stat. della Mercanzia c. 61）、贝加莫（Bergamo，Cap. de fugitivis of 1341，pp. 203，205）以及圣乔治（S. Giorgio），责任同样可以通过明言的方式得以消除，就像威尼斯的"兄弟们"（the *fratres*）那样。依据某些条例，与居住于父亲住处的儿子签署契约是被禁止的。在博洛尼亚（Bologna，1. III cons. civil. c. 72）、蒙卡列里（Moncalieri）、洛迪（Lodi，Statuti vecchi c. 46）以及尼斯（Nice），没有与他的父亲分庭而居、也没有成为一名商人的儿子就没有能力签署有约束力的契约。后一事实表明，儿子约束自己的能力，如果被认可，只能够被认为约束家庭，同时这也表明，为了贷方的利益商法支持已经确立的各项原则。从法律的观点看，明确地禁止与儿子签署契约其根本原因在于：如果某人与另一家的儿子签署了契约，那这另一家人的财产就要承担责任。博洛尼亚条例（liber tertius caus. civil. fol. 54c.）也允许儿子约束自己，但只是在他与父亲分庭而居之后（只有独立生活同时也是一位商人的人才会由于未赔付债款而遭受驱逐）。

67. Statutes of Piacenza c. 514.

68. Statutes of Venice 1. I c. 37.

69. 在佛罗伦萨佩鲁兹家族和阿尔贝蒂家族中间，我们发现了朝向这种情形发展的趋势。即便在那里，用在商务和家庭必需品上的全部支出也以同样的方式记账，但这些支出的账目是与较大宗商务账目分开执行的，即作为"开销"。

70. 彼得勒斯·德·乌巴尔迪斯（Petrus de Ubaldis）的 *De duobus fratribus* 从一开始就宣称这是对自然法的亵渎，因而条例确定"quod pater teneretur pro filio nisi filius patri referat quaestum"

［除非儿子将收益交给父亲，否则禁止父亲为儿子承担责任］。

71. 早先在西西里和南意大利的法律中实施的分配原则通常不在这里实施；不过可以参见注 73。

72. ［韦伯给出的原文如下： "ipsi filio obligato assignare partem legitimam omnium bonorum suorum … super qua quatenus attigerit creditor solucionem suam consequatur."］

73. 对于犯罪，维琴察条例承认家庭责任对按人均分全部财产的有效性：（Stat. comm. Vicent. 1264 1. III rubr.） quod dominus teneatur pro servo et pater pro filio ［父亲应该为他的仆人承担责任，并且父亲也应该为他的儿子承担责任］。父亲承担责任 "ita quod persona patris pro virili porcione cum aliis filiis computetur" ［以至于父亲这个角色在平等份额的基础上对其他儿子非常重要］。摩德纳条例为家庭成员的每一类型都设立一种独立的分配模式。如果儿子成为违法分子，那么 "bona ejus devastari deberent" ［他的财产也应被瓜分］。份额的划分如下：父亲得到一半，剩下的一半被认为应在其他儿子们中间按比例分配，以这种方式确定分配的财产是被充公的财产。如果父亲变成违法分子，那么半数财产被充公，而另一半留给他的子嗣。因此，即便是父亲也只有权要求按照一定比例得到他的份额。也可参见西西里和南意大利的文献。

74. 在他对米兰条例的评论中，卡尔帕诺（Carpano）发现，从法律观点解释在当立遗嘱之人仍然活着的时候 "legitima" ［特留份］已经授出是如何地可以理解，这是不可能的。

75. 12 或者 13 世纪的帕多瓦（Padua）：父亲承诺只为儿子提供生活必需品，而不给予 dare partem ［他的股份］，但是仅仅在 "nisi justum videbitur potestati vel rectori de parte arbitrio ejus dando"

［除非地方官员或者主管者关于授予股份作出的判断看来是公平的］（情况下）。马萨（Massa）的情况与此相同。1502 年的《米兰条例》更清晰地明确了这一问题：(fol. 150) "Si pater filium emancipaverit, partem debitam jure naturae bonorum suorum assignare compellatur."［如果父亲不再管制自己的儿子，那么依据自然法，父亲被迫从他的财产中分配给他欠自己的儿子的份额。］此处也只提到受到这种待遇的儿子。

76. 参见注 13。

77. 某些条例规定，离开合伙的人必须将 "bottega"（作坊、店铺）留给其他合伙人。也可参见 1271 年坎波里（Campori）版的摩德纳条例的序言（prefazione）。比萨于 1321 年制定的 Breve dei Consoli della Corte dei mercatanti 的第 80 款规定："se alcuno mercatante … comperasse alcuna cosa u merce u avere alcuno et de la parte di quali merce intra loro u differenzia d'avere fosse … non patrò … di quelle avere … dare oltre una parte, non dividendo quella parte per lo numero dei mercatanti et persone ma per numero de le botteghe"［如果任何一位商人……购买了任何物品、或者任何货物、或者拥有那些货物的股份、或者分到一份……他没有……有鉴于此……拿出更多的部分，并未按照商人的数目或者全体人数而是依据商铺的数目分配这部分物品］。因此，在合伙中拥有的股份是按照商铺数目来分配的，并不按人均分。权利主体是企业，而不是个体。

78. 依据 1390 年的《洛迪条例》(the statutes of Lodi, rubr. 244)，儿子们的契约只有在为父亲家族的经营活动而立时才有效。只有这样的契约才可以让家族为其承担责任。

79. ［韦伯给出的原文如下：　"fratres, inter quos est quoddam jus

societatis, quicquid in communi domo vivendo acquisierint, inter eos commune erit. "]

80. ["Item fratres quoque, inter quos est quoddam jus societatis, illud obtineant ut quicquid etc . . . que non habeant locum in quesitis ex successione . . . nec etiam occasione donationis . . . vel dotis . . . et intelligantur fratres stare in communi habitatione etiam si contingat aliquem ex pred. fratribus se absentare ex causa concernenti communem rem. "]

81. ["Si fratres paternam hereditatem indivisam retinuerunt et simul in eadem habitatione Vet mensa vitam duxerint, quicquid ex laboribus, industria, aut ipsorum, vel alicujus negociatione vel ex ipsa hereditate . . . vel aliunde, ex emtione venditione, locatione vel contr. Emphyteotico acquisitum fuerit, totum debeat esse commune . . . quamvis frater acquirens nomine proprio contraxisset . . . ita ut non conferatur acquisita ejus deducto aere alieno. Idem quoque servetur in aliis debitis quomodocunque contractis si pervenerint in utilitatem communis, et non aliter. "

82. "Consuetudo est, quod fraters et alli qui nunquam se diviserunt simul habitants vel stantes quicquid acquirent, acquiritur in communi. . . . Exception: legatum, hereditas, donation, similia . . . et debitum quod fecerint sit commune. Et ita quod ex eo debito fraters inter se pro partibus contingentibus ipso jure habeant actionem ad debitum solvendum nisi sit debitum fidejussoris vel maleficii vel alterius sui proprii negotii. "]

83. ["Si aliquis mercator vel aliquis de aliqua atrium dederit aliquid in credentia licet qui dederit sit absens, socii tamen possint petere si

debitor negaverit et si confiteatur rem emisse a socio absenti … alii non possint petere et id in quo socius est obligatus pro societate eo absente et alii solvere teneantur si confiteantur vel probatur contractum factum esse pro societate … et intelligantur socii. "]

84. 除了继承所得（*quaesita ex successione*）外——较为古老的法律也许并未考虑到这一点——它与《伦巴第法》的关联在利润另算这一点上是显而易见的（参见上文）。从如何对其进行计算这一角度出发，正像妇女们拥有的货物与《伦巴第法》中的购物款（*Kaufschilling*）一样，嫁妆（the *dos*）在巴尔杜斯著作的某些片段（见注 10）所描绘的共同体中发挥着重要作用。

85. ［韦伯给出的原文如下：　"Quiliber socius alicujus negociationis mercantiae seu artis in qua … socios habeat, et contraxerit obligationem, dominium, possessio et actio ipso jure et etiam directa queratur alteri socio … et insuper quiliber socius etiam in solidum teneatur ex obligatione vel contractu pro altero ex sociis celebrato pro dicta societate vel converses in ea, erd. Sociorum bona … intelligantur obligate. "]

86. ［ "Item ordinamus, quod quilibet mercator istius civitatis possit habere societatem cum alio de Verona simul et ad invicem, quamvis non essent de uno et eodem misterio. Et quod illi, qui reperirentur esse socii palam teneantur unus pro alio de illo debito et mercanderia vel de misterio quam et quod fecerint stando simul et permanendoin societate；Quod autem praejudicare non debet alicui mercatori vel de misterio qui non esset socius palam et non steterit simul in societate et stacione；nec praejudicet etiam stando in stacione et essendo socius palam；dummodo non esset praesens,

cum socio，ad accipiendam mercanderiam et non promitteret de solvendo eam.”]

87. 这并不是说二者坐在一块就可以签署一项协议，因为法律明确规定，unus pro alio［签约一方应对他方］承担责任。更确切地说，其意义与比萨《习惯法》中"共同生活"（communiter vivere）的定义是相同的："si contractus et similia communiter fecerint"［如果他们签署了契约并一起从事同一项事业］，这里所指的并非共同立约，正如该片段较后的部分所显示的那样（参见"比萨"一章）。

88. ［韦伯给出的原文如下："et intelligantur socii，qui invicem pro talibus se tractant et publice pro sociis habentur."］

89. ［"（E）t si quiscontraxerit nomine alterius praesumatur pecunia fuisse illius cujus nomine contractum fuerit.”］

90. 据目前所知，已刊印出来的资料并不包括（相关）证据，可支持拉斯蒂格的观点（见前文已引用过的他的著作）：作为一种注册形式，它们起到了决定权限的作用。

91. 与在稍后"佛罗伦萨"一章注 5 中列出的 1303 年的写法相比。

92. 参见稍后"佛罗伦萨"一章的有关讨论。

93. 参见 Ansaldus de Ansaldis，*Discursus legales de commercio* Disc. 15：注册意在将有限合伙人与普通参与者区分开来。

94. 参见前一章。

95. 参见"佛罗伦萨"一章以及 the *Stat. della hon. Università de mercatanti di Bologna* of 1509 fol. 67 引用的片段。

96. 类似的事物甚至出现得更早些。特别是在家庭合伙中，只给出住宅名字是司空见惯的做法，住宅名字通常举世闻名：King Robert of Sicily in Buchon 文献中的 *societas Aczarellorum de Florentina*

(the Acciajuoli)，*Nouvelles recherché sur la Principauté francaise de Morée*（Paris 1843），vol. 1，p. 46。

97. 为了防止理解上的错误，我希望特别强调一下，为公司制度的发展提供一个全面的说明并非我的初衷。任何对公司法律史基础的说明毋庸置疑都是公司法史的一个重要层面，如果没有提及法律代理原则的发展将是不完美的。就我们的目的而言，这足以认为，公司是继共有店铺而生的，这与文中描述的问题有关。

98. *Arch. de l'Orient latin* Vol. II Docum. p. 5： "Ego Raffus Dalmacus facio, constituo et ordino meum certum nuncium et procuratorem Lanfrancum de Lenaria socium meum presentum etc." ［我，拉夫斯·达尔马库斯（Raffus Dalmacus）有权安排、确定、任命我现在的合伙人莱纳里亚的兰夫朗库斯（*Lanfrancus of Lenaria*）作为我委任的代表和代理商，等等］。与此相应，莱纳里亚的兰夫朗库斯也用类似的语词任命拉夫斯·达尔马库斯作为他的"*certus nuncius*"与"*procurator*"（代理人）。承诺对合伙人签订的合同担负全额责任的类似的文献可以在同样的出版物——来自塞浦路斯的法马古斯塔（Famagusta on Cyprus）、亚美尼亚的阿雅克肖（Ajaccio in Armeniea）以及类似的人约 100 个地区的公证人登记簿——中找到。

99. 早在《伦巴第法》（1. II rubr. *de debitis et quadimoniis*，前文已经引述过）中，就有一处与连带责任条款有关的对"cartae"（西班牙语，"信"）的出处说明。The *Collectio sexta novellarum Dmni Justiniani imperatoris cap. de duobus reis promittendi*（关于两个代理商）也是如此。

100. 否则，根据这份 1279 年的婚姻契约（*Arch. de l'Orient latin* I p. 525）［这份契约是在亚美尼亚的阿雅克肖签署的，在契约中，新娘承诺，按照破产赔偿金（！）］：*"stare et habitare tecum in tua domo"* ［住在你家里并与你一起生活］，*"nec jacere cum alio viro"* ［不会与其他男人躺在一起］，此外还有服从等义务，而新郎 *"victum et vestitum convenienter dare"* ［提供必要的食品和衣物］。据此，人们将不得不倾向于做出以下结论：这些义务在当时与婚姻并无密切关系。

第四章

1. 参见，例如，真正的罗马富裕概念的使用［id, quo factus est locupletior（据此，他变成了更为富有的人）］；例如，Bonaini, *Statuti inediti della città di pisa*, vol. 2, p. 887，关于某些不属于《学说汇纂》的法律制度。《学说汇纂》手稿中的所有权并非没有意义；比较与此有关的成文法规章（Beve Pis. comm. et compagn. 1313 1. I c. 247）。

2. 参见 Schaube, *Das Konsulat des Meeres in Pisa*, pp. 2, 3, 149；而有关这一主题的进一步探讨，参见 Goldschmidt, *Zeitschrift für Handelsrecht*, vol. 35, p. 601。

3. Bonaini, *Statuti inediti della città di Pisa*, vol. 2, p. 835.

4. 举例来说，与破产状况下 "the creditors hentice" 的优先满足权有关的这一特别重要的习惯用语并未得到清晰地阐释（p. 839）。

5. ［至于 "容许法"（ius dispositivum）与 "强制法"（ius cogens）之间的区别，参见 Max Weber, *Economy and Society*, ed. Guenther Roth and Claus Wittich（Berkeley：University of California Press，1978），740，n. 61。］

6. *Constitutum Usus* c. 22 de societate inter extraneos facta (p. 883).

7. ［至于 taxeideuon 或者 taxegium，参见 Robert S. Lopez and Irving

W. Raymond, *Medieval Trade in the Mediterranean World*（New York：Columbia University Press，1990），21 n. 17；177，n. 10。］

8. 第 884 页。

9. 第 893 页的 "jus capitanie"（*capitanie jure salvo*，即对主管的权利没有偏见）可能是指行商合伙人分享利润的权利（如果他担任"主管"的话）以及合伙分享利润的权利（如果坐地合伙人担任主管的话）。

10. 第 884 页中间部分。

11. 第 884 页。

12. 同上，第 893 页（补记）：　"inter socios ejusdem hentice seu societatis maris etc."［参与同一项投资或者同一海上合伙的合伙人彼此之间］；hentica = ενυήκη，意为"出资、捐献"。这一术语的希腊语源有可能就是这一制度起源于东罗马的明证。

13. 特别需要指出的是，他需听从前者之令停止旅行、返回原地。

14. 这种情况并未在文献中广泛提到。然而，它的存在，就像支配它的规则一样，可以从《习惯法》中得出，第 884 页。

15. 参见全部情况，同上，第 886 页以下。

16. 同上，第 839 页。

17. 第 884 页。［关于 havere 与 per libram 这两个术语，参见 Robert S. Lopez and Irving W. Raymond，*Medieval Trade in the Mediterranean World*（New York：Columbia University Press，1990），182，n. 24；196，n. 41。］

18. 第 885 页。

19. 参见"嫁资评估"（dos aestimata）方面的罗马规章。这种评估处理方式是我们得到的另一项可能的证据，说明这些合伙与罗马的先例（来自罗马平民法，正如戈尔德施密特在 "Lex Rhodia und

Agermanament" 中 提 出 的 ） 尤 其 是 合 同 评 估 （Contractus aestimatorius） 有关。——参见查士丁尼的《学说汇纂》（Dig. 211 44，pro socio）。

20. 行商合伙人担负个人责任，这一点在此处和在热那亚的法规中都几乎已毋庸置疑，尽管这在《习惯法》中并未有明确的规定。就像其他许多事情一样，这一现象也源于问题的本质。但就此作出无法直接得到文献资料支持的论断还是不太妥当。尽管其所占篇幅不小，使得我们即使只摘录最重要的片段本文也无法容纳，但《习惯法》中的合伙法是不完善的，特别是在涉及某些法律原则时，由于当时的人们认为它们太理所当然，这份文献甚至对这些根本未加收录。其他城市的相关法律为了这些法律原则必须得到分析，也可以被推断为我们所知的那些情形的结果。

21. 第 885 页。

22. *Constitutum Usus* c. 24：关于那些为在海洋贸易中牟取利润而奉献的事物（de his quae dantur ad proficuum maris）。

23. *Constitutum Usus* c. 25：constitutio de prode maris.

24. Endemann, vol. 4，§ 46；Wagner, Seerecht, vol. I, p. 25，no. 61. 戈尔德施密特（Festgabe für Beseler, p. 204）将这项制度称为一项在社会中得到改进的海洋贷款。我个人倾向于认为将此与康曼达联系起来是有道理的，至少在责任确立的方式上是这样，正如我在这项工作上所做的那样，反思前文已经提到的习语，即康曼达的各项原则应该在次要的基础上取得成效。无论如何，术语"特例"在此处有些夸大；但我们将在此处给出的上下文中使用它。

25. *Studien zur romanisch-kanonischen Wirtschafts-und Rechtslehre.* —— 前引拉斯蒂格的著作反对他的观点。

26. C. 21.

27. 第 887 页。

28. 第 878 页以下。

29. 第 879 页

30. 第 880 页。

31. 第 882 页。

32. 第 883 页。

33. C. 26.

34. Constitutum Usus c. 23 de compagnia de terra，p. 897.

35. 此处还不是详细阐述外放分工制法律形式（其存在是毋庸置疑的）的地方。这项制度的全部经济特征（Stieda 在其 *Die deutsche Hausindustrie* 中提到过）均适用于此处所描述的情形。几乎所有的条例都禁止大商人（或者大工业家）与手工作坊主之间合伙开展某种经营。当然，其禁止的目的并非社会经济的原因，并非去保护工人和手艺人，至少不是以此为主。更确切地说，其目的是保护其他主要的工业家免于竞争（如果搞竞争，他们就会在外放分工制的基础上生产出更为廉价的商品）、免于对全部劳动力供应的垄断（这种垄断是少数股本利益的反映）。参见注 40。

36. ［在德文本中，德语 "Statuten" 被误印为 "Staten"。］

37. ［韦伯给出的原文如下："Toccius maliscalcus … posuit semetipsum cum domna Cia … ad standum et morandum cum ea ed ejus familia ad artem … maliscalcie et fabrorum faciendam et exercendam in apotheca ipsius dae Ciae et extra, ubicumque lucrum … percipiendum erit, hinc ad annum unum … et ei ejusque familiae … serviet pp. "］

38. ["Carbone ... ligator♯bellarum de Florentia ... et Joannes filius
    d. Carbonis ferrovecchius ... ex una parte，et Berthus
    furnarius ... ex una et alia parte fecerunt ... societatem ... in
    arte ... de ferrovecchiis，vendendi ad minutum et alia faciendi per
    d. Johannem ... in quadam apotheca posita in civ. Pisana
    conducenda ... In qua ... societate d. Johannes mittat ... suam
    personam et industriam ... Et d. Berthus mictet ... flor. 200
    auri ... in florenis，mercantiis pp. ... investiendies per d.
    Johannem in mercantiis pp. ... Et debet d. Johannes ... esse
    caput et major in dicta apotheca conducenda pp."]

39. Arch. storico ital. App. t. VIII. 某种单一的康曼达，例如，在
    1344 年："Commuccio ... e Barone suo figliolo de Piombino dino
    dare a me Mil. Bald. ... che li diei♯loro in compagnia di pescara
    in Corsica fior. 6 d'oro e altretanti ne die'loro Andrea Masso"［科
    米尼奥……和他的儿子皮翁比诺的巴龙欠我米尔·鲍尔德的
    钱，……是我与他们合伙去科西嘉买卖海鱼的钱：6 个金弗罗林，
    同样安德烈亚·马索给了他们同样多的钱］。还是在 1344 年，他
    们没有事先提到如何分享利润："Commuccio ... de'dare a me M.
    Bald. ... che li diei in Cia ad andare in Corsicha a la parte ... a
    mio risco di mare e di gente fior. 12"［科米尼奥……欠我米尔·
    鲍尔德的钱……这是我与他们合伙去科西嘉的钱……因海滩或人
    为因素造成的损失都由我负责 12 弗罗林］。在这段话下面，我们
    注意到，除了这 12 弗罗林之外，1 弗罗林加 12 镑的利润已经支
    付完毕。——Comp. di terra 1357 年文献：按照康曼达支付给店
    铺 50 弗罗林，"e non li de'mettere in mare e se Dio li fa bene
    de'fare bene a me e se danno lo simile，la parte che ne tocca a 3

mili donari"〔而且他不能将它们投放到海上运输中；而且如果上
帝偏爱于他，他也必定会这样对我，同样就损失而言也是如此，
直到赔偿我的份额 3 000 第纳尔〕——很明显仅仅是参与而没有
管理商务的权利。

40. "Joannes q. Buncontei Paltoris tintor ex parte una，et Cincius q.
Tedaldini et Franciscus filiue Campanari … mercatores sete et
filugelli pro se ipsis … intendentes simul compagniam et
societatem facere in arte tingendi … setam et filugellum … et
propterea apothecam communem et masseritias et alia utilia et
necessaria habere … Joannes … exercebit et operabit artem
tintorie bona fide … custodiendo et gubernando feliciter setam et
filugellum"〔约翰·邦康特伊斯·帕尔特，一名染工，作为一方，
辛休斯·泰达尔蒂努斯和弗朗西斯——一位独立做丝绸和丝绵生
意的商人——的儿子康帕奈里斯……打算组成一个商业合伙一起
经营染织工艺……丝绸和丝绵……因此拥有共同的商铺、移动设
备、固定设备以及其他一些有用的、必需物……约翰将老老实实
地运用和从事染织工艺……照顾和切实管理丝绸和丝绵生产〕。
在即将接管的商铺中，他分摊的份额是 500 镑以及家庭设备；他
可以据有半数的利润。他不能加入第三方的合伙，也不能为其他
一方从事染织生产。这种为某一个工业资本家所垄断的劳动可能
就是文献希望解释的与手工工匠的合伙遭到禁止的情形。这类禁
止的原因，就像在注 35 中谈到的那样，很难说是社会政治的原
因（保护手工业），而毋宁说是限制竞争以及其最担心的后
果——提升价格。在行会控制某一分支工业的情况下，该行业中
所有的小的次级店铺都并掉了，通过这一现象，上文提到的工人
和手工工匠的依附性也是显而易见的。

41. 两者在不同文献中均可找到源头，这一历史事实对于评估某些涉及法律信条的观点并非没有意义。吉尔克（Gierke, *Die Genossenschaftstheoris und die deutsche Rechtsprechung*）将普通合伙的特征描绘为一项由人法（the law of persons）操控的制度。人们的确可以接受他意图表达的观点，只要合伙人的法人资格在物权法的背景下得到关切，因为它的确深受"共同分享圣饼和葡萄酒"（the stare ad unum panem et vinum）的影响。但是吉尔克试图为有限合伙创立一种观念（参见第 454 页），依据该观念，某一受到限制的人格，当其适应物权法时（beschränktes Stück vermögensrechtlicher Persönlichkeit）——即有限合伙人——就参与其中。对于实行股份制的有限合伙（Aktienkommanditgesellschaft）而言，这将会导致非常特殊的"可替代法人"（fungibel gewordener Personen）的建构。然而，从这种法律学说的观点来看，人们仍不清楚，有限合伙人的股份（限于特定数额的资本）是如何成为物权法中与其他涉及债务的各种关系存在差别的法律人格的标志的。资本家不提供诸如此类的任何劳动或者财富，而只提供一笔有限数额的现金，就像债权人提供一笔贷款那样。总体说来，他所有的商业活动并不会受到参与这项合伙的影响。从历史的观点看，我们看到，尽管普通合伙出现的条件的确与早先指出的那种意义上的人法有关，但是，有限合伙源于完全不同的制度。从未有文献提及有限合伙中的有限合伙人会广泛参与到合伙生意中。相反，对他而言，他卷入合伙生意的程度仅限于他的出资。这里并不存在一种类似于解题的等级排列，让有限合伙似乎就处于普通合伙的下一级。在法律学说和历史术语中，此二者截然相反。

第五章

1. The *Statuto dell'Arte di Calimala*（见 Emiliani-Giudici, *Storia dei comuni*）I c. 59 提到康曼达时仅一带而过。

2. 参见他的论文，见"*Zeitschrift für Handelsrecht*"，前文已有引述。

3. *Giornale Storico degli Archivi Toscani* I, p. 246. 关于类似的问题，在 *Excitatorium* 的第 252 页，人们能够找到罗马法学家关于 *institor* 的解释："quod dictus Bartolus et Grifus fratres et Johannes Adimari mercatores predicti, dictum Lapum pro ipsis ipsorumque societatis totius nomine, constituerant in solidum ... actorem et nuntium specialem negotiorumque gestorem, prout in instrumento ... vidimus"[上述的几位兄弟巴托鲁斯、格利福斯以及约翰·阿迪马利斯，即前文所述的那几位商人，共同代表他们自身的利益，并在整个合伙的名义下指定上文提到的莱普斯（Lapus）作为他们的代理商、代表以及他们商务的经营管理者，正如我们在文献中所看到的那样]。在第二封信中提到的文献并没有被视为责任的法律基础，而是被视作记录同一性与合理性的文件。

4. 在一张 1284 年于伦敦签发的收据中（Balduzzi Pegolotti, *Della decima e di varie altre gravezze imposte del commune di Firenze*, t. II, p. 324.），西蒙·格拉迪（Simone Gherardi）承认，"della compagnia di Messes Thomaso Ispigliati e di Lapo Ughi Spene; ... che io ò ricevato e avuto per me e per li compagni de la vandetta compagnia ect."[在麦西斯·托玛索·伊斯皮格列提和拉珀·乌基·斯派内的合伙中……我已经收到并签署了我的名字以及上述合伙中所有合伙人的名字。]

5. *Giorn. stor. degli* Arch. Tosc. I，p. 272.

6. ［韦伯给出的原文如下：“que li livres et l'escripture toute dou dit Francoiz furent venues a Paris ... par la quele escriture il ne fu onques trouvez comme compains. ... Item que la coustume de la dite vile de Florence est tel que qui est compains d'aucune compaignie，ses nons est portés au Conses de la vile et autrement il n'est pas tenus compains. ”］

7. *Stat. Populi et Communis Florentiae*，1415 年最终汇编成书，福瑞伯格·佛罗伦提耶（Friburg-Florentiae）主编，1. II c. 66. *Statuto dell'A. di Calimala* I 60。可见合伙人缺少为另一合伙人出庭作证的能力（几乎在所有的法律条款中一再出现），而他们之间相互的权利不需证人。例如，参见 *Decis. Rotae Lucensis* 35。

8. ［韦伯给出的原文如下：“compagni e compagnia e gli altri ... salvo che se'l maggiore o lo scrivano di quella compagnia ... giurasse ... che quello compagno, per cui si domanda, non abbia del suo nella compagnia, in questo caso non siano tenuti di pagare per lui. E se ... dicesso che egli avesse meno ... facciasi l'eccecuzione solo in quella quantità che s'ha. ”］

9. 至于现行法律，参见 German Commercial Code（HGB），art 119、120、126、127。

10. *Statuto dell'Arch. di Calimala* I c. 75.

11. Eod. c. 81.

12. Eod. c. 67.

13. *Tractatus Consulum Artium et Mercatorum* R. 17，它被收录到 1415 年法令（L. IV）的修订版中。

14. R. 18.

15. *Tractatus de cessantibus et fugitivis* R. 14.

16. *Tract. Cons. Art. et Merc.* R. 19.

17. Passerini，*Gli Alberti di Firenze*. Peruzzi，*Storia del commercio c dei banchieri di Firenze.* 特别是后一本书包含着从这些著作中摘录的许多片段。

18. ［韦伯给出的原文如下：　"Et quicunque recipere debet aliquam pecuniae quantitatem adscriptam alicujus libri societatis alicujus quilibet sociorum et obligatur in solidum."］

19. ［"（A）pagare tutti e ciascuno debiti，i quali egli overo alcuno de'suoi compagni fosse tenuto di dare ad alcuna persona i quali debiti fossono scritti nel libro della loro compagnia."］

20. ［"Si vero aliquis ... promissionem fecerit etiam ignorante ... socio ... et ratio talis debiti ... reperiretur descripta in aliquot libro ydoneo talium sociorum ... quilibet talium sociorum sit ... in solidum obligatus."］

21. "Quorum nomina expenduntur"［他们的名字被张贴出来］，后文将论及。

22. 1324 年与 1355 年的法令："dummodo nullus socius posit"［倘若合伙人都不能］（据此，不仅对合伙人之间的关系），"contrahere debitum in civitate vel districtu Florentiae ex quo aliquis socius vel socii teneantur ...，nisi talis obligatio fiat de consensu saltem duorum aliorum de ipso societate"［在佛罗伦萨城或者地区签署借债的契约，让任何一位或几位合伙人承担责任……除非至少有另外两人同意承担此义务］。

23. 前一注释中的规定的影响并不局限于佛罗伦萨地区。但它对某些地方而言仍然比较新奇，这在下述事实中是显而易见的，即

Statuto dell'A. di Calimala 中并无此条，而是在 Additamenta of 1341 sub II 中才添加进去。

24. I c. 66.

25. ［韦伯给出的原文如下：“talis contractus esset vel fuisset de aliqua vel super aliqua re spectanti et pertinenti ad societatem seu trafficum hujusmodi sociorum.”］

26. ［“（I）n sua specialità a suo nome per carta o per scrittura di sua mano secondo che è principale，o per mallevadore，ove non si faccia menzione della compagnia della quale fosse compagno，fattore overo discepolo ... sia costretto cotale obligato nella sua persona e ne' suoi beni solamente ... niuno di quella compagnia possa essere costretto nè molestato ... veramente si ... avesse alcuni beni in quella compagnia，sia tenuto la compagnia di rispondere interamente di quelli beni per tale obligato e conviuto.”］

27. *Della Società chiamata Accomandita.*

28. Villani，*Croniche storiche* X c. 4.

29. Passerini，*Gli Alberti di Firenze.* Peruzzi，*Storia del commercio e dei banchieri di Firenze.* 参见 Goldschmidt，*Zeitschrift für Handelsrecht*，vol. 14，p. 660。

30. 依据 Baldus，*Consilia*，II 260 的解释，如果存有疑问，维持商务经营的费用只有被“共同”（*de communi*）分担。

31. Sono lire 698. 16. 8 a fiorini che Tommaso Peruzzi e Compagni nostril pagarono per me giotto Peruzzi per la terza parte di spese di casa e famiglia comune col detto Tommaso e con Arnoldo miei fratelli la quale fue da Kalen novembre 1308 a K. nov. 1309— 1. 698. 18. 8. 1309 p. 3：Sono 1. 933. October 4 a fioroni che

Tommaso etc. pagarono etc. per la terza parte di spese di casa，di famiglia，per fazioni di comuni，di cavalli e di fanti，pane e vino e a nostra e loro spese comuni con Tommaso suddetto e Arnoldo nell'a. 1310 pero in spese in questo libro nel 137—1. 933. 4. 10. 1310 . . . per spese della mia famiglia per calzare，vestire，danari borsinghi，più 35 fiorini d'oro giocati e 45 fior. d'oro per spese di mobilia al bagno a Menzona come appare al libro della compagnia.

1312 . . . di mangiare e bere，salario di masnadieri，di fanti e lanciulli e spese di cavalla e fazione di commune e altre spese che face a commune. ［例如，Peruzzi：t. I，p. 2，关于 codici 1308：“10 月 16 日。托玛索·佩鲁兹及其合伙人已经赔偿了我吉奥托·佩鲁兹以及我的兄弟托玛索和阿诺尔德（的损失），以每弗罗林（a fiorini）赔付 698 里拉（lire）的标准担负共同的房屋和仆役开销的三分之一，其时间从 1308 年 11 月 15 日开始到 1309 年 1 月 5 日结束——698 里拉 1309 年 8 月 18 日，p. 3：10 月 4 日。托玛索收到 933 里拉作为三分之一的房屋和家庭花费、公共的税款、马匹以及奴仆、圣饼和葡萄酒，还有我们和他们共同的花费与前述的托玛索和阿诺尔德在 1310 年全年花费的赔偿，开支明细在这部账本第 137 页——933 里拉。1310 年 10 月 4 日：为我的家庭花费，他们的衣服和鞋子、零花钱，再加上在赌博中损失的 35 弗罗林，再加上蒙佐纳浴室的装备及用具的 45 弗罗林，正如在公司登记本上记录的那样。——1312 年：买食物和饮料的花费、支付武装人员的费用、支付奴仆和信使们的佣金，支付马匹和共同税款以及其他一些公共花费。”］

32. （P）er la terza parte di spese di casa, di famiglia, e fazione di comune e alter, senza vestimenti nè calzamenti nè danari borsinghi,

spese in comune col detto Tommaso mio fratello e con Ridolfo di Donato mio nepote［除了买衣服和鞋子的开支以及零花钱之外，家务支出、家庭和公共的税款以及其他（支出）的三分之一是我与我的兄弟托玛索以及我的外甥道尔夫·迪·多纳托一起带来的开支］。

33. 从 1334 年 5 月 1 日开始，卡罗西奥（Carroccio）、杜西奥（Duccio）以及阿尔贝托·迪·拉波·德·阿尔贝蒂（Alberto di Lapo dei Alberti）将拥有这类账目 "iascheduno quelle della sua propria famiglia del suo proprio le debba fare, chome bene piacernea a ciachuno"［每个人都应当为他自己家庭的花费（负责）］，但是，"le spese chessi far a chmune, cioè alle tavola nostra, ove chomunemente partecipiamo, e le spese chomuni a minuto diputa a presente affare per noi a Jacopo di Charoccio ... queste cotali tassiamo, che ne debba tocchare per anno a Charoccio 1. 300 piccioli e a Duccio 1. 250 piccioli e a Alberto 1. 200 piccioli 1'anno. E fummo in achordo che se la detta spesa fosse maggiore che quel chotale piu fosse per terza intra noi e se la detta spesa fosse minore che anche quel meno fosse per terzo intra noi. "［共同生活产生的费用，也就是说，一起享用过的肉食品，由我们自己以及杰克伯·迪·卡罗西奥引起的小规模的开支，这些将在一年中作如下分配：300 里拉皮西奥里（piccioli，佛罗伦萨古币，弗罗林的辅币，等于一个弗罗林的四分之一。）归卡罗西奥，250 里拉皮西奥里归杜西奥，200 里拉皮西奥里归阿尔贝托。并且我们一致同意，如果共同的开支超过（750 里拉），超出部分将如下分配：每一名合伙人承担三分之一；如果更少一些，分配的数量将各减少三分之一。］依据类似的方式，人们对能够记入共同账户的花

费设置了一定的限额。超出的部分必须由个人承担。既然兄弟们全部的现金都与合伙挂钩，那么，个人的开支必须记入自身账户。

34. 在佩鲁兹家族，有几份合伙协议得到刊印（前已引述）。

35. 合伙的几方经常订立这样的协议。

36. 甚至不能来自他的利润份额，因为在账户被清算之前没人清楚它是否会存在。

37. ［对此，参见 Robert S. Lopez and Irving W. Raymond, *Medieval Trade in the Mediterranean World*（New York：Columbia University Press, 1990），198，n. 47。］

38. 1300 年佩鲁兹家族的合伙协议（见 Peruzzi 1. 3 c. 2 no. 6）。该协议在末尾处宣称 "Ordinato si è quando faremo ragione di detta compagnia che ciascuno abbia sua parte siccome toccherà per migliajo; ancora si è ordinato che quelli compagni che tengono de'loro danari fuori del corpo della compagnia e dovranno riaverli da essa la compagnia ne dove a quei cotali a ragione dell'8 per cento l'anno." ［据有关规定，当我们结算公司账目时，每一位合伙人都会凭借他投资的数额领到他的股利。该协议还规定，那些在合伙资本之外额外投入资金的合伙人，除了在合伙中分得的合伙股利的数目以外，还将在每年得到 8% 的（利息）。］

　　1322 年阿尔贝蒂家族的合伙协议规定："il corpo della compagnia diciamo che sia in somma 1. 25000 a fiorini e ciascuno debba partire per sua parte per gli denari che metterà per suo corpo di compagnia del guadagno e perdito che Iddio ne desse; e que'denari che si metterano per lo corpo siano obbligati alla detta compagnia e niuno ne posse trare nè avere per niuno modo, salvo che quando si facesse il saldamento della regione della detta compagnia e se avesse alcuno che ne volesse traere，si possa in questo modo che da quello saldamento inanzi debba abbattere di sua parte e di suo corpo di compagnia quanti danari egli traesse e quei che rimangono s'intendono essere sua parte. Ancore se … volesse al saldamento … mettere … piu danari … debba dal saldamento … inanzi partire per gli denari che vollà mettere … E ciascuno de'detti compagni che avrà ♯ danari nella detta compagnia，oltre I denari che avrà ♯ per il suo corpo，stea al provvedimento degli altri compagni, p. p. "〔合伙的资本总共是 25 000 里拉（弗罗林），每个合伙人将有权依据他投资的多少分享他的股份利润或者承担亏损份额（作为上帝的赐予）。投入的资本属于公司，任何合伙人都不能以任何理由撤出或者取回他所投资金的任何部分，除非已经进行合伙账目结算。（届时）任何希望收回他的投资的任何部分的合伙人可以做到这样，他应该收回多少，保留多少。但是在吸收新的投资之前，公司的账目必须收支平衡。每一位在其资本份额之外又额外向公司注入资金的合伙人必须遵守其他合伙人的决议（t. I p. 25）。〕

　　1304 年阿尔贝蒂家族的协议（在佩鲁兹家族中）包含着相应的条款。

39. 《佛罗伦萨的阿尔贝蒂》（*Gli Alberti di Firenze*），印刷于帕塞里尼（Passerini）。

40. 根据该文献，在此情况下，人们不能撤出资金或者收回因向康曼达投入资本而产生的用益权，它表明，对于这些并非属于合伙资产的财产（corpo della Compagnia）而言，这类撤出或者收回是被允许的。

41. 这些数字是从帕塞里尼得到的。从数字上看，这些结果是错误的，可能是因为印刷质量差或者印刷错误（导致的）。我进行了纠正，这可由最终呈现出的清晰的数字化的表格得到证实。由于篇幅有限，在此不一一指明每一处改动。

42. *Consilia* V 125.

43. 当然，不是因为 corpo della compagnia 与 corpus societatis 这两个术语是完全一致的，而是因为除了这里描绘的这类资本出资以外，针对第三方，有些资本能够体现合伙人"在公司中"（nella compagnia）所拥有的资产（*St. dell'A. di Cal.* I c. 62，前文已引述过），这简直是不可想象的。

第六章

1. 参见 Baldus，*Consilia* II 87 中的 *quarta proficui*。在巴尔杜斯所设想的形式中，康曼达绝对从未存在过。巴尔杜斯解释说，并非协议中的所有财产，而只有利润得到分配，在没有盈利的情况下，资本必须被全部归还（显然，巴尔杜斯考虑到了一种不同寻常的情况），其依据为合伙建立在"分配利润"（lucrum dividere），而不是"分配资本"（capitale dividere）的基础上。巴尔杜斯坚持的观点很独特，即各方平等地均摊亏损。因此，如果（！）资本全部亏损，资本的投资者将承担这一风险的一半，而外出旅行商人（*tractator*）将因此（！）不得不支付一半，尽管全部亏损（*Consil.* IV 65，214，453）。甚至那些与该主题有关的术语表的作者们——罗夫热杜斯（Roffredus）等人——也持类似的观点。只有一项专门的协议（依据巴尔杜斯，这是有效的——尽管其他人对此表示怀疑）才能将风险全部转给资本家。所以，这一法律解释将导致一种彻底荒谬地偏袒资本的情形。这证明了下列事实：并不是所有法学家的观点都被划入高利贷学说的范畴。

2. 在 Petrus de Ubaldis, *De duobus fratribus* III 12 中，这一点得到最清晰的描绘。文中谈到，如果既没有盈利也没有亏损，那么，外出旅行合伙商人就应当有义务偿还全部资本，理由是：外出旅行合伙商人的经营管理（*operae*）与资本家的（*interusurium*）资本所得是一致的，并且前者也像后者一样，只参与分享企业的收益。Angelus de Periglis de Peruso, *De societatibus* P. I no. 2 采用了类似的概念，认为资本最终不分配，资本家拿出他的资本投资，外出旅行合伙商人拿出同样的数量作为他个人劳力的价值，而剩下来的钱财被分配（因此，开业时的资本——100，结算期的资本——300：资本家 100，代理商 100，剩余 100 被分配）。更确切地说，外出旅行合伙商人本人的劳力具有与委托人的资金相同的地位，因此，委托人收回他的资本（100），外出旅行商人本人的价值（0），以及剩余的（200）得到分配。

3. 根据巴尔杜斯的观点，如果风险并非只由债务人独自承担（这并非比萨分享固定股利合伙中的案例），分享利润（*procentuale lucrum*）是得到允许的。

4. *De duobus fratribus Quaestio* 1.

5. *Stat. Perae* lib. V c. 207.

6. Baldus, *consilia* V 125.

7. *Decis. Rotae Genuensis* 7："quia societas est corpus mysticum ex pluribus nominibus conflatum"［因为一个合伙是由许多名字组成的法人］。

8. 至于合伙人之间的关系，这里提到 *corpo della compagnia*，在一般意义上使用该术语；参见前一章最后部分关于佛罗伦萨的论述。

9. *Decis. R. Gen.* 12. ［韦伯给出的原文如下：　"gesta extra societatem non obligant consortium，sed solum ipsum contrahentem." ］

10. *Decis. R. Gen.* 7. ［韦伯给出的原文如下：　"qui habet unum obligatum，habet et alterum et ipsam societatem … quicquid scribitur per socium habentem facultatem nominis expendendi，dicitur scriptum ab ipso corpore seu societate，non ab ipsis ut particularibus." ］

11. *Decis. Rotae Florentinae* 55.

12. *Decis. Rotae Florentinae* 107.

13. 在 *Archives de l'Orient latin* 中，这是文献的根本，所有这一切都使用该法律形式。

14. Baldus，*Consilia* V 155.

15. 然而，它有可能就是 *Decis. Rotae Romanae* P. III d. 168. 中表达的将合伙人看作共同债务人（Korrealschuldner）的观点的基础。

16. *De duob. fratribus* IX.

17. 人们仍能在 v. Treitschke，*Die Gewerbegesellschaft*，特别是在 Thöl，*Handelsrecht* 中发现它。

18. Carpano on cap. 483 of the stat. of 1502，n. 1.

19. Bartolus and Petrus de Ubaldis. Petrus de Ub.，*De duob. fratr.* IX.

20. 参见 Petrus de Ubaldis de Perusio，*De duobus fratribus*；Franciscus de Porcellinis of Padua，*De duobus fratribus*。

21. Baldus，*Consilia* IV 472：*Cohabitatio non facit societatem.*

22. Petrus de Ubaldis，*De duob. fratr.* 的开篇部分；Ansaldus de Ansaldis，*Discursus legales de commercio*，Disc. 49；Baldus，

Consilia V 482 中，将下列几项内容看作 *societas omnium bonorum inter fratres* 的标准：1. coarctatio in una domo［局限于一个家户］；2. commensalitas（vixisse communi sumptu）［共进正餐（生活开支共同承担）］；3. lucrorum communicatio［平分利润］；4. defensio communis in litibus［共同打官司］；5. communio bonorum pro indiviso［共同占有全部财产］；6. publica fama super societate omnium bonorum［商务公开］。这些条件（除了第六条提到的那一点之外）没有任何一条是合伙存在的充分条件。*negotiatio communis*［共同做生意］一直被认为是必要的。

23. 参见前注末尾部分。

24. Baldus，*Cons.* V 125（屠户合伙）；V 172：只有那些有能力做生意的以及积极经营商业的成员才被视为合伙人；Ⅰ 19：只有合伙关系存在时，ex industria fratrum［兄弟们劳动的］所得才是共同财产的一部分（cf. Ⅲ 30）；Ⅲ 451：不是同居（*cohabitatio*）而是 *actus sociales frequenter facti*［频繁开展的社会活动］是这一假定的基础。Petrus de Ubaldis Ⅲ, 2.

25. Baldus，*Cons*. Ⅰ 120.

26. Petrus de Ubaldis Ⅲ, 2.

27. 参见 *Consilia* V, 125, 402。

28. 注 aaa：某人必须同意在自己还活着时就把继承人的份额分出去，这实在有违常理。

29. 注 b："Ab istis societatibus et communionibus abstinendum est tanquam ab igne"（人们应当像避火一样避开这种类型的合伙和团体）。

30. "Corpus mysticum ex pluribus nominibus conflatum"（一个由许多名字组成的法人），见前文引述过的 *Rota Genuensis* 中的决议。

31. 关于合伙企业，参见 Dietzel，*Jahrbuch des germanischen Rechts*，vol. 4；以及 chap. 3，n. 97 的分析。

32. 参见 Endemann，*Studien*，可以找到更为全面的分析。在他这部著作中，巴尔杜斯的 *Consilia* 一书的重要性并没有得到充分认可。他既未对该书做任何法律注释，也没有谈及任何感受。

33. Stat. of Genua of 1588/9 1. I c. 7：“constans ex tribus doctoribus exeris”［由三名有学问的人组成］。

34. *Decis*. XII nos. 67f.

35. Eod. no. 48.

36. Eod. no. 97.

37. *Decis*. 7.

38. Eod.

39. De societatibus seu rationibus mercatorum［关于合伙或者商人们的账目］（cap. 12 1. 2.）：“Socii sive participes societatis seu rationis quorum nomen in ea expenditur，teneantur in solidum pro omnibus gestis et erga omnes et singulos creditores rationis seu societatis. —Socii seu participes quorum nomen non expenditur，non intelligantur nec sint in aliquo obligati ultra participationem seu quantitatem pro qua participant et nihilominus percipere possint pro eorum rata participationis lucra et beneficia .... —Creditores hujusmodi societatum sive rationum，sive sint sub nomine unius tantum，sive plurium ... in rebus et bonis societatum seu rationum praeferantur quibuscunque aliis creditoribus sociorum singulorum，vel proprio vel quovis alio nomine，et in dictis rebus et bonis dicti creditores intelligantur et sint potiores et anteriores tempore，hypotheka et privilegio，ita ut praeferantur et praeferri debeant

dotibus et aliis quibuscunque excepto eo qui rem suam vel quondam suam praetenderet. —*De accommendis et implicitis*（cap. 13）"。

［在一个合伙或者账目中，合伙人或者参与者在它的名义下开展商业活动，他们应当对所有商业活动、对该账户或者合伙的所有的个体债权人承担全部责任。——在其名义下，商业活动不能得到开展的合伙人或者参与者，无论如何不能被视为可以承担超出他们的出资或者他们赖以参与合伙的资本数额以外的责任；尽管如此，他们仍能获得与他们的出资成比例的利润和红利。……——这类合伙或者账目的债权人，无论他们仅仅是在一人的名义下还是在数人的名义下……就合伙的货物和资产或者合伙账目而言，应当被授予超出个体合伙人的任何其他债权者的特许利益，在他们自己或者其他任何名义下，就上述的事物和物品而言，关于他们的安全和特许利益，前述的债权人都应被认为是在一个较为优越的位子上和较早的时间上（在权利上更强），他们在财产和无论何种其他事物方面都是，也应该是优先的，除了这位声称有权获得它自己的财产或者曾经属于他自己的财产的人之外。——On *accommenda* and *implicita*（将利润作为再投资以便再次购置必要的商品的合伙）］。

　　这里转述了热那亚成文法中关于康曼达的较早的一些规定，在转述中，改动了一些与此背景关系不大的部分，包括合伙债权人被授予的特许权利以及合伙人对被委托的货物的某些规定。

40. 参见 *Zeitschrift für Handelsrecht*，vol. 26，pp. 438f. 中勒帕（Lepa）的有关论述。勒帕似乎把委托代理的时间定得太早了。人们不能把早期外出旅行的合伙人划入委托代理人的行列。正如早先表明的那样，他可能是作为资本供应者的代表和依靠资本供应者的人，也可能是后来仅仅使用投资者的资本作为他经营商业的出资的企业家。看来将 quarta proficui 视作一种委托的做法是不确切的，或者至少它似乎与第二章中当时的人所表述的观点不相协调。当时的人将他视为一名合伙人（*socius*）；他从未专门为了另一个人的利益经商。委托代理的独立发展出现得较晚，但这里还不是讨论这一问题的地方。然而，这两种商业形式之间并没有截然的区别。

41. 吉尔克、佐姆，尤其是孔策（Kuntze）在 *Zeitschrift für Handelsrecht*，vol. 6. 中的论述。

42. 也可参见拉斯蒂格在恩德曼主编的 *Handbuch*，Vol. I 中的论述。

文献概览

西班牙

Lex Wisigothonum in Lindenbrog, pp. 1 – 238

Fuero Luzgo en Latin y Castellano, Madrid 1815

Fueros francos, ed. Helffrich-Clermont, Berlin-Paris 1860

Colleccion de fueros municipals y cartas pueblas de los reinos de Castiella, Leon, Corona de Aragon y Navarra – p. D. Tomas Muñoz y Romero, Tom. I, Madrid 1847

Nueva Recopilacion de Leyes, Madrid 1745

Fuero Viejo de Castiella, Madrid 1774

Ordenamiento de Leyes de Alcalà, Madrid 1774

Ordenanzas de Burgos, Madrid 1647

Ordinacions y sumari dels privilegs, consuetuds y bons usos del regne de Mallorca, Mallorca 1663

Costums de Tortosa in Oliver, *El derecho de Cataluña* T. IV, Madrid 1881

Consolat del mar in Pardessus, *Collection des lois maritimes*

Statutes of Barcelona and individual ordinances in Pardessus

Las Siete Partidas del sabio Rey don Alfonso Nono per las cuales son deremidas y determinadas las cuestiones y pleytos que en España occurren. Con la glosa del egregio dotor Alfonso Diaz de Montalvo

Commentarii Jacobi de Marquilles Super usaticis barchinonensibus, 2d
  ed. , Barcelona 1502

Gonzali Suarez de Paz, *Praxis ecclesiatica et secularis*, Francofurti
  1613

Capmany y Monpalan, *Memorias historicas sobre la marina,
  commercio y artes de la antigua ciudad de Barcelona,*
  Madrid 1779

法国南部

Statutes in Pardessus (see above)

西西里和南部意大利

Statutes in Brünneck, *Siziliens mittelalterliche Stadtrechte*

Constitutiones Regni Siciliae Imperatoris Friderici, Folio-Edition

" Tabula Amalfitana," ed. Laband, in *Zeitschrift für
  Handelsrecht*, vol. 7

Le Consuetudini della città di Amalfi, ed. Volpicella, Napoli 1849

Consuetudini della città di Sorrento, ed. Volpicella, Napoli 1869

Stat. of Trani, Sassari, Ancona in Pardessus

热那亚

Fragment of Datta, ed. Desimoni, in *Atti della Società Ligure di
  storia patria I*

Breve della compagna in *Historiae Patriae Monumenta Leg.
  Municip.*

Statutes of Pera, ed. Promis, in *Miscellanea di storia Italiana edita per cura della r. deputazione di storia patria* T. XI, Torino 1820

Statuti d' Albenga, ed. Valeschi, Albenga 1885

Statuta et Decreta Communis Genuae, *Venetiis apud Dominicum Nicolinum* 1567

Statutorum civilium reipublicae Genuensis libri VI, Genua 1609

比萨

Bonaini, *Statuti inediti della città di Pisa*

威尼斯

Videbis lector hoc in volumine Statuta Veneta i. f. : stamp. in Venetiis 1528

Novissimum Statutorum et Venetarum Legum Volumen (A. Gryphi), Venetiis 1779

Individual laws in Pardessus, others in Lattes, *Della libertà delle banche a Venezia*

米兰

Liber consuetudinum Mediolani 1216 in the P. M. The same statutes are edited in Lambertenghi 1869

Statuta Mediolani, Mediolani 1502

Statuta Ducatus Mediolanensis, ed. Carpano, Francofurti 1611

维罗纳

Leges et statuta civitatis Veronae, Vicentiae 1478

Liber civilis urbis Veronae, ed. Bart. Campagnola, Veronae 1728

Statuta domus mercatorum Veronae

佛罗伦萨

Stat. in Emiliani-Giudici, *Storia dei communi italiani*, Firenze 1866

Stat. in Fierli, *Della società chiamata Accomandita* 1846

Stat. in Lastig, *Zeitschrift für Handelsrecht*, vol. 24

Statuta Populi et Communis Florentiae publica auctoritate collecta, castigata et praeposita ao sal. 1415. Friburgi, 3 vols.

Tractatus de cessantibus et fugitivis, ed. Fuchs (Programm), Marburg 1865

其他城镇

Statutes of Como, Vercelli, Novara, Brescia, Bergamo, *Nizza, Moncalieri*, Ivrea in *H. P. M. Leg. Munic.*

Brescia: *Statuti della Mercanzia di Brescia.* Brescia 1788

Visso: *Statuta communis Vissi*, ed. Santoni. Camerino 1884

Modena: *Statuta civitatis Mutinae a. 1337 reformata*, in *Monumenti di Storia patria*, Serie degli Statuti I

Piacenza: *Statuta Varia civitatis Placentiae*, Parma 1860, in *Monumenta historica ad provincias Parmae et Placentiae spectantia*

Ferrara: *Statuta urbis Ferrariae.* Ferrara 1624

S. Giorgio: *Statuta Burgi et Curie Sti Georgii*, in *Monumenti Legali del Regno Sardo* Disp. IV

Siena: *Statuti de' lanajuoli del 1292* ss. , in *Collezione di opere inedite e rare* T. I. Bologna 1869

Sinigaglia: *Statutorum et Reformatioum magnif. civit. Senae Gallicae volumen 1584*

Rome: *Statuen*, ed. Camillo Re, Rom 1880

Lodi: *Landensium Statuta.* Lodi 1586

Statuti vecchi di Lodi, ed. C. Vignati, Milano 1884

Bergamo: *Statuti e privilegi del Paratico e foro della università de' Mercatanti di Bergamo.* Bergamo 1780

Bologna: *Liber tertius causarum civilium communis Bononiae*, printed 1491

Statuta Bononiae a. 1250 ss., in *Monumenti Istorichi pertinenti alle provincie della Romagna*

Statuti della honoranda università de' mercatanti di Bologna a. 1509

Padua: *Statuti del Comune di Padova dal sec. 12. all' a. 1288*

Massa: *Statuta Massae*, printed Lucae 1592

Arezzo: *Liber statutorum Aretii*, Florence 1580

意大利普通文献

Lex Longobardorum seu capitulare divini et sacratissimi Caroli magni imperatoris et Franciae Regis ac novellae constitut. dni Justiniani imp. p. dnum Nic. Boherii

Anschütz, *Die Lombarda-Kommentare des Ariprand und Albertus.* Heidelberg 1855

Petri exceptiones legum Romanarum, in Savigny, Gesch. d. R. R. im M. -A.

法律判决文集

Rotae Genuae de Mercatura et rebus ad eam pertinentibus Decisiones.
Francofurti 1603

Decisiones Rotae Florentinae, ed. Hieron. Magonius, Francofurti 1600

Decisiones Rotae Lucensis, Lucae 1580/1

Decisiones Rotae Romanae, ed. Veraller

档案文献

Historiae Patriae Monumenta, *Chartarum* Tom. II

Archives de l'Orient latin Vol. I, II. Documents

Archivio Veneto T. VI. XII

Monumenta spectantia historiam Slavorum Meridionalium Vol. I
Zagrabiae 1868

Ricordi di Miliadusso Baldiccione de Casalberti Pisano, in Arch.
Storico Italiano App. Tom. VIII

*Ricordanze di Ghido di Filippo di Ghidone dell' Antella e de suoi
figliuoli e discendenti*, in *Archivio Storico Italiano* T. IV

Estratto del epistolario della Repubblica Fiorentina, in *Archivio
Storico Italiano*, Nova Serie Tom. VI

Documents in Bini, *I Lucchesi a Venezia*

Documents in Buchon, *Nouvelles Recherches sur la principauté
française de Morée*

Documents in *Giornale Srorico degli Archivi Toscani* Tom. I

Documents in Passerini, *Gli Alberti di Firenze*

Documents in Peruzzi, *Storia del commercio e dei banchieri di Firenze*

当代著述

Baldo de Ubaldis Consilia，Francofurti 1589

Petrus de Ubaldis，*De duobus fratribus et aliis sociis*（in the *Tractatus Illustrium Jurisconsultorum*）

Franciscus de Porcellinis de Padua，*De duobis fratribus* （in the *Tractatus Illustrium Jurisconsultorum*）

Angelus de Periglis de Perusio，*De societatibus* （in the *Tractatus Illustrium Jurisconsultorum*）

Ansaldi de Ansaldis，*Discursus legales de commercio et mercatura*，Genoa 1688

（注：本资料列表并不是为了提供一个完整的参考书目。更确切地说，其目的在于便于浏览能为我所用的那些资料。）

索 引

$\left(\begin{array}{l}\text{本部分页码为原书页码,即本书边码}\\\text{"导 n11" 为导言注 11,"2n35" 为第二章注 35}\end{array}\right)$